ACCESO GRATIS *a la Lectura en la Nube*

Para visualizar el libro electrónico en la nube de lectura envíe junto a su nombre y apellidos una fotografía del código de barras situado en la contraportada del libro y otra del ticket de compra a la dirección:

ebooktirant@tirant.com

En un máximo de 72 horas laborales le enviaremos el código de acceso con sus instrucciones.

LA FRANQUICIA EN LOS PAÍSES IBEROAMERICANOS

LA FRANQUICIA EN LOS PAÍSES IBEROAMERICANOS

José Manuel Ramírez Hurtado
Juan Manuel Berbel Pineda
Coordinadores

REDIFRAN
(Red Iberoamericana de Investigación en la Franquicia)

Universidad Pablo de Olavide
(España)

tirant lo blanch
Valencia, 2025

En caso de erratas y actualizaciones, la Editorial Tirant lo Blanch publicará la pertinente corrección en la página web www.tirant.com.

La presente obra ha sido sometida a la revisión de pares ciegos según el protocolo de publicación de la editorial a efectos de ofrecer el rigor y calidad correspondiente tanto en su contenido como en su forma, aplicándose los criterios específicos aprobados por la Comisión Nacional E 016 (BOE num. 286, de 26 de noviembre de 2016).

© TIRANT LO BLANCH
EDITA: TIRANT LO BLANCH
C/ Artes Gráficas, 14 - 46010 - Valencia
TELFS.: 96/361 00 48 - 50
FAX: 96/369 41 51
Email: tlb@tirant.com
www.tirant.com
Librería virtual: www.tirant.es
DEPÓSITO LEGAL: V-4561-2024
ISBN: 978-84-1071-807-4

Si tiene alguna queja o sugerencia, envíenos un mail a: *atencioncliente@tirant.com*. En caso de no ser atendida su sugerencia, por favor, lea en *www.tirant.net/index.php/empresa/politicas-de-empresa* nuestro procedimiento de quejas.

Responsabilidad Social Corporativa: http://www.tirant.net/Docs/RSCTirant.pdf

Índice

Prólogo

La Universidad Pablo de Olavide de Sevilla y la Red de Investigadores de la Franquicia en Iberoamérica (REDIFRAN) han convertido en realidad la iniciativa de publicar un libro dedicado en exclusiva a la situación y la actualidad de la franquicia en los países iberoamericanos. Gracias a este libro, y a lo largo de sus más de 300 páginas, los lectores van a poder conocer a fondo la realidad y la operativa de este sistema de negocio en naciones como Argentina, Bolivia, Brasil, Chile, Colombia, Costa Rica, Ecuador, El Salvador, Guatemala, México, Paraguay, Portugal, Puerto Rico, República Dominicana y, por supuesto, España.

En primer lugar, quiero agradecer la oportunidad que se me brinda desde esta universidad, en las personas de los coordinadores del libro, José Manuel Ramírez Hurtado y Juan Manuel Berbel Pineda, de escribir este prólogo, en el que pretendo trasladar mi experiencia directa sobre el comportamiento de la franquicia en los mencionados países iberoamericanos, que, a lo largo de mi trayectoria profesional, de más de 35 años dedicado e implicado en el mundo de la franquicia, tengo la suerte de conocer, por mi presencia en muchas de las ferias monográficas que se organizan en la mayoría de ellos o por los diversos acuerdos de colaboración bilaterales que desde la Asociación Española de la Franquicia hemos firmado con diversas asociaciones, cámaras de comercio o consultoras de esos mercados, con el objetivo de facilitar la entrada de conceptos originarios de otros países iberoamericanos a España, y viceversa. A su vez, ese conocimiento se ve reforzado, ya que, en el año 1998, en Cancún (México), fui uno de los fundadores de la Federación Iberoamericana de la Franquicia (FIAF), junto con representantes de Argentina, Brasil, México y Uruguay, federación de la que fui Director Ejecutivo durante ocho años, lo que me permitió mantener unas estrechas relaciones con todos los actores de la franquicia en ese tiempo.

Huelga decir que las relaciones entre todos estos países, en el ámbito de la franquicia, son excelentes, sin duda, y especialmente, por ese vínculo tan fuerte que nos une, como es el idioma. Un hecho que condiciona favorablemente el desembarco de marcas por todos estos mercados y que, en el caso español, sirve de puerta de entrada al resto del continente europeo. A pesar de que cada uno de estos países sigue su propio ritmo en cuanto al desarrollo y crecimiento del sistema de franquicias, que existe una legislación diferente en cada uno de ellos o que los gustos y preferencias de sus habitantes son distintas, ese nexo cultural y lingüístico hace que cuando una enseña se plantea su desembarco internacional, normalmente opte por entrar en mercados con alguna similitud, que facilite ese paso tan importante como es el de la internacionalización: y en este caso es la lengua común y los estrechos lazos que nos unen, como países hermanos.

En este sentido, no cabe duda de que todos los mercados que han sido tratados en profundidad en este libro viven una situación particular respecto al funcionamiento del modelo de la franquicia; así, hay países como Argentina, Brasil, México, Portugal o España donde este sistema de comercialización empresarial está muy arraigado, ha alcanzado la madurez e incluso están entre los 10 primeros países del mundo en materia de franquicia, compartiendo ese top-10 con Estados Unidos, Francia, Reino Unido, Canadá, Alemania o Italia, lo cual son palabras mayores y dice mucho de la importancia que tiene la franquicia en todos ellos.

En cambio, hay países iberoamericanos donde la franquicia se está consolidando como modelo de negocio, y otros en los que está en una fase incipiente. No obstante, cuando las instituciones, administraciones y el público en general son conscientes de que es un sistema capaz de generar empleo y, sobre todo, de minimizar los riesgos a la hora de abrir un negocio, por todas las ventajas que ofrece y todos los apoyos que ofrece el franquiciador, o el franquiciante como se le denomina en muchos países iberoamericanos, en materia de formación, logística, proveedores, financiación, búsqueda del local, marketing y comunicación..., apuestan decididamente por la franquicia. Sin duda, se trata de apoyos que el franquiciado, o franquiciatario, no tiene cuando se monta un negocio por cuenta propia. Además, no hay que olvidar que los conceptos que se abren en régimen de franquicia subsisten en el mercado durante más tiempo, que aquellos que se ponen en marcha de modo propio.

A lo largo de las páginas de este libro, de lectura imprescindible si se quiere estar al día de la actualidad de la franquicia en todo el ámbito iberoamericano, se hace un repaso por temas tan importantes y necesarios de conocer, como toda la operativa que está ligada al funcionamiento de la franquicia como modelo de negocio, la legislación existente en materia de franquicia y los posibles conflictos que pueden producirse entre franquiciador-franquiciante y franquiciado-franquiciatario, que, concretamente en el caso español, la media de litigios entre ambas partes es tan solo del 0,09 %, o un análisis detallado de la expansión internacional que están llevando a cabo las franquicias españolas.

En este aspecto, y según reflejan los datos de nuestro informe internacional, “La Franquicia Española en el Mundo”, ya hay 305 enseñas que han dado el paso de internacionalizarse, que están operando en 140 países de los cinco continentes, sumando más de 19.000 establecimientos abiertos. Cifras que suponen que el 26,8 % de las franquicias españolas ya están implantadas en mercados exteriores. Y trasladando todos los datos de este informe a los países iberoamericanos que han sido tratados en este libro, el mercado preferido por las cadenas originarias de España para abordar su internacionalización es Portugal, seguido por México, Colombia, Guatemala, Chile y Ecuador; a su vez, los mercados en los que más establecimientos abiertos tienen las franquicias españolas son, por este orden, Portugal, México, Argentina, Brasil y Chile.

Por el contrario, la presencia de enseñas de otros países iberoamericanos en España, según se contempla en otro de nuestros informes, "La Franquicia en España", especifica que el primer mercado extranjero cuyas enseñas apuestan por entrar en el territorio español es Portugal, seguido por Argentina, Brasil, Costa Rica, Colombia y Guatemala.

Precisamente, todos estos estudios mencionados que editamos en la Asociación Española de la Franquicia, los de "La Franquicia en España", "La Franquicia Española en el Mundo", el "Observatorio de la Jurisprudencia de Franquicias", además del que publicamos sobre "La Mujer en la Franquicia en España", nos convierte en la única asociación, pionera a nivel mundial, a la hora de dar a conocer datos reales y objetivos sobre la franquicia en España, datos que son muy interesantes e importantes de conocer, por lo que desde estas páginas animamos al resto de países iberoamericanos para que también editen estudios de estas características, con el fin de darlos a conocer a las distintas administraciones y a aquellos emprendedores interesados, tanto en convertir sus empresas en una red de franquicia como en abrir un negocio como franquiciado-franquiciatario.

En definitiva, tenemos en las manos el libro que era necesario editar y publicar para obtener toda la información relativa, no solo al funcionamiento del sistema de franquicias, sino de la actualidad de este modelo de negocio en todo nuestro entorno iberoamericano. A buen seguro que su lectura ofrecerá una visión más amplia y detallada respecto a la realidad que atraviesa la franquicia en los países iberoamericanos. Lo que sí queda claro es que hoy en día la franquicia se extiende por todo el mundo, pero que el idioma predominante a la hora de referirnos a esta modalidad de comercio es el español.

EDUARDO ABADÍA
Director Ejecutivo
Asociación Española de la Franquicia

CAPÍTULO 1.

La franquicia como modelo de negocio

JANNETT AYUP GONZÁLEZ
Universidad Autónoma de Tamaulipas (México)
JUAN MANUEL BERBEL PINEDA
Universidad Pablo de Olavide (España)
ESTHER CALDERÓN MONGE
Universidad de Burgos (España)
JOSÉ MANUEL RAMÍREZ HURTADO
Universidad Pablo de Olavide (España)

1. INTRODUCCIÓN

El modelo de franquicia se ha consolidado como una de las formas más efectivas y populares para expandir negocios a nivel global. Este fenómeno no es exclusivo de los países desarrollados. Los países iberoamericanos han demostrado un creciente interés y éxito en la adopción y adaptación de este modelo. Este libro explora cómo la franquicia se ha convertido en una herramienta poderosa para el desarrollo económico y la generación de empleo en la región, proporcionando un marco teórico y práctico para entender su funcionamiento, ventajas y desafíos.

La franquicia, en su esencia, es un acuerdo comercial en el cual una empresa (el franquiciante o franquiciador) concede a otra (el franquiciado) el derecho a usar su marca, productos y modelo de negocio a cambio de una contraprestación económica. Este modelo permite a los franquiciados beneficiarse del reconocimiento de marca y del know-how del franquiciador, mientras que este último puede expandir su presencia de mercado con menor riesgo y costo.

A nivel global, la franquicia ha demostrado ser una estrategia eficaz para la internacionalización de negocios. Sin embargo, la implementación y el éxito de las franquicias en los países iberoamericanos dependen de múltiples factores locales, tales como la cultura empresarial, el entorno económico y legal, y las características del mercado. Este libro se adentra en estos aspectos, ofreciendo una visión detallada de cómo las franquicias se han adaptado y prosperado en distintos contextos iberoamericanos.

A pesar de sus múltiples beneficios, el modelo de franquicia también presenta desafíos que deben ser cuidadosamente gestionados. En primer lugar, los costos iniciales y los royalties pueden ser significativos, lo que requiere un análisis financiero riguroso por parte del franquiciado. Además, la relación franquiciador-franquiciado debe estar basada en la confianza y la comunicación abierta para evitar conflictos y garantizar el éxito a largo plazo.

En el contexto iberoamericano, las variaciones en las regulaciones locales pueden complicar la expansión de franquicias. Por ejemplo, las leyes laborales y de propiedad intelectual pueden diferir significativamente de un país a otro, lo que exige una adaptación cuidadosa del modelo de negocio y una asesoría legal especializada. Asimismo, la diversidad cultural y económica de la región implica que las estrategias de marketing y operación deben ser ajustadas para resonar con las particularidades locales.

Este libro incluye una serie de estudios de caso que ilustran cómo diferentes franquicias han logrado adaptarse y prosperar en distintos mercados iberoamericanos. Estos ejemplos ofrecen lecciones valiosas sobre las mejores prácticas y estrategias para superar desafíos comunes. Desde franquicias globales que han encontrado un nicho en mercados locales hasta marcas locales que han escalado exitosamente a nivel regional, estos casos proporcionan insights prácticos y aplicables para emprendedores y empresarios interesados en el modelo de franquicia.

El potencial de crecimiento del modelo de franquicia en Iberoamérica es significativo. Con una clase media en expansión, urbanización creciente y un apetito por la innovación, la región está bien posicionada para ver un incremento en el número y variedad de franquicias. Sin embargo, el éxito futuro dependerá de la capacidad de los franquiciadores y franquiciados para adaptarse a los cambios del mercado y las expectativas de los consumidores.

Las tendencias emergentes, como la digitalización y la sostenibilidad, también jugarán un papel crucial en el futuro del modelo de franquicia. La adopción de tecnologías digitales puede mejorar la eficiencia operativa y la experiencia del cliente, mientras que un enfoque en prácticas sostenibles puede resonar con consumidores cada vez más conscientes del medio ambiente.

En definitiva, este libro tiene como objetivo proporcionar una comprensión integral del modelo de franquicia en los países iberoamericanos. A través de un análisis detallado de los beneficios, desafíos y casos de éxito, esperamos equipar a emprendedores, inversores y académicos con el conocimiento necesario para navegar y aprovechar las oportunidades que ofrece este dinámico modelo de negocio. La franquicia, con su capacidad de combinar el espíritu emprendedor local con la fuerza de marcas establecidas, continuará siendo una fuerza transformadora en el paisaje empresarial de Iberoamérica.

2. ORIGEN DEL SISTEMA DE FRANQUICIAS

La franquicia es un modelo de negocio en el que una empresa (el franquiciador) otorga a otra empresa o individuo (el franquiciado) el derecho de utilizar su marca, productos, servicios y sistemas de negocio a cambio de una cuota inicial y el pago continuo de regalías. En otras palabras, la franquicia es una forma de licencia en la que una empresa otorga a otra el derecho de operar bajo su marca y utilizar su sistema de negocio para vender productos o servicios.

El franquiciador proporciona al franquiciado una formación y supervisión rigurosas para garantizar que el franquiciado pueda operar el negocio con éxito y mantener los estándares de calidad y servicio establecidos por el franquiciador. A cambio, el franquiciado asume la responsabilidad de operar el negocio y cumplir con los requisitos establecidos por el franquiciador, incluyendo el pago de regalías y la realización de las inversiones necesarias para mantener el negocio en funcionamiento.

En definitiva, la franquicia es una forma popular de iniciar o expandir un negocio porque permite a los emprendedores beneficiarse de una marca ya establecida y un modelo de negocio probado, mientras que los franquiciadores pueden expandirse a nuevos mercados de manera más rápida y eficiente que si lo hicieran por cuenta propia.

El sistema de franquicias se originó en los Estados Unidos a finales del siglo XIX y principios del siglo XX. En aquel entonces, algunos fabricantes de equipos y suministros comenzaron a conceder licencias a terceros para que pudieran utilizar sus marcas, tecnologías y conocimientos técnicos para la comercialización de sus productos.

Sin embargo, fue en la década de 1950 cuando el sistema de franquicias comenzó a desarrollarse de manera más significativa en los Estados Unidos, principalmente en el sector de la restauración rápida (fast food). Empresas como McDonald's, Burger King y Kentucky Fried Chicken (KFC) fueron pioneras en la adopción del sistema de franquicias para expandir su modelo de negocio a nivel nacional e internacional.

Desde entonces, el sistema de franquicias se ha extendido a otros sectores, como el de servicios financieros, la hostelería, el comercio minorista, la salud y la belleza, entre otros. Hoy en día, el sistema de franquicias es una de las formas más populares de expansión empresarial en todo el mundo, y ha dado lugar a la creación, crecimiento y consolidación de muchas marcas exitosas y prósperas.

A continuación, se describen algunos de los hitos más relevantes en la evolución de este modelo de negocio:

- En la década de 1950, el sistema de franquicias comenzó a expandirse en Estados Unidos gracias al auge de la industria de la comida rápida. Empresas como McDonald's, Burger King y KFC fueron pioneras en el uso de la franquicia como un modelo para expandir su negocio.
- En la década de 1960, la franquicia comenzó a expandirse a nivel internacional, con la llegada de empresas estadounidenses a Europa y Asia.
- En la década de 1970, el sistema de franquicias comenzó a diversificarse y a expandirse a otros sectores, como el de la belleza, el turismo y la educación.
- En la década de 1980, la franquicia se consolidó como un modelo de negocio popular en todo el mundo, y muchas empresas comenzaron a utilizar este modelo para expandirse a nivel nacional e internacional.
- En la década de 1990, la franquicia siguió creciendo y diversificándose, y se desarrollaron nuevas formas de franquicia, como la franquicia maestra y la franquicia por internet.
- En la actualidad, la franquicia sigue siendo una forma popular y común de iniciar un negocio, y se ha expandido a una gran variedad de sectores y países en todo el mundo. Las empresas utilizan la franquicia como un medio para expandir su negocio de manera más rápida y eficiente, mientras que los emprendedores encuentran en la franquicia una oportunidad para iniciar un negocio con menos riesgos y una marca ya establecida.

En la mayoría de los países iberoamericanos, el origen de la franquicia se remonta a partir de los años 50. Así, la introducción del sistema de franquicias en España se remonta a la década de 1960, cuando algunas empresas estadounidenses, como McDonald's y Kentucky Fried Chicken, comenzaron a expandirse internacionalmente mediante el modelo de franquicia. Estas empresas fueron las primeras en traer el concepto de franquicia a España, principalmente en el sector de la restauración rápida.

Sin embargo, la verdadera popularización del sistema de franquicias en España ocurrió en la década de 1980, cuando el país experimentó un gran crecimiento económico y un aumento en el consumo. Las empresas españolas comenzaron a adoptar el modelo de franquicias para expandir sus negocios a nivel nacional e internacional.

En el caso de Brasil, el origen se encuentra a finales de la década de los 60 y principios de la década de los 70, cuando algunas empresas extranjeras comenzaron a utilizar este modelo de negocio para expandirse en el país. Al igual que en España, a partir de los años 80 el sistema de franquicias se desarrolló aún más en Brasil debido fundamentalmente a las condiciones económicas del país en estos años.

Por su parte, el sistema de franquicias en Argentina comenzó a desarrollarse en la década de los 80, si bien fue a partir de los años 90 cuando alcanzó su desarrollo más elevado. En México, el sistema de franquicias comenzó a desarrollarse a finales de los años 60 y principios de los 70, si bien fue a partir de los años 80 cuando tuvo su desarrollo más intenso. Muchos otros países comenzaron su despliegue un poco después, siempre llevando un camino paralelo al desarrollo económico de los mismos.

Actualmente, el sistema de franquicias sigue siendo una forma popular y exitosa de iniciar y expandir negocios en todo el mundo. Según datos de la International Franchise Association

(IFA), el número de empresas que utilizan el modelo de franquicia sigue creciendo a nivel mundial, y se espera que siga aumentando en los próximos años.

Algunos de los factores que contribuyen al éxito de la franquicia incluyen:

- La posibilidad de expandirse rápidamente: la franquicia permite a las empresas expandirse a nuevos mercados de manera más rápida y eficiente que si lo hicieran por cuenta propia.
- La reducción de riesgos: para los emprendedores, la franquicia puede ser una forma de iniciar un negocio con menos riesgos, ya que se benefician de una marca ya establecida y un modelo de negocio probado.
- El acceso a la experiencia y el conocimiento: los franquiciadores proporcionan a los franquiciados el apoyo y la formación necesarios para gestionar el negocio, lo que puede ser especialmente valioso para los emprendedores sin experiencia previa en el sector.
- El poder de la marca: para los consumidores, la franquicia ofrece una garantía de calidad y consistencia, lo que puede ser especialmente importante en sectores como la restauración y la belleza.

Sin embargo, como en cualquier modelo de negocio, la franquicia no está exenta de riesgos y desafíos. Algunos de estos desafíos pueden incluir la selección adecuada de franquiciados, la gestión de conflictos y el mantenimiento de la calidad y la consistencia en toda la red de franquicias.

3. VENTAJAS E INCONVENIENTES DE LA FRANQUICIA

La franquicia ofrece numerosas ventajas tanto para las empresas franquiciadoras como para los emprendedores que buscan iniciar un negocio. A continuación, se presentan algunas de las principales ventajas de la franquicia:

Para la empresa franquiciadora:

- Mayor capacidad de expansión: la franquicia permite a las empresas expandirse más rápidamente a nuevos mercados, ya que los franquiciados asumen los costos y riesgos de la apertura de nuevos establecimientos.
- Mayor control de calidad: al proporcionar una formación y supervisión rigurosas, los franquiciadores pueden mantener una mayor consistencia y calidad en sus productos o servicios en todos los establecimientos de la red de franquicias.
- Menores costos: en muchos casos, los franquiciados asumen los costos de la adquisición de los locales, la decoración y el equipamiento, lo que permite a los franquiciadores reducir sus costos de expansión.

Para el emprendedor:

- Mayor probabilidad de éxito: la franquicia ofrece a los emprendedores una marca ya establecida, un modelo de negocio probado y un apoyo constante del franquiciador, lo que aumenta las posibilidades de éxito del negocio.
- Menores riesgos: al operar bajo una marca ya establecida, los emprendedores pueden reducir los riesgos de iniciar un negocio desde cero y enfrentar problemas con la marca y la gestión del negocio.
- Acceso a la experiencia y el conocimiento: los franquiciadores ofrecen a los franquiciados una formación y supervisión rigurosas, lo que les permite adquirir conocimientos y habilidades importantes para la gestión del negocio.

En general, la franquicia es una forma de negocio atractiva y rentable tanto para las empresas como para los emprendedores, que puede ofrecer muchas ventajas a ambas partes.

Aunque la franquicia puede ofrecer numerosas ventajas tanto para las empresas franquiciadoras como para los emprendedores, también presenta algunos inconvenientes y desafíos que deben ser considerados. A continuación, se presentan algunos de los principales inconvenientes de la franquicia:

Para la empresa franquiciadora:

- Pérdida de control: al expandirse a través de la franquicia, los franquiciadores pueden perder parte del control sobre sus productos o servicios y la forma en que se entregan al consumidor.
- Riesgo de daño a la marca: si uno o varios franquiciados no cumplen con los estándares de calidad y servicio establecidos por el franquiciador, esto puede afectar negativamente la imagen de la marca en general.
- Costos de supervisión y formación: para garantizar que los franquiciados cumplan con los estándares establecidos por el franquiciador, puede ser necesario invertir en formación y supervisión, lo que puede aumentar los costos operativos de la empresa.

Para el emprendedor:

- Costos iniciales elevados: aunque los costos iniciales pueden ser menores que en una empresa independiente, los emprendedores deben pagar una cuota inicial y continuar pagando una cuota de regalías, lo que puede aumentar los costos a largo plazo.
- Falta de flexibilidad: los emprendedores pueden estar limitados en cuanto a las decisiones y cambios que pueden realizar en el negocio debido a las restricciones establecidas por el franquiciador.

- Dependencia del franquiciador: los emprendedores pueden depender en gran medida del apoyo y la supervisión del franquiciador, lo que puede limitar su capacidad para tomar decisiones independientes.

En general, la franquicia presenta ventajas y desventajas que deben ser consideradas cuidadosamente antes de tomar una decisión sobre si es la forma adecuada de iniciar o expandir un negocio. Es importante realizar una investigación exhaustiva y consultar con profesionales antes de tomar una decisión.

4. EL NUEVO ROL DEL FRANQUICIADOR EN LA SOCIEDAD

El franquiciamiento contribuye a la economía global con distintas intensidades de acuerdo con su capacidad de gestión. La complejidad de su análisis global, tanto en amplitud como de profundidad requiere reconocer la perspectiva de las partes relacionadas -franquiciador y franquiciado-. Esta relación de franquicia ha sido abordada por la investigación privilegiando los intereses del franquiciado con resultados útiles para el franquiciador desde un enfoque preponderantemente comercial. Aunque el propósito natural del franquiciador es el crecimiento de su firma, la expansión se da al identificar un mercado potencial con un concepto probado que siendo escalable comparte beneficios con sus stakeholders. Sin duda el primordial stakeholder es el franquiciado. Cuantos más franquiciados atraiga a su cadena crecerá más, sin embargo, el éxito surge al aprovechar el conocimiento de marca y gestión para apropiarse de las rentas generadas por la propiedad compartida, centrándose en extender su negocio geográfica y económicamente, apropiándose de ingresos crecientes, funcionando colaborativamente como gestor de contribuciones solidarias y sostenibles a través del tiempo.

En este sentido, estudiar los factores que impulsan el crecimiento de este sistema de negocios provee comprensión del ambiente interno y externo en que cada una de las partes. Sin embargo, la literatura se ha inclinado a estudiar la estrategia de comunicación de señales del franquiciador para atraer franquiciados y hacer crecer su cadena con enfoque de marketing de marca, dejando de lado la creación de valor para el sistema y sus stakeholders. Al iniciar la presente década Ehrman et al. (2013) y Windsperger et al. (2015) destacaban la importancia del management del sistema franquiciador para el desempeño y la consecuente contribución a la Economía.

Este formato de negocios ocurre cuando el franquiciador de una firma vende a otro, el franquiciado, los derechos de distribuir su marca y productos o servicios en un tiempo determinado en cierta localización. Los franquiciadores usualmente proveen una serie de servicios de entrenamiento y soporte, programas de calidad o certificación con la finalidad de que el franquiciado, mediante un pago de contraprestaciones económicas, obtenga ventas operando bajo los estándares y especificaciones plasmadas en el contrato y manual de operaciones (Gillis y Combs, 2009).

La franquicia permite la estandarización y reproducción de conceptos probados en empresas de servicios (Wang y Altinay, 2008; Kacker et al., 2016), brinda los beneficios de las economías de escala a través de la globalización (Bretas, et al., 2021) en sistemas de franquicias con fuerte control de gestión. Siendo el propietario de una firma de franquicia quien extiende el conocimiento comercial, los derechos intelectuales y el derecho a operar en el nombre de una marca a cambio de una contraprestación (cuotas y royalties) al franquiciado. Para mantener el control del concepto y beneficios derivados, así como el libre comportamiento de los franquiciados -free riding- instrumenta acciones de monitoreo asumiendo el costo inherente.

Los estudios típicos de este tipo de empresa-negocio daban cuenta de la redirección de la propiedad dentro de la gobernanza de la franquicia abordada originalmente por Oxenfeldt y Kelly (1968), incluso los autores distinguieron que la franquicia tendería a volverse totalmente sistemas propiedad de la empresa debido a una readquisición oportunista de los franquiciadores. Las posturas de investigación entre los partidarios y los detractores de esta tesis (Baker y Dant, 2008; Dant y Kaufmann, 2003) lo explicaron con diversos marcos teóricos que incluyen la teoría de las restricciones de recursos, teoría de agencia, análisis de costos de transacción, teoría de señalización y teoría de los derechos de propiedad.

Las diversas facetas del franquiciador van en el sentido macroeconómico y microeconómico. Su papel fundamental en la sociedad, desde el punto de vista económico, social y ambiental es la producción de sistemas de producción y bienes avanzados y eficientes, cuyo impacto en los segmentos socioeconómicos más bajo por la posibilidad de acceso a bienes de demanda masiva por consumidores afectando positivamente la economía mundial. La estrategia franquiciadora gira alrededor del crecimiento y éxito del tamaño de la franquicia, de donde obtiene sus beneficios; entonces hacer crecer nuevas ubicaciones más rápidamente que otras pequeñas empresas es la clave de su modelo económico. La cuestión discutida en este documento es cual es el papel del franquiciador en el contexto actual, para lo cual se inicia con el planteamiento pragmático de su rol actual.

Si un modelo económico en el franquiciamiento refleja: (a) el modelo de negocio del franquiciador, (b) la estrategia del franquiciador, (c) el plan de desarrollo de la red, (d) la estructura de soporte del franquiciador, (e) los servicios que asumirá el franquiciador. El modelo económico resultante debiera caracterizarse por:

1. Ser consistente con el concepto original y probado, a través de toda la cadena en cualquier ubicación, sea de franquiciados o del franquiciador.
2. Ser robusto, es decir capaz de ser rentable pese a las desviaciones naturales en el contexto del mercado.
3. Ser escalable en un comportamiento creciente del volumen de beneficios económicos y financieros.
4. Ser creíble y viable en su diseño y ejecución.
5. Ser independiente, a mediano plazo el franquiciador no debe depender de las cuotas de entrada de nuevos franquiciados.

Pues bien, la literatura de franquicia suele referir con mayor incidencia las estrategias del franquiciador para maximizar la cuota de mercado, las más representativas en la investigación han sido:

a) Estrategia de propiedad y elección del franquiciado

b) Estrategia de marca y comunicación

c) Estrategia de cobertura de distribución

d) Estrategia del concepto

e) Estrategia de eficacia operativa

f) Estrategia de acuerdos, alianzas y asociaciones

g) Estrategias para definir las contraprestaciones financieras

h) Estrategia de valor compartido a través de la cadena

Sin olvidar la posición que juega la rentabilidad, y la constante presencia del riesgo, el invertir en un concepto probado es atractivo a la inversión. En la franquicia las partes contratantes crean una relación de negocio para dinamizar la economía, crean puestos de trabajo en diferentes niveles de empleo, ofrecen productos y servicios de calidad superior con economías de escala, pagan impuestos, se orientan a promover el cuidado el medio ambiente y disminución de la pobreza. De esta relación, el sistema de relaciones el franquiciador transfiere activos pagados, generalmente la imagen fuerte, reputación y know how y asistencia continua y consultoría.

La literatura muestra estudios desde la perspectiva de economía de la empresa y de la praxis, de ellos emanan las distintas funciones del franquiciador como pilar del franquiciamiento. Siendo la responsabilidad esencial respaldar las operaciones de sus franquiciados, monitoreo continuo de los sistemas comerciales, desarrollo y elaboración de productos y servicios de acuerdo con la imagen del concepto, mismas que se podrían resumir en:

a. Gestionar la riqueza y contribución a la economía de los países.
b. Multiplicador de beneficios económicos y financieros entre sus franquiciados y los stakeholders relacionados.
c. Crear los intangibles como el know how y marca para explotar por los miembros de su cadena de franquicias.
d. Asesorar y capacitar del franquiciado por el conocimiento del mercado y el sector de actividad en sentido comercial y legal.
e. Garantizar el derecho de licencia y signos distintivos cedidos al franquiciado como cooperación para crecer conjuntamente.
f. Proporcionar formación y asistencia continuada al franquiciado de su saber hacer desde el inicio, prestando asistencia técnica y formación inicial, durante la apertura, con su presencia o la de un colaborador experto durante la vigencia del contrato, a través de mecanismos de comunicación.

g. Garantizar el aprovisionamiento centralizado, descentralizado o independiente autorizando los requisitos que se han de cumplir para mantener la calidad e imagen del concepto de franquicia.

h. Estructurar la empresa del franquiciado para adecuar los procesos de interacción en coordinación tal que se potencialice el esfuerzo funcional que minimice conflictos y promueva la permanencia en el mercado.

i. Controlar los procesos y procedimientos mediante el monitoreo constante para detectar los riesgos y debilidades que pudiesen afectar la rentabilidad y la imagen de marca.

Este análisis toma de la literatura propuestas de la visión y actuación a la que se debiera enfocar el franquiciador en un ambiente de marcado por la incertidumbre, riesgo, comportamientos y reacciones sociales que restringen el crecimiento de los negocios, entonces, siendo la franquicia un formato de negocios generador de bienes y firmas en mercados desarrollados y emergentes que estimula el bienestar del individuo, empresas y sociedad el papel del franquiciador se espera tenga un alcance más integrador de los stakholders involucrados en esta industria.

Concretamente, el presente estudio revisa la literatura relevante del papel del franquiciador como pilar de la creación de valor con un enfoque de gestión responsable con sus principales stakeholders. Se abordan dos objetivos conceptuales relacionados con las preguntas: (1) ¿De qué manera la creación de valor facilita la transferencia del conocimiento? y (2) ¿Qué papel juega la gestión del conocimiento franquiciador en el impulso económico con responsabilidad sostenible? Se presentan argumentos sobre la creación de valor, y el encuadre organizacional como el artífice de la gestión empresarial para cerrar con pensamientos finales.

5. EL ESTUDIO

Este escrito pone en relevancia aspectos que aisladamente se han abordado en la literatura previa y que ahora están tomando un grado de profundidad en la gestión franquiciadora como determinante en su contribución económica. Las lecturas referentes se han focalizado, más allá de la gestión de la propiedad y estrategias de mercado en la generación y apropiación del valor creado por la franquicia y la sostenibilidad. Estudios notables que conducen este trabajo son los de Gillis y Combs (2009): (a) creación de valor, (b) estrategia de propiedad, (c) desempeño o crecimiento; de acuerdo, también a Ehrman et al. (2013) y Hendrikse al. (2015) y (d) encuadre interorganizacional y (e) las iniciativas de responsabilidad sostenible (Ehrman et al., 2013; Hendrikse al., 2015).

Creación de valor

La visión de la empresa de franquicia basada en recursos (RBV) supone un conjunto de recursos, que si estos son escasos, únicos e indispensables podría formar una ventaja sostenida (Barney, 1991). Los recursos y capacidades de las empresas pueden ser las habilidades y conocimientos humanos, procesos organizacionales, métodos y tecnologías (Hofer y Schendel, 1978). Si las prácticas de marketing de sustentabilidad consideraran en sus estrategias de gestión las preocupaciones ambientales, sociales y económicos, la resolución de estos problemas desde la firma de franquicia conduciría al desarrollo de recursos únicos con un impacto superior a los clientes tradicionales reconocidos, así entonces, la creación de valor estratégico para sus partes interesadas (Taherdangkoo et al., 2017).

Acciones como mejoras continuas del producto para el bienestar del individuo y las empresas inmersas en su cadena de valor–producción, suministro, distribución y comercialización-; impulsar la inversión en las tecnologías respetuosas con el medio ambiente, el uso de materiales reciclados o reciclables en los productos, la identificación de portavoces confiables, el etiquetado honesto del producto, tanto como la divulgación de ingredientes o proveedores certificados en criterios sociales y ambientales, así como sus procesos orientados a la reducción del impacto del medio ambiente (Shrivastava, 1995). En sintonía con Taoketao et al. (2018) estas acciones como estrategia de marketing de sustentabilidad influyen en el desempeño de la empresa.

Paswan et al. (2014) proponen enmarcar el valor de cocreación en la red de franquicia con base en el conocimiento, la capacidad de absorción y la estrategia dominante para las condiciones operativas teniendo en cuenta el franquiciador, el franquiciado y los clientes sugiriendo futuros estudios de éstos como recursos operativos para obtener una ventaja competitiva y gestionar el conocimiento adquirido.

En la operación de la franquicia, la administración del negocio y la gestión comercial consideran la triada franquiciador-franquiciado-cliente de Weaven et al. (2014) como creadora del conocimiento, el cual se gestiona su transferencia y uso mediante el monitoreo mediático temiendo en cuenta un sistema integrador del conocimiento vinculado a la operación en el contexto de monitoreo, relación de calidad, conflicto y oportunismo. La perspectiva integradora multinivel de la gestión del conocimiento centra los vínculos dentro de la empresa y entre la empresa, y el cliente en el proceso de creación de valor.

Gestión interorganizacional

Tanto las perspectivas económicas como las de intercambio social son valiosas para examinar el free-riding y proporcionan importantes orientaciones prácticas en el diseño y gestión de sistemas de franquicia, aunque el monitoreo no mitiga la libre conducción -free riding- (Jensen y Meckling, 1976), siendo varias décadas posteriores en el trabajo de Gillis y Combs (2009) se destaca la estrategia de recursos del franquiciador subsanando la ausencia de literatura sobre la gestión de franquicia.

Se reconoce al franquiciador en al contribuir con la generación de valor económico desde sus propias estrategias; pudiendo asumir dos enfoques: (1) el fundador de cadenas aplicando la propiedad plural con puntos de venta franquiciados y propios, o (2) el constructor de cadenas llave en mano al vender oportunidades de negocio, sin poseer alguno propio. Donde los franquiciadores al utilizar la estrategia de creación de cadenas de franquicias para lograr un equilibrio entre la estandarización e innovación mediante la creación de recursos que fomenten la confianza y fomenten el conocimiento para compartir con los franquiciados. Por el contrario, aquellos que prefieren crecer a través de unidades de venta llave en mano al consolidar un valioso conjunto de operaciones rutinas es el recurso estratégico crítico, estos franquiciadores dedican tiempo a perfeccionar su sistema operativo en uno o dos puntos de venta. Una vez finalizados, estos puntos de venta se venden a los franquiciados y la cadena crece a través de la venta de más franquicias. Por ejemplo, los restaurantes Subway, tomaron 8 años para perfeccionar su sistema y finalmente creció hasta 16 restaurantes propiedad de la empresa antes de iniciar el franquiciamiento; la firma ahora opera más de 28.000 puntos de venta franquiciados, pero ya no tiene ninguna empresa-puntos de venta propios.

El talento del franquiciador extiende la organización al acceder a redes interempresariales, como alianzas, empresas conjuntas, cooperativas, franquicias y cadenas minoristas, se ha convertido en un importante tema de investigación en el campo de la economía de la empresa, la gestión estratégica y la teoría de la organización por la contribución de la franquicia a la economía de las naciones. Particularmente, en tiempos de recesión puede apalancar el crecimiento en condiciones incluso parcialmente deseables, o se contrae como una forma de depuración por selección adversa.

Aunque el papel del franquiciador resulta de gran importancia por su contribución económica, indiscutiblemente, los franquiciados están ganando terreno en sus esfuerzos por aumentar su poder en la relación con sus franquiciadores (Grünhagen y Mittelstaedt, 2005), pues ahora es importante consultar a los franquiciados sobre cambios, e incluso, negociar topes en sus compras, ciertos costos, los precios y los elementos del menú, la duración de las ofertas especiales inclinando la balanza de poder.

En el ámbito de la firma, se desvela la franquicia por su capacidad de gestión como una nueva construcción de tres dimensiones (1) intercambio de rutinas de conocimiento, (2) conocimientos sobre las rutinas operativas estándar, y (2) las rutinas de confianza; estas reflejan las capacidades más amplias de gestión interna y externa por la comunicación, coordinación y vinculación (Schreiner et al., 2009). Mediante las cuales, los franquiciadores con propiedad plural se benefician más porque estas capacidades ayudan a aprovechar el crecimiento natural del formato de franquicia.

Lo anterior es importante porque el grado en que un sistema de franquicia penetra en un mercado objetivo a lo largo del tiempo a menudo está influenciado por la tasa a la que se expanden sus franquiciados individuales, por tanto, mantener una relación creciente como un recurso operativo de la estrategia de crecimiento del franquiciador resulta determinante para el sistema franquiciador, especialmente, cuando se entiende la franquicia como concepto intercambiable de marca (Merrilees y Frazer, 2013). El autor destaca el branding interno en el proceso de transferir el conocimiento de la marca y la pasión de los líderes hacia los ejecutores del de la creación y mantenimiento del posicionamiento de la marca.

Cuando el franquiciador identifica una oportunidad y, además, gestiona su distribución e imagen en diversas ubicaciones geográficamente dispersas, los franquiciados que localmente explotan la oportunidad Gillis et al. (2020) se requiere de una marca fuerte, con liderazgo (Burmann y Zeplin, 2005; Burmann et al., 2009), este enfoque de liderazgo es un tema dominante en los estudios comerciales de franquicia, pero tiene poca presencia en el campo de la gestión de franquicia. La marca interna se concibe desde los procesos de gestión internos mediante los cuales los empleados asimilan el concepto de marca, se comprometen con la marca y viven identidad de marca fortaleciendo el branding el efecto en desempeño empresarial. La investigación sobre franquicias considera útil la función de gestión del franquiciador que apoya a los franquiciados (Doherty, 2007). A pesar de ello, la investigación de apoyo al franquiciador tiene un énfasis de gestión más amplio y rara vez analiza cuestiones de marca. En este sentido, el brandig logra el compromiso con la marca por parte del franquiciado, con el apoyo de marketing por parte del franquiciador suele ser determinantes en las inversiones de franquicia. dispuestos a invertir mayores cantidades en publicidad y otras promociones para apoyar la marca.

Para los franquiciadores llave en mano -que franquician se inclinan a los puntos de venta- las capacidades se relacionan indirectamente con el desempeño a través de un menor oportunismo y una mejora de la marca. reputación. La capacidad de gestión de franquicias es, por lo tanto, una nueva construcción teórica importante vincular la franquicia con el rendimiento del franquiciador (Gillis et al., 2020). Aunque, las desventajas de apoyarse fuertemente en la franquicia, como el free riding oportunista daña a la marca (Michael, 2000), la capacidad de gestión de la franquicia parecen ser una herramienta importante para reducir estos problemas.

Por otro lado, la decisión de un franquiciador de expandir la operación comercial depende, en parte, de la percepción del valor que el franquiciado espera recibir del franquiciador a cambio de una variedad de tarifas (Grünhagen y Dorsch, 2003). La estrategia de propiedad resulta determinante en la expansión de la marca, su estudio ha sido la orientación por excelencia por la aparente práctica vinculada directamente con el desempeño y crecimiento.

En 2009 Gillis y Combs presentaron el estudio de la decisión clave para los empresarios de franquicias minoristas. La disyuntiva adoptaba dos tácticas (1) el constructor de cadenas que utiliza una combinación de puntos de venta franquiciados y propios, y (2) el constructor cadenas llave en mano, que vende oportunidades de negocio, pero no posee puntos de venta. En cualquiera de los casos, para beneficiarse los franquiciadores ofrecen recursos que respalde el concepto y el desempeño de la marca como negocio de franquicia. El beneficio para el franquiciador al utilizar la estrategia de cadenas es el equilibrio entre la estandarización y la innovación mediante la creación de recursos que fomentan la confianza y el intercambio de conocimiento con sus franquiciados. Contrariamente, los proyectos llave en mano son un valioso conjunto de esquemas operativos estratégicos. La conclusión su estudio señala que los franquiciadores obtienen mejor desempeño cuando invierten en recursos que mejor respaldan la estrategia seleccionada.

De este tipo de estudios se espera identificar las capacidades que operan bajo las estrategias de propiedad alternantes (llave en mano o en forma plural) para la apropiación del conocimiento en la toma de decisiones de los franquiciadores. La literatura sugiere que invertir en capacidades de administración de franquicias tiene mérito, pero implementarlas adecuadamente parece depender de la estrategia de propiedad del franquiciado (Gillis et al., 2020).

La perspectiva de la simbiosis en la franquicia describe cómo la propiedad de puntos de venta en plural y los puntos de venta propiedad de franquiciados es una forma de reducir la libre conducción del franquiciado -free riding- y aumentar la estandarización (Perryman y Combs, 2012), pero también implica que los franquiciadores deben poseer ciertas capacidades para hacerlo, lo cierto es que la perspectiva de la sinergia no ayuda a explicar qué capacidades tienen los franquiciadores llave en mano.

Durante el proceso de integración de franquiciados a un sistema franquiciador, la evaluación de los probables beneficios desplegados en la oferta de franquicia y otras señales de calidad dispersas en el mercado para atraer a los franquiciados se describen las capacidades subyacentes a las contraprestaciones ofrecidas, de manera que se estima la relación que guarda con las cuotas contractuales que refieren el saber hacer empresarial transferido a los franquiciados y el conocimiento organizativo know-how, es decir, las capacidades desarrolladas y mantenidas por el franquiciador en apoyo a los franquiciados (Perrigot, 2020). Así que la capacidad de gestión de franquicias parece importante para ayudar a los franquiciadores con estrategia de propiedad plural a aprovechar las ventajas de múltiples ubicaciones cuya gestión apalanca la inversión del franquiciador (Perryman y Combs, 2012).

Por otro lado, el efecto de la gestión de señales del franquiciador emitidas a los mercados si son de calidad al considerar las características del franquiciador, su capacidad y apoyo ofrecido, conducen a considerar en con menor interés las contraprestaciones de membresía estando dispuestos a aceptar una tarifa de franquicia más alta (Panda, 2022).

Para crecer las empresas, y la franquicia no es la excepción, establece acuerdos de fusiones, adquisiciones o alianzas comerciales. Gillis y Combs (2009) establece un paralelismo para describir las capacidades de gestión de alianza con las capacidades de gestión de franquicia donde afirma que estas ayudan a mejorar el rendimiento tanto para franquiciado como para franquiciadores (Gillis et al., 2020). En este discurso se citan rutinas de capacidad que se despliegan por el intercambio de conocimientos, operaciones estándar y la confianza entre las partes.

Las estrategias de crecimiento del franquiciador, como propietario de la marca y el know how, es quien identifica las oportunidades y provee los derechos para comercializar su concepto al franquiciado (Combs et al., 2004). En este sentido, las estrategias suelen ser tan diversas como los perfiles empresariales existan. Además, tantas como las formas alternativas de estructuras de propiedad donde los franquiciados pueden ser de un solo establecimiento o múltiples, desarrolladores de área o máster de franquiciados quienes proporcionan plataformas para explorar relaciones de agencia complejas de amplio alcance. En cualquiera de los casos la relación franquiciador-franquiciado es la base de la consolidación y éxito del negocio compartido.

En esta compleja relación, el intercambio de información y las promesas son las mejores estrategias para que los franquiciadores eviten conflictos en la relación de franquicia. No obstante, habrá que considerar que demasiada confianza también genera problemas. Por tanto, el uso de la estrategia de información puede ser problemática debido a la sutileza de esta estrategia (Tikko, 2005).

La franquicia es una fuente importante de crecimiento empresarial y pese al esquema contractual con las ventajas plasmadas en el precio como un incentivo subyacente para restringir el libre comportamiento y oportunista del franquiciado, los cuales dificultan la coordinación (Michael, 2002) y dañan la reputación de la marca del franquiciador (Michael, 2000; Gillis et al., 2020).

Michael (2000) cuestionó por qué no franquiciar si la forma organizativa de las franquicias genera mayores ganancias y un crecimiento más rápido al reducir los costos de agencia. Su trabajo argumenta que las reclamaciones residuales difusas del sistema de franquicias reducen la calidad general del sistema confirmando que este problema es inherente a la naturaleza de las franquicias, al demostrar en el sector de servicios restauranteros que la calidad se relaciona negativamente con el porcentaje de franquicias en la cadena, controlando las variables tamaño, crecimiento en unidades, costos de monitoreo, segmento de mercado, estructura de propiedad, operación multi-cadena y precio. Sus resultados sugieren que el contrato de franquicia aumenta el free-riding y disminuye la calidad en las cadenas de servicios descentralizados, siendo la calidad no contraíble en este escenario.

Una de las dimensiones de la gestión empresarial es la gestión financiera y en este sentido, la estructura de participación también estudiada como estrategia de propiedad define la refranquicia como un cambio en la estructura de propiedad. Esto se da cuando la participación de unidades franquiciadas al vender unidades mientras se mantiene constante su cobertura de distribución, por el contrario, la recompra representa también un cambio al aumentar su participación de unidades propias, pero manteniendo la cobertura de distribución. Lo relevante del estudio de Sadovnikova et al. (2023) se da al demostrar que dinamismo de la industria no tiene ningún efecto sobre los rendimientos de las acciones generados por estos movimientos.

Iniciativas de responsabilidad sostenible

El desempeño de la firma ha cambiado, especialmente, a partir de la declaración de los Objetivos de Desarrollo Sostenible (ODS) por la ONU en 2015, las empresas de franquicia como muchas otras lanzan iniciativas para adoptar el conjunto de objetivos globales para erradicar la pobreza, proteger el planeta y asegurar la prosperidad para todos como parte de la nueva agenda de desarrollo sostenible al 2030. La urgencia de su declaración obedece al reconocimiento de los recursos finitos del planeta, debido a ello, surgió uno de los informes más trascendentales llamado Brundtland propuesto a la Comisión Mundial para el Medio Ambiente y el Desarrollo de la ONU (Organización de las Naciones Unidas). En él se menciona por primera vez el concepto de desarrollo sustentable en su apartado número 27 que es satisfacer las necesidades presentes sin afectar los intereses de las generaciones futuras, siendo uno de los conceptos más citados por Sheth y Parvatiyar (2020) al considerar la minimización del impacto en la sociedad desde los actores sociales.

La actuación de las marcas de franquicia a través de su know-how empresarial transfiere a los franquiciados un conocimiento, cuyo ejemplo y adopción en la cultura de trabajo es determinante en la creación de una ventaja competitiva. Perrigot (2020) agrega que este saber hacer no se transmite a los franquiciados, sino que contribuye al éxito y sostenibilidad de la relación franquiciador/franquiciado, y el franquiciador debiera trabajar para mejorar sus capacidades para apoyar mejor a sus franquiciados.

La gestión sostenible es una demanda indiscutible, la generación de riqueza desde la firma, y desde la perspectiva económica implica una distribución equitativa entre los miembros de la sociedad. Jang (2019) señala que en la franquicia la sostenibilidad a largo plazo equilibra los beneficios y promueve la continuidad del negocio solo cuando están satisfechos con la equidad, la autonomía, la formalización y el apoyo del franquiciador. Ello conduce a reconocer que la continuidad de una marca en el formato de franquicia mantendrá su vigencia en el mercado solo si cumple con los stakeholders en los ámbitos económico, social y medioambiental.

6. PENSAMIENTOS FINALES SOBRE EL FRANQUICIADOR

Usando el método inductivo-deductivo se revisó la literatura relevante del franquiciamiento, particularmente, el enfoque del franquiciador por la trascendencia de su desempeño en la renta de los países. Las inquietudes que guiaron este trabajo descubren la evolución de los estudios en este sentido, revelando un cauce hacia la economía con sentido sostenible. Del cual se deduce el nuevo rol del franquiciador como gestor de contribuciones solidarias entre sus stakeholders con el incentivo de crear, mantener y acrecentar su participación económica en un ambiente sostenible.

Ciertamente, la cooperación continua, incluidos los desacuerdos políticos, sociales y económicos, entre los socios franquiciadores, más allá de sus obligaciones contractuales, es clave para el éxito mutuo a largo plazo (Dubey et al., 2023). La sociedad actual demanda empresarios franquiciadores que atiendan el bien social, económico y ambiental. En respuesta a las evidencias mostradas por la literatura en cuestiones socioeconómicas que distorsionan el equilibrio del franquiciamiento a favor de su contribución. Aspectos censores como las reformas migratorias, el matrimonio igualitario, la atención médica nacionalizada, la tolerancia religiosa o las filiaciones políticas suelen afectar las decisiones de los consumidores y franquiciados, exigiendo respeto a sus preferencias, ampliando su espacio de derechos y de alguna forma limitando sus obligaciones.

Para entender el contexto actual del papel del franquiciador en la creación de valor para sus stakeholders, se presenta una breve reseña de las investigaciones anteriores las cuales abordan algunos factores que impactan la cooperación en franquicias, como las expectativas del modelo de negocio (Grace et al., 2013), la etapa de la relación de franquicia (Blut et al., 2011), el estrés cultural entre los franquiciados y los franquiciadores vinculados a la identificación de la marca (Lawrence and

Kaufmann, 2019) y oportunismo (Gassenheimer et al., 1996). Pero falta un examen explícito de cómo las dos partes podrían trabajar juntas para defender sus valores socioeconómicos, a pesar del reconocimiento de la necesidad de más investigación sobre las influencias sociales en contextos de empresa a empresa (B2B) y redes sociales (Yakimova et al., 2021). Para abordar la dinámica de los valores socioeconómicos en las relaciones B2B (específicamente el contexto de la franquicia), conceptualizamos el novedoso concepto de colaboración de valores socioeconómicos (SEVC),1 que se refiere al grado de esfuerzo colaborativo entre el franquiciado y el franquiciador, ejercido para mantener la congruencia de creencias socioeconómicas, valores, oportunidades y amenazas de ambas partes.

Las tres últimas décadas del siglo XX la academia se centró en el estudio de estrategias del franquiciador para expandir su marca y hacer crecer su negocio a través del apalancamiento con los franquiciados. Scott (1995) aborda la expansión comercial, el valor que reciben los franquiciados se considera de utilidad pragmática para Grunhagen y Dorsh (2003), sin embargo, el crecimiento de la franquicia suele conducir a una U invertida donde se retoma la estrategia de propiedad original. Al iniciar el siglo XXI la cuestión es sobre como generar un valor económico con una firma consolidada cuyo modo de gobernanza y elección estratégica de mercados los lleve al éxito. Siendo el gran reto el tamaño de la firma, Shane et al. (2006) sostienen el crecimiento del franquiciamiento a través del tamaño de la cadena, Kidwell (2007) y Watson Johnson (2010) consideran el efecto del free riding en la relación franquiciador-franquiciado.

En 2009 Gillis y Combs emiten señales sobre la trascendencia de la gestión en la creación de valor en la franquicia subrayando el contrato, las rutinas y manual de operaciones para mantener el concepto original y el impacto concebido por la marca. En 2010 Watson aporta sobre la relación del intercambio entre las partes para el éxito de la gestión franquiciadora.

Ahora, Alon y Bretas (2021) puntualizan la importancia de la franquicia en los mercados emergentes destacando su contribución al bienestar económico con potencialidad para su desarrollo. Su trabajo identifica dos grandes enfoques de estudio 1) expansión de la franquicia a través de la internacionalización, y 2) la franquicia social por su contribución específica a los consumidores menos favorecidos.

Las respuestas que examinara el franquiciador para que su negocio fuera sostenible las podría encontrar en su capacidad de gestión, su resiliencia y transformación hacia una era de sostenibilidad donde el papel económico se desdibuja a favor de las expectativas sociales y ambientales de la sociedad a quien se debe.

Futuros estudios pudieran conducirse en un sentido de gestión y marketing sostenible, empleando o construyendo cimientos teóricos que expliquen los comportamientos emergentes en la sociedad actual.

7. LOS FRANQUICIADOS

Los franquiciados de una cadena de franquicia dependiendo del tipo de franquicia que sea la cadena reciben unas prestaciones u otras de su franquiciador. Además, existen varios tipos de franquicia atendiendo a diferentes clasificaciones (véase Pryke, 2019 y Khan, 2014). Así, el franquiciado de una franquicia de formato comercial recibe la licencia del formato comercial, el sistema operativo y los derechos de la marca registrada. El franquiciado de una franquicia de distribución de productos sólo recibe el permiso para vender o distribuir un producto bajo la marca registrada, pero no recibe el sistema operativo. En una franquicia de fabricación, el franquiciado recibe el derecho de fabricar y vender productos bajo la marca registrada. En este capítulo haremos referencia solamente a los franquiciados de franquicias de formato comercial por ser el tipo de franquicia más extendida y conocida y, sobre todo, por ser la franquicia que mayor número de prestaciones da a sus franquiciados.

Mención aparte requiere el modelo de franquicia más novedoso como es la franquicia social con la que se trata de replicar un modelo de negocio basándose en el deseo de lograr una rápida expansión, mantener el control de calidad y garantizar un enfoque de propiedad comunitaria (Cumberland y Litalien, 2018). Un ejemplo de franquicia social es el banco de alimentos. Son las cuestiones de salud y calidad de vida donde la franquicia social está siendo más prometedora. Los candidatos a franquiciados de las franquicias sociales tienen expectativas de una disminución de las ganancias, aunque no tienen por qué materializarse. Su incentivo para unirse a la red se centra en servir a los pobres, aumentar su propia confianza en sí mismos, un mayor acceso a mejores medicamentos en el caso de las franquicias sociales del sector sanitario, oportunidades de capacitación y redes profesionales con otros franquiciados. Pocos franquiciados mencionan la creación de marcas, un beneficio frecuentemente asociado con las franquicias comerciales (Sieverding et al., 2015).

En un sistema de franquicia, los franquiciados pueden disfrutar de bastantes ventajas tales como recibir un sistema y métodos de operación probados, publicidad a gran escala y apoyo publicitario, una marca registrada reconocida a nivel nacional o internacional, asistencia técnica continua y asesoramiento experto, asistencia financiera directa del franquiciador (en algunos casos), capacitación y especialización para la competitividad, buena voluntad colectiva de la franquicia, experiencia competitiva de mercado, estandarización y uniformidad de la calidad de productos y servicios, negocio semiindependiente del sistema (beneficios de emprendimiento), reducción de riesgos al compartirlos con el sistema y ahorro de costes debido a la centralización del sistema de compra (Chan y Justis, 1990; Luangsuviol y Kleiner, 2004)

El papel de los franquiciados es fundamental para iniciar, continuar y alcanzar el éxito de una franquicia. Los franquiciados son necesarios para implementa el modelo de negocio y establecer una relación contractual específica con el franquiciador ya que de no ser así no habría un modelo de negocio de franquicia. La franquicia continuará en el mercado si los franquiciados mantienen los estándares de calidad y servicio de la marca, de tal modo que aseguren que los clientes tengan una experiencia positiva de la continuidad de la franquicia. Finalmente, una franquicia alcanza el éxito si los franquiciados proporcionan retroalimentación a su franquiciador, participan en la formación y contribuyen a la expansión de la cadena de la que son franquiciados.

La retroalimentación es necesaria para ayudar a mejorar la oferte de la marca y adaptarse a las condiciones locales del mercado. Los franquiciados deben proporcionar retroalimentación al franquiciador sobre las necesidades y preferencias del mercado local. La participación en programas de formación le ayudará a mejorar sus habilidades y conocimientos para gestionar mejor su establecimiento franquiciado que es su negocio. Finalmente, el éxito de una cadena de franquicia se manifiesta cuando se expande geográficamente a nivel nacional e internacional y para ello son necesarios los franquiciados. Son ellos los que pueden realizar la expansión abriendo nuevos establecimientos en distintas áreas geográficas.

De acuerdo con lo anterior, se entiende que los franquiciados son un elemento necesario y fundamental para el éxito de una franquicia. Para que el franquiciado contribuya al éxito de una franquicia se requiere un proceso de selección adecuado de los candidatos a franquiciados que previamente habrán estado buscando aquella marca que mejor se adecuaba a sus intereses. También se requiere una transferencia del conocimiento del franquiciador a los franquiciados para aplicar el concepto de negocio, así como de los franquiciados a su franquiciador, y, finalmente, es necesario un gobierno formal (basado en el contrato de franquicia) e informal (basado en la confianza) de los franquiciados que garantice un éxito en la relación y, consecuentemente, en la cadena.

8. BÚSQUEDA DE LA MARCA DE FRANQUICIA ADECUADA Y EL PROCESO DE SELECCIÓN DE LOS FRANQUICIADOS

No cualquier marca de franquicia garantiza la supervivencia y el éxito a un franquiciado, y tampoco cualquier franquiciado asegura la continuidad y éxito de un sistema de franquicia. Por una parte, los candidatos a franquiciados tienen que decidir elegir la marca de franquicia donde desean invertir sus recursos por primera vez. El potencial franquiciado de una marca encuentra dificultades para recopilar información sobre la calidad de la marca, y la rentabilidad y viabilidad de un negocio potencial (Polo-Redondo et al., 2011). Surgen asimetrías de información entre el franquiciador y el franquiciado potencial lo que limita la capacidad del candidato a franquiciado para hacer una elección racional de la marca de la franquicia.

Las señales de información ofrecen un medio para reducir estas asimetrías de información que encuentran los franquiciados, promover la toma de decisiones racionales y evitar riesgos morales futuros relacionados con comportamientos oportunistas por parte del franquiciador. Investigaciones recientes han comprobado que aquellos franquiciados que buscan una marcar de franquicia para abrir un establecimiento, buscan información a través de señales de la marca y del mercado (Calderón-Monge et al., 2019). En general, los franquiciados elegirán aquellas marcas de franquicia que le ofrecen el mayor nivel de calidad entre todas las marcas bajo su consideración, garantizando así los rendimientos prometidos por el franquiciador. La calidad de una franquicia viene definida por el éxito del concepto de negocio probado y por el reconocimiento de una marca.

Por tanto, los futuros franquiciados de una cadena de franquicia suelen buscar información en señales de calidad porque entienden que son un indicador del éxito de un negocio probado y, luego, buscan señales del mercado como indicadores de la calidad institucional y el crecimiento económico. Entre las señales de calidad, los franquiciados buscan la cuantía de los derechos de entrada y los royalties para elegir una marca de franquicia donde desean abrir un establecimiento por primera vez y, después buscan la señal de mercado de la calidad institucional para reforzar la elección de la marca.

La cuantía de los derechos de entrada, exigida al franquiciado mediante un pago único, es una señal que informa al franquiciado sobre el reconocimiento que la marca tiene en el mercado. Mientras que los royalties exigidos al franquiciado, bien mediante pago único o bien mediante un porcentaje sobre las ventas, es una señal que informan al franquiciado que está buscando una marca de franquicia, sobre el éxito de un concepto probado de negocio. El valor de los royalties recoge el valor de los servicios que el franquiciado recibirá de su franquiciador en el caso que decida invertir en la marca.

Los futuros franquiciados también buscan información en señales de mercado porque entienden que las instituciones formales e informales afectan a la creación y desarrollo de nuevos negocios como la franquicia. Una definición clara de las reglas del juego reduce la incertidumbre y los costes de transacción institucionales, lo que provoca que haya más, y más rentables intercambios. No obstante, el efecto de la calidad institucional sobre la franquicia varía entre países en función de su cultura y etapa de desarrollo. En cuanto al crecimiento económico de un país, los futuros franquiciados de una marca lo emplean como una señal de información para decidir abrir un establecimiento porque perciben una baja incertidumbre y aumenta la confianza para invertir en una marca de franquicia.

El éxito de una franquicia no solamente está garantizado porque los franquiciados no se equivoquen en la elección de la marca en la que desean abrir su establecimiento. La continuidad y el éxito también depende de que el franquiciador elija a los franquiciados más adecuados y ello requiere un proceso de selección apropiado. Por tanto, se necesita hacer una selección adecuada para elegir a los franquiciados de cada sistema de franquicia. En Australia, la selección errónea de los franquiciados aparece como una de las principales causas del fracaso de las franquicias (Taskforce, 2020). Elegir los franquiciados adecuados influye en la relación franquiciador-franquiciado, esencial para el crecimiento del sistema de franquicia. Este problema de selección se agrava cuando la búsqueda y selección va más allá de las fronteras nacionales. Los franquiciados son importantes para el franquiciador porque son su fuente de ingresos y el medio para hacer crecer su marca a través del concepto de negocio establecido.

En la etapa más temprana del proceso de selección, los franquiciados también hacen su selección de los franquiciadores fijándose en los rasgos personales del franquiciador como son su credibilidad y la reputación entre sus franquiciados (Brookes y Altinay, 2011). Esta reputación se centra en la honestidad, confianza y preocupación del franquiciador por sus franquiciados. Una fuerte reputación del franquiciador hace que los franquiciados, una vez sean elegidos, sean más propensos a invertir en activos específicos, atraer a nuevos franquiciados y reforzar las relaciones existentes, creando un elevado valor de la relación (Nyadzayo et al., 2011). El franquiciado es esencial para que el franquiciador mantenga su reputación porque depende del apoyo consistente y del intercambio de información con sus franquiciados, así como del esfuerzo de vinculación con ellos. Consecuentemente, el franquiciado sentirá un apego por la marca, mantendrá una actitud positiva en la relación con su franquiciador y sentirá un alivio en cuanto a su preocupación sobre la explotación de su vulnerabilidad por el franquiciador.

En estas primeras etapas del proceso de selección resulta muy eficaz el reclutamiento de franquiciados cuando se realiza a través de las webs de las marcas de franquicia porque son fácilmente accesibles para una variedad de posibles candidatos a franquiciados que navegan libremente por Internet.

En etapas más avanzadas, un procedimiento de selección eficaz aplicado a cada candidato a franquiciado puede, por tanto, traer importantes resultados ya que no todos los posibles franquiciados son igualmente capaces, ni tampoco todos están generalmente dispuestos a actuar por el interés de la marca (Michael y Combs, 2008). El procedimiento de selección de los franquiciados es, por tanto, uno de los principales aspectos que influye en la supervivencia de la franquicia, al menos durante los dos primeros años de su vida (Lafontaine et al., 2019).

Los franquiciados tienen diferentes comportamientos, enfoques y expectativas durante la relación. La formación de expectativas poco realistas por parte del franquiciado aumenta el potencial de conflicto en la relación (Xu y Cao, 2019). Los franquiciados seleccionados deber ser compatibles con el espíritu emprendedor, prestando atención a las características pertinentes. Entre las características y capacidades de los franquiciados más buscadas para garantizar una relación saludable con su franquiciador destacan la actitud y personalidad, la capacidad de gestión y la voluntad de trabajo, así como características comerciales como la ambición, independencia, creatividad y asunción de riesgos.

Los franquiciados que crean en el concepto de negocio del franquiciador y en su marca seleccionada, y estén motivados para equilibrar los intereses personales con los intereses comerciales del franquiciador tendrán menos probabilidades de entrar en conflictos futuros al comienzo de su relación, lo que de otro modo podría aumentar los costes de supervisión y litigio (Sadeh y Kacker, 2020).

La lealtad del franquiciado es difícil de conocer en un proceso de selección ya que las señales de lealtad se van detectando a medida que la relación comercial con el franquiciado está avanzando. Aceptar un nivel de control es una característica buscada en el franquiciado ya que éste estará sometido a recibir órdenes y actuar de acuerdo a unas instrucciones del franquiciador. No obstante, es frecuente que, iniciada la relación, el franquiciado quiera demostrar su poder de negociación y, posteriormente, negociar de un modo más autónomo. Por tanto, la relación franquiciador-franquiciado para que se mantenga, deber guardar un equilibrio entre la autonomía del franquiciado y el control del franquiciador.

El desempeño de los franquiciados no solo depende de una selección efectiva de los franquiciados, sino también de otros dos aspectos relevantes: 1) la transferencia de conocimiento que haya hecho el franquiciador para que posteriormente los franquiciados seleccionados puedan ejecutar con precisión el know-how en los mercados locales donde hayan abierto sus establecimientos; y 2) los mecanismos de gobierno que a lo largo de la relación comercial se apliquen para garantizar el desempeño del franquiciado. Estos mecanismos de gobierno son formales (el contrato de franquicia) e informales (la relación de confianza entre los franquiciados con su franquiciador).

9. LA TRANSFERENCIA DEL CONOCIMIENTO Y LOS MECANISMOS DE GOBIERNO DE LOS FRANQUICIADOS

Los franquiciados en una cadena de franquicia son los que hacen operativo el know-how de la cadena. Sin embargo, los franquiciados, sin los franquiciadores, no harían posible que la cadena funcionara. Los franquiciados necesitan de la transferencia de conocimiento o know-how de sus franquiciadores. El contrato de franquicia contiene la transferencia tanto del conocimiento explícito (Know-how) como del tácito (mercado). En el caso del conocimiento explícito, dado que el conocimiento representa un parte importante de la franquicia, debe ser inimitable para proporcionar una ventaja competitiva pero también debe ser comprensible para que los franquiciados lo descifren (Perrigot et al., 2017).

El conocimiento es el principal recurso para que las redes de franquicias aumenten el rendimiento y la competitividad (Iddy y Alon, 2019). Los franquiciados, si el conocimiento ha sido transferido adecuadamente, pueden replicar exactamente el concepto de negocio en cualquier mercado previamente analizado, afectando positivamente al sistema de franquicia y, sobre todo, a su rendimiento. El éxito de compartir el conocimiento entre el franquiciador y los franquiciados requiere que todos ellos sean colaboradores más que competidores (Butt et al., 2018). Los franquiciados pueden modificar los productos utilizando el conocimiento local para mejorar la competitividad de la marca originando una mejora en el rendimiento de la red. Sin embargo, la modificación debe hacerse con el permiso del franquiciador con el fin de adaptar el conocimiento al entorno local.

El éxito de una red de franquicia depende de la naturaleza del conocimiento transferido, si es explícito o tácito, (Brookes y Altanay, 2017), el mecanismo de transferencia del conocimiento (Perrigot et al., 2017), y la capacidad de absorber de las partes para identificar, transferir, integrar y aplicar el conocimiento (Apriliyanti y Alon, 2017). El conocimiento tácito por su naturaleza no puede ser codificado como el conocimiento explícito. Por ello ha sido identificado como la fuente de la ventaja competitiva porque resulta difícil a los competidores copiarlo. Para mejorar el rendimiento, los franquiciadores quieren asegurar que el conocimiento tácito le sea transferido con éxito. Los franquiciados poseen una gran cantidad de conocimiento tácito sobre las preferencias de los consumidores locales, demanda, precios, inteligencia competitiva, siendo todos ellos factores críticos para determinar la estrategia de crecimiento de la marca de la que son franquiciados. El conocimiento tácito es empleado para lograr altos niveles de satisfacción del consumidor a través de diseñar productos y precios adaptados a su perfil.

El conocimiento de un sistema de franquicia incluye conocimientos de marca, tecnológicos y rutinas organizativas y también tiene componentes tanto tácitos como explícitos. Ambos tipos de conocimiento están entrelazados y requieren para ser transmitidos al franquiciado el uso simultáneo de diferentes medios ricos en información. Si los franquiciados no pueden comprender, aprender y dominar el conocimiento, no podrán replicar el formato y operar los puntos de venta con éxito. Entonces, para que el franquiciado pueda aplicar adecuadamente el conocimiento en el mercado, el conocimiento tiene que ser transferido por medios con alta riqueza de información como capacitaciones, reuniones, seminarios, y por medios con menor grado de riqueza de información como documentos, manuales, correos electrónicos, mensajes instantáneos, redes sociales, intranet.

Para el éxito de una marca de franquicia, los franquiciados necesitan que el conocimiento explícito (por ejemplo, el que se contiene en el manual de operaciones) sea transmitido por unos medios de baja o media riqueza de información como los correos electrónicos, la intranet y las redes sociales ya que permiten una retroalimentación inmediata entre el franquiciado y el franquiciador cuando surgen los problemas de comunicación durante el intercambio de conocimientos más codificados. Los franquiciados pueden recibir más fácilmente aclaraciones de su franquiciador utilizando medios con un grado menor de riqueza de información. Además, la ventaja de la eficiencia de estos medios también podría deberse a los efectos motivaciones y emocionales positivos de las redes sociales. Sin embargo, el conocimiento tácito es preferible transmitirlo por medios altamente ricos en información como seminarios presenciales, reuniones, llamadas telefónicas y videoconferencias.

Dado que la confianza facilita el uso de información para transferir conocimiento (Garovaia y Windsperger, 2013), el siguiente aspecto a tener en cuenta es la capacidad que tienen tanto el franquiciador como sus franquiciados de absorber el conocimiento explícito y tácito, y sus efectos en el rendimiento de las franquicias. Desde el lado de los franquiciados, la capacidad de absorción se medirá como la capacidad de reconocer, comprender, recibir y aplicar conocimiento con fines comerciales. Desde el lado del franquiciador, la capacidad de absorción se medirá como la capacidad de transferir conocimientos tanto explícitos como tácitos. Lo cierto es que la adaptación del conocimiento local entre los franquiciados para adaptarse a su entorno dificulta el uso de la plantilla original porque la estandarización es la fortaleza del modelo de franquicia. La dificultad de adaptación puede reducir los beneficios del aprendizaje organizacional a lo largo de la cadena (Sorenson y Sorensen, 2001).

La estructura de gobernanza de una franquicia depende de la necesidad de adaptación y estandarización (Gillis et al., 2014); la propiedad y la capacidad de que el contrato contega el conocimiento específico (Mumdziev y Windsperger, 2011); y el coste de la transferencia de los conocimientos (Windsperger, 2004).

La Teoría Relacional de la gobernanza afirma que la confianza juega un papel importante en la transferencia del conocimiento al reducir el riesgo derivado de la relación franquiciador-franquiciado, y los peligros de la transferencia del conocimiento (Zahoor et al., 2021). Zahoor et al. (2021) afirman que la confianza puede mejorar la resolución conjunta de problemas y la absorción de conocimientos en redes y alianzas de franquicias. Sin embargo, en las cadenas de franquicias que llevan operando muchos años, el aprendizaje basado en la experiencia del franquiciador disminuye, repercutiendo negativamente en el rendimiento. Ello es debido a que estos sistemas de franquicia tienen un mayor número de establecimientos y están mejor equipados para aprovechar las sinergias entre establecimientos franquiciados y propios.

La confianza como mecanismo de gobierno relacional puede ser general, es decir, innata al individuo (Yamagishi y Yamagishi, 1994) o puede estar basada en el conocimiento del franquiciado o franquiciador (Griessman et al., 2014) dependiendo si nos referimos a la confianza del franquiciador o la confianza del franquiciado. La confianza que inspiran los franquiciados al franquiciador es necesaria para el diseño de una red de franquicias.

Cuando los franquiciados que están en una red inspiran confianza al franquiciador como resultado de su conocimiento y, además, el franquiciador es proclive a confiar en general, los franquiciados tienen la oportunidad de, o bien abrir más de un establecimiento dentro de la misma red (se estaría creando una red denominada multi-franchising), o bien abrir establecimientos de otra marca de franquicia diferente de la que ya es franquiciado. Cuando se da esta situación se estaría creando una red denominada cross-franchising.

Como se refleja en el Grafico 1, en la multi-franquicia, el fraqnquiciado F2 opera varios establecimientos de una marca (F21 y F22), en lugar de operar sólo un punto de venta. Tiene ventajas para el franquiciado pues supone mayores ingresos y una mayor diversificación de su cartera de puntos de venta al tener establecimientos localizados en diferentes localidades geográficas. Además, la experiencia adquirida en un establecimiento puede ser aplicada al resto de establecimientos, reduciendo costes y mejorando la eficiencia.

En el cross-franchising (véase Gráfico 1), los franquiciados de una marca de franquicia pueden ser también franquiciados de otra marca de franquicia distinta, pero habitualmente complementaria (por ejemplo, una marca de franquicia de comida rápida y otra de helados o bebidas). La principal ventaja que trae este tipo de red de franquicias a los franquiciados es atraer a nuevos clientes y aumentar la rentabilidad. Ahora bien, este tipo de red puede traer desafíos a los franquiciados como una estrecha colaboración y coordinación entre las marcas involucradas, y la capacidad de cumplir con los estándares y requisitos de calidad de ambas marcas.

Sin embargo, si los franquiciados de una cadena de franquicia no inspiran confianza al franquiciador, aunque éste sea proclive a confiar, los franquiciados, también conocidos como masterfranquiciados, podrían tener franquiciados que abrieran establecimientos con el nombre de la marca del franquiciador, pero sin ser establecimientos franquiciados del franquiciador. En otras palabras, el masterfranquiciado reúne a los posibles candidatos a franquiciados de los establecimientos (subfranquiciados) y les selecciona con la aprobación del franquiciador. El franquiciado o masterfranquiciado, entonces, actúa como un mini-franquiciador en su territorio: asiste a sus subfranquiciados en elegir el lugar, negocia el arrendamiento, diseña el establecimiento, selecciona e instala el equipamiento, entrena a los empleados y todo aquello que un franquiciador también proporciona a los franquiciados. Cuando de da esta situación se estaría creando una red denominada sub-franquicia o masterfranquicia.

En la sub-franquicia o masterfranquicia, un franquiciado (F3) o masterfranquiciado obtiene los derechos para desarrollar y gestionar una franquicia en una zona o país determinado. Este franquiciado (F3) tiene la capacidad de otorgar poder abrir establecimientos a otros inversores (denominados subfranquiciados) de la misma zona o región (F31 y F32). Este tipo de red tiene ventajas para el masterfranquiciado y los subfranquiciados. Al masterfranquiciado le permite expandir la marca a un mayor número de lugares y mercados y aumentar sus ganancias participando en las de sus subfranquiciados. A los subfranquiciados, la subfranquicia puede ser beneficiosa al proporcionarles una oportunidad de negocio rentable y un modelo de negocio probado y establecido. Ambos, masterfrranquiciados y subfranquiciados, necesitan mantener elevados niveles de calidad en todos los establecimientos y coordinarse muy bien con el franquiciador si quieren garantizar el éxito de la red.

Finalmente, estaría la red de franquicia de inversión donde el franquiciado F6 abre dos establecimientos de una misma marca (F61 y F62) creándose una red multifranquicia pero la gestión de esos establecimientos franquiciados la lleva otro franquiciado F5 de la misma marca. Por tanto, F6 actuaría como franquiciado-inversor.

A continuación, se muestra un gráfico con los diferentes tipos de redes de franquicias mencionadas anteriormente que contribuye a visualizar mejor las relaciones descritas entre el franquiciador y sus franquiciados, y entre los propios franquiciados.

Gráfico 1. Tipos de redes de franquicia

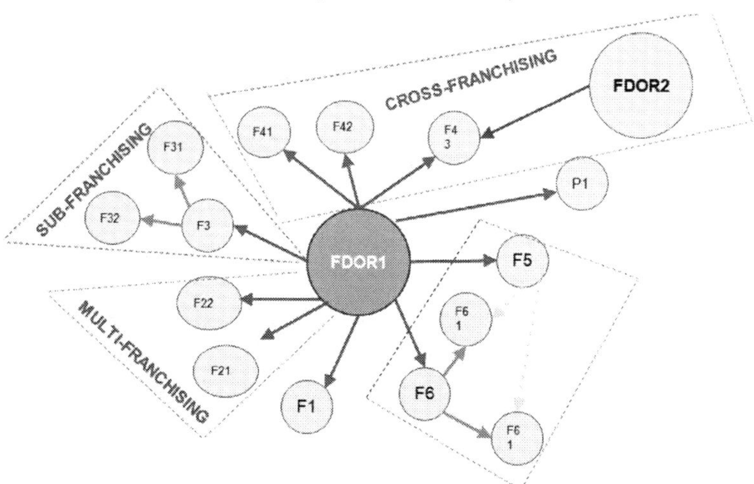

Fuente: elaboración propia.

La confianza del franquiciador en sus franquiciados no es suficiente para que tenga éxito la relación, es necesario la confianza que los franquiciados tienen en su franquiciador. Cuando esta confianza es fuerte, los franquiciados desarrollan vínculos psicológicos con la marca, influye en la interacción con otros franquiciados, integran a otros franquiciados que comparten entusiasmo por la marca dentro de la comunidad creada, participan de los franquiciados en actividades comunes, sociales, de promoción de marca y otras iniciativas que refuercen el valor de marca (Becerra y Bradinarayanan, 2013) y finalmente, prestan escasa atención a las marcas de la competencia. En definitiva, un franquiciado que confía en su franquiciador tendrá comportamientos cooperativos y de apoyo, y conductas, actitudes y emociones favorables.

Cuando la confianza del franquiciado en el franquiciador es fuerte y, además, el valor de la relación entre el franquiciado y el franquiciador es elevada debido a la reputación que este tiene entre sus franquiciados, esa relación de franquicia se puede dirigir con garantías de éxito a través del mecanismo de gobierno relacional.

Sin embargo, existen situaciones en las que la relación entre el franquiciado y su franquiciador ha de ser dirigida a través de un mecanismo de gobierno formal como el contrato. Así, cuando el franquiciado solamente tiene un establecimiento de una marca, el mecanismo de gobierno más adecuado para gobernar la relación con su franquiciados es el contrato de franquicia estándar con las condiciones particulares que fije el franquiciador. Cuando estas cláusulas no se adapten a las circunstancias del franquiciado impactará negativamente en el rendimiento del sistema de franquicia. El contrato no solo frenará el comportamiento oportunista de ambas partes, sino también facilitará la transferencia del conocimiento explícito del franquiciador (know-how) hacia el franquiciado y del conocimiento tácito (mercado) desde el franquiciado hacia el franquiciador.

Por tanto, si un franquiciador es poco arriesgado y tiene bajo nivel de confianza general, el contrato es necesario para gobernar la relación con sus franquiciados, pero no suficiente. Este franquiciador necesita de la cooperación de sus franquiciados y más concretamente, de su confianza. Esta confianza para que sea un mecanismo de gobierno eficaz para el franquiciador, tiene que basarse en un conocimiento completo y adecuado de sus franquiciados. La confianza general del franquiciador en sus franquiciados no asegura que la actividad de éstos sea rentable. Se necesita una confianza del franquiciador basada en el conocimiento que tiene de sus franquiciados

10. EL RENDIMIENTO FINANCIERO DE LOS FRANQUICIADOS

El rendimiento financiero de los franquiciados resulta ser importante no solo para ellos, sino también para el franquiciador ya que éste depende de sus franquiciados, y la supervivencia de la cadena también depende de los franquiciados. En Francia, la agresividad competitiva y la autonomía directiva resultaron cruciales para un elevado nivel de éxito de los franquiciados (Colla et al., 2020). El rendimiento de los franquiciados dependerá también el tipo de red de franquicia que haya constituido. Cross-franchising tiene un comportamiento rentable, solvente, con mayor liquidez. Multi-franchising, por el contrario, tiene un comportamiento menos rentable, solvente y con menor liquidez. La causa de estos comportamientos hay que buscarla en las peculiaridades de cada red.

Como ya mencionamos anteriormente, la red cross-franchising está integrada por franquiciados de diferentes marcas, la cuales son complementarias de la marca del primero. Al tratarse de marcas complementarias los franquiciados de esta red llegan a un mayor mercado, aprovechan las economías de escala que se derivan de trabajar con dos o más marcas complementarias. De lo anterior, se deriva que se minimizan los comportamientos oportunistas del franquiciado, entendido como dedicar menos esfuerzo a una marca en beneficio de la otra. ¿Cómo afecta la relación franquiciador-franquiciado en este tipo de red, al rendimiento financiero? Es necesario descubrir qué tipo de franquiciador analizamos.

Si las cláusulas del contrato de franquicia firmado entre le franquiciador y sus franquiciados nos indican que es un franquiciador con un bajo nivel de confianza general, deduciremos que no asume mucho riesgo. Concretamente, el royalty a través del cual el franquiciador puede controlar los comportamientos oportunistas de sus franquiciados, será fijo, revisable cada cierto tiempo y distinto para los nuevos franquiciados en distintos momentos del tiempo. Se trata de un franquiciador que asegura su rendimiento financiero con las cláusulas exigidas –mecanismo formal- y luego, aplica el mecanismo de gobierno de la confianza para que sus franquiciados puedan ser franquiciados de otros franquiciadores de tal forma que, si los franquiciados aciertan, se beneficia el franquiciador; si fallan no le afecta al rendimiento financiero.

La red cross-franchising es una red óptima si los franquiciados son gobernados por un mecanismo formal como un contrato con royalties fijos o un mecanismo informal basado en la confianza de los franquiciados.

La red multi-franchising está organizada por franquiciados que tiene más de un establecimiento del mismo franquiciador analizado. Estos franquiciados, ante el buen rendimiento financiero de su primer establecimiento, deciden abrir otro u otros para desarrollar la marca en mercados distinto de los que ya están operando. ¿Por qué les va mal? La causa está en el franquiciador que al ser adverso al riesgo, se ha asegurado su rendimiento financiero con el contrato, pero no ha sabido aplicar bien el mecanismo de gobierno basado en la confianza ya que se ha dejado llevar por un exceso de confianza en sus franquiciados. Es decir, no han tenido un buen conocimiento de sus franquiciados para hacer una selección adecuada de modo que han abierto nuevos establecimientos, candidatos no adecuados.

La red multi-franchising es una red óptima si se gobierna a sus franquiciados mediante un mecanismo formal como el contrato con royalties fijos o mediante un mecanismo de gobierno informal basado en la confianza de los franquiciados, siempre y cuando el franquiciador haga una buena selección de aquellos franquiciados que desean abrir nuevos establecimientos.

En la red masterfranquicia o sub-franquicia también descrita anteriormente, la mayoría de los franquiciados están endeudados y unos pocos tienen un comportamiento rentable como la red cross-franchising. Tanto los subfranquiciados rentables como endeudados comparten el haber pagado mayor cantidad de inversión, royalty y canon de publicidad, pero se diferencian en que los subfrqnuiciados rentables han recuperado la inversión realizada porque llevan funcionando una media de 5 años y los subfranquiciados endeudados no han recuperado la inversión porque no ha transcurrido el tiempo. La razón de estar en el grupo de los rentables o endeudados es el payback o retorno de la inversión.

De acuerdo con lo anterior y apoyándonos en investigaciones recientes el contrato en sí mismo es un mecanismo adecuado y contribuye a la rentabilidad del franquiciador, pero si no se adapta a las circunstancias del entorno influye negativamente en el rendimiento financiero de los franquiciados, los cuales cerrarán los establecimientos, repercutiendo a medio y largo plazo en el franquiciador (Calderon-Monge y Pastor-Sanz, 2017). Se necesita redactar contratos de franquicia flexibles y adaptarlos continuamente a los entornos inciertos en los que operan las cadenas de franquicia.

Cuando los franquiciados más rentables tienen una alta probabilidad de continuar con sus buenos resultados financieros a pesar de operar en un entorno incierto y, una baja probabilidad de endeudarse, sus decisiones requieren cautela ante un entorno incierto. Entre los franquiciados que necesitan endeudarse para enfrentarse a las obligaciones financieras exigidas por el franquiciador están los subfranquciados más que los franquiciados de una red cross-franchising. Estos últimos manejan un mercado más amplio y pueden hacer frente a las obligaciones financieras con el franquiciador. Luego los franquiciados cross-franchising tienen mayores ventajas que lo subfranquiciados salvo que el franquiciador de una red subfranchising flexibilice las cláusulas económicas del contrato ante cambios adversos en el entorno.

Finalmente, los franquiciados menos rentables con una red multifranchising son los que menos probabilidad tiene de permanecer y la probabilidad de que alguno logre ser rentable es baja. Luego, muti-franchsising, que podría ser una red que sirviera para desarrollar nuevos mercados para el franquiciador, no es rentable. Como estos franquiciados son gobernados por dos mecanismos: contrato y confianza, el franquiciador debería flexibilizar las cláusulas económicas como en el caso de la red de sub-franchising, pero también debiera tener una menor confianza en los franquiciados y conocerlos más y mejor para decidir a quién le permite abrir nuevos establecimientos.

11. EXPANSIÓN DE EMPRESAS: LAS FRANQUICIAS

Existen diferentes formas de expandir una empresa (ya sea en mercados nacionales o internacionales). Éstas van desde modalidades sencillas y que reportan menos riesgo; hasta las modalidades que conllevan mayor cantidad de recursos y riesgos. Dependiendo de un conjunto de factores, la empresa decidirá en expandirse de una u otra forma. Como apuntan

Sánchez y Pla (2003), dos teorías han sido ampliamente utilizadas para el análisis de los modos de expansión: la teoría de los costes de transacción y la teoría de las capacidades organizativas. Así, y siguiendo la primera de ellas, una determinada transacción puede ser contratada a agentes externos (lo cual supone modos de bajo control), puede ser internalizada y desarrollada por los empleados de la empresa (modos de alto control), o puede ser llevada a cabo a través de modos de un grado intermedio de control (formas híbridas). Así, la elección de una opción u otra viene determinada, en principio, por un criterio de eficiencia: la minimización de los costes de transacción y producción asociados a cada alternativa (Williamson, 1985). Por otro lado, con origen en el enfoque basado en los Recursos, se asume que la elección del modo de expansión no es sólo una cuestión de minimización de costes de transacción, sino que también refleja que la base de conocimientos de una empresa es específica, tanto a la empresa como a su contexto y, por tanto, el valor del conocimiento puede verse disminuido por una transferencia ineficiente basada en la ausencia de complementariedad de las rutinas organizativas de las empresas implicadas en la transmisión (Madhok, 1997).

11.1. MODOS DE EXPANSIÓN: CONTROL DE LAS OPERACIONES

En principio existen dos formas genéricas de expandirse: conceder licencias o realizar directamente inversiones propias (para el caso de expansión a mercados exteriores, se incluiría una tercera forma como es la exportación). Cada una de estas opciones implica diferencias respecto al grado de control que la empresa puede ejercer en dicha expansión, los recursos que debe comprometer y los beneficios que potencialmente podría obtener (Buckley, 1995).

El control de las operaciones que se acometan, hace referencia a la disposición o habilidad de la empresa para influir en los sistemas, métodos y decisiones relativas a dichas operaciones, con el fin de mejorar su posición competitiva y maximizar los ingresos de los activos de la empresa (Pangarkar y Klein, 2004). Dicho control se materializa sobre cuatro aspectos: a) el funcionamiento diario del negocio expandido, b) los activos físicos, c) las rutinas organizativas y los elementos tácitos de la empresa, y d) los activos codificados (por ejemplo, la marca). La responsabilidad de controlar estos elementos recaerá sobre la empresa matriz (la cual aborda el proceso de expansión) o sobre la nueva empresa creada. Esto va a depender de la forma de expansión utilizada (Contractor y Kundu, 1998). En este sentido las distintas opciones se agrupan en tres conjuntos (Buckley, 1995):

- Formas que suponen inversión directa con un grado de control total (adquisiciones totales y filiales de nueva creación)
- Formas que suponen inversión directa, pero con un grado de control compartido
- Formas que no implican aportación de capital (contratos de gestión y franquicias)

En las inversiones directas que suponen un control absoluto de la operación (filiales de nueva creación y adquisiciones[1]), la empresa matriz retiene en exclusividad el control sobre los cuatro aspectos mencionados anteriormente, mientras que en las inversiones directas cooperativas (empresas conjuntas) dicho control exclusivo es sólo sobre los activos codificados, pero normalmente el resto de aspectos son compartidos con el socio.

En los contratos de gestión, la empresa matriz se responsabiliza de toda la operativa de la nueva empresa: implantan sus sis-

---

1 Las adquisiciones parciales serán tenidas en cuenta como empresas conjuntas, ya que el control sobre la operación foránea es compartido. Este argumento ha sido utilizado entre otros por Chang y Rosenzweig (2001).

temas, procedimientos y marca; imponen sus políticas de recursos humanos y calidad, etc. (Erramilli, Agarwal y Dev, 2002). Es decir, la nueva empresa es gestionada como si fuese de propiedad de la empresa matriz. El único aspecto de control que varía en relación con las empresas conjuntas es el ejercido sobre los activos físicos que, en este caso, está en manos del propietario de la nueva empresa, sin que participe la empresa matriz.

En los contratos de franquicia, la empresa matriz cede, a la nueva empresa, su marca y la incluye dentro de su sistema de comercialización, de marketing y de control de calidad; por tanto, la empresa matriz no gestiona la nueva empresa creada, residiendo el control de las operaciones diarias y de los activos físicos en esta última. La empresa matriz únicamente se reserva el control de los activos codificados, mientras que el control de los activos tácitos se comparte con la nueva empresa.

Figura 1. Relación compromiso de recursos & control en las distintas modalidades de expansión.

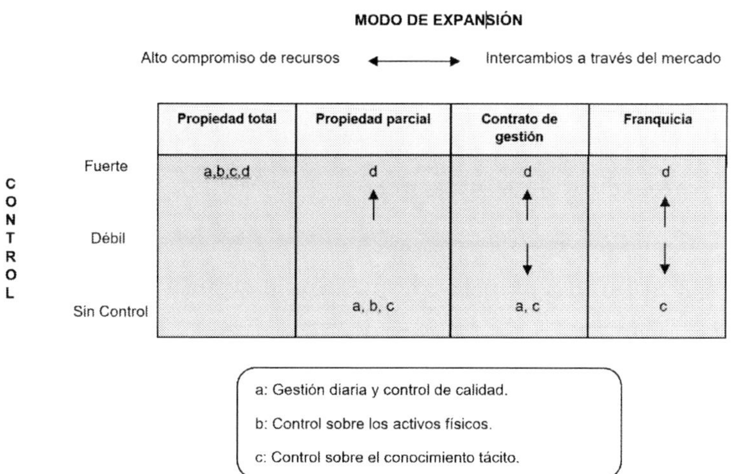

Fuente: Contractor y Kundu (1998a): Modal Choice in a World of Alliances: Analysing Organizational Forms in the International Hotel Sector, *Journal of International Business Studies,* vol.29, nº 2.

11.2. CRECIMIENTO CONTRACTUAL: LA FRANQUICIA

Esta modalidad de expansión (utilizada tanto a nacional como internacional) se desarrolla a través de los denominados acuerdos de licencia. Éstos consisten en "la firma de un contrato entre el poseedor de un derecho transferible y otra empresa, por medio del cual se autoriza a esta última, bajo determinadas circunstancias, a hacer uso de dicho derecho a cambio de un pago fijo inicial y/o un pago periódico relacionado con la cifra de ventas", (UNCTC, 1988). Generalmente, estos derechos se materializan en activos intangibles, tales como una marca registrada, una patente, un know-how específico, o aspectos relativos al proceso tecnológico. Este método trata de combinar las ventajas competitivas de la empresa licenciadora (habilidades de gestión, habilidades comerciales, etc.) con el mejor conocimiento de los mercados que poseen las empresas licenciadas.

Siguiendo la clasificación dada por la UNCTC (1988) y, teniendo en cuenta los derechos de cada parte en la toma de decisiones y el rol asumido por cada una de las partes en las actividades a desarrollar, se distinguen diferentes modalidades de licencias:

- Acuerdos de distribución en el ámbito internacional
- Contratos de fabricación
- Franquicias
- Cesión de patentes o contratos de gestión

En lo que se refiere a las franquicias, éstas suponen para la empresa matriz, una forma de crecimiento, mediante la cual, la transferencia de recursos y derechos queda internalizada dentro de la empresa. La franquicia es una fórmula comercial que, desde su nacimiento hasta la actualidad, ha experimentado un importante crecimiento en todos los mercados del mundo y en todos los sectores de actividad, constituyendo hoy día un elemento importante en la economía de muchos países desarrollados.

Definir el concepto de franquicia resulta bastante complicado, ya que según el punto de vista desde el que se afronte su estudio (jurídico, comercial, institucional, etc.) se prestará mayor atención a unos aspectos u otros. Sin embargo, básicamente se puede definir la franquicia como una relación de colaboración conjunta entre dos empresas, el franquiciador y el franquiciado, manteniendo a su vez la independencia de ambos. Díez de Castro et al. (2005) definen la franquicia como "un sistema de cooperación entre empresas diferentes, ligadas por un contrato en virtud del cual una de ellas – la franquiciadora – otorga a la otra (u otras), denominadas franquiciadas, a cambio de unas contraprestaciones financieras (pagos), el derecho a explotar una marca y/o una fórmula comercial materializada en unos signos distintivos, asegurándole al mismo tiempo la ayuda técnica y los servicios regulares necesarios destinados a facilitar dicha explotación mientras dure el contrato."

En esta definición se pueden extraer algunas características de la franquicia:

- Es un sistema de cooperación.
- La relación entre las partes se plasma en un contrato.
- Las partes son la empresa principal o matriz, denominada empresa franquiciadora y las empresas que firman el contrato con el principal, denominadas franquiciados.
- El franquiciador proporciona a sus franquiciados una marca, una fórmula comercial o know-how y una asistencia y ayuda técnica mientras dure el contrato.
- Tal como está concebido el sistema de franquicia, los franquiciadores tienen que seleccionar a sus franquiciados de entre aquellos que cumplan unos determinados requisitos.

Esta modalidad de licencia presenta una serie de ventajas si la comparamos con otras formas de expansión (inversión directa, joint ventures, etc.), entre las cuales se pueden destacar:

- Menores necesidades de capital
- Reducción del riesgo
- Abaratamiento en el uso de recursos
- Rapidez para disponer de la red comercial
- Menores restricciones legales
- Menor rechazo de gobiernos locales

Pero estas ventajas, deben ser completadas por los riesgos que asume al realizar este tipo de acuerdos. De hecho, aunque el riesgo financiero sea menor a otras modalidades de expansión, si se acepta un posible riesgo en la imagen del licenciador, ya que éste cede a terceros la gestión de las operaciones, pero bajo la enseña e imagen del primero (Contractor y Kundu, 1998b). Especialmente en el sector servicios, se asume un mayor riesgo, ya que generalmente no se cede una tecnología de producción (como ocurre en los acuerdos de franquicia de empresas manufactureras), sino lo que se transfiere es know-how especializado para realizar el servicio, el cual conlleva mayores costes para asegurarse de que el mismo se está prestando de la manera correcta. Esto lleva a que se incrementen costes, y por tanto, se asume cierto riesgo financiero por parte del licenciador.

Por tanto, la franquicia se ha convertido en una forma rápida de crecimiento en el mercado desarrollado por muchas empresas, ya que conlleva unas inversiones y riesgos limitados para las mismas. A nivel internacional, esta modalidad cuenta con bastante aceptación por los motivos antes expuestos, lo cual ha llevado a aumentar la proporción de expansión de esta fórmula respecto a otras[2], ya que soporta niveles de bajo riesgo y la posibilidad de incrementar rentabilidad en el largo plazo.

Existen diferentes factores que inciden directa o indirectamente en la propensión a franquiciar[3]. Así, entre los factores que tienen incidencia directa están: los costes de supervisión asociados con la distancia cultural y geográfica, la experiencia internacional del franquiciador y el grado de incertidumbre del país de destino. Por otro lado, entre los factores que tienen incidencia de manera inversa encontramos: la especificidad de la imagen de marca y el nivel de servicio de la empresa.

REFERENCIAS BIBLIOGRÁFICAS

Alon, I., Apriliyanti, I.D. y Henríquez Parodi, M.C. (2021). A systematic review of international franchising, *Multinational Business Review*, 29(1), 43-69 https://doi.org/10.1108/MBR-01-2020-0019

Apriliyanti, I.D. y Alon, I. (2017), Bibliometric analysis of absorptive capacity, International *Business Review*, Vol. 26 No. 5, pp. 896-907

Bansal, P., y Clelland, I. (2004). Talking trash. legitimacy, impression management, and unsystematic risk in the context of the natural environment, *Academy of Management Journal*. Vol. 47, No. 1, pp. 93–103.

Barney, J. B. (2001). Resource-based theories of competitive advantage: A ten-year retrospective on the resource-based view. *Journal of Management*, 27(6), 643–650. https://doi.org/10.1177/014920630102700602

Becerra, E. P. y Bradinarayanan, V. (2013), The influence of brand trust and brand identification on brand evangelism, *Journal of Product and Brand Management*, Vol. 22, N0. 5, pp. 371-383

Bozeman, B. (1993). Understanding the roots of publicness, en B. Sutton (Ed). *The legitimate corporation*. pp. 63-81. Cambridge, MA: Blackwell.

---

2 Estudios sobre la importancia de la modalidad de franquicias podemos encontrar en Shane (1996) y Mugica y Yagüe (1996), entre otros.

3 Fladmoelindquist y Jacques (1995).

Brookes, M. y Altinay, L. (2017), Kowledge transfer and isomorphism in franchise networks, *International Journal of Hospitality Management*, Vol. 62, pp. 33-42,

Brookes, M. y Altinay, L. (2011), Franchise partner selection: perspectives of franchisors and franchisees, *Journal of Services Marketing*, Vol. 25 No. 5, pp. 336-348

Butt, M.N., Antia, K.D., Murtha, B.R. y Kashyap, V. (2018), "Clustering, Knowledge sharing, and intrabrand competition: a multiyear analysis of an evolving franchise system", *Journal of Marketing*, Vol. 82 No. 1, pp. 74-92,

Burmann, C., Zeplin, S. and Riley, N. (2009). Key determinants of internal brand management success: An exploratory empirical analysis. *Journal of Brand Management*, 16, 264–284. https://doi.org/10.1057/bm.2008.6

Burmann, C.,and Zeplin, S. (2005). Building brand commitment: A behavioural approach to internal brand management. *Journal of Brand Management*, 12, 279–300. https://doi.org/10.1057/palgrave.bm.2540223

Calderón-Monge, E., Huerta-Zavala, P. y Ayup-González, J. (2019). Effects of brand-related and market signals on franchisees' entrepreneurial decisions: a multi-country panel data analysis. *International Entrepreneurship Management Journal*, Vol.15, pp. 573–588 (2019).

Calderon-Monge, E. y Pastor-Sanz, I. (2017). Effects of contract and trust on franchisor performance, *Contemporary Economics*, Vol. 11, N° 4, pp. 383-400.

Chan, P.S. y Justis, R.T. (1990). Franchise Management in East Asia, *Academy of Management Perspectives*, Vol. 4, No. 2, pp. 75-85

Colla, E., Ruiz-Molina, E., Chastenet De Gery, C., y Deparis, M. (2020). Franchisee's entrepreneurial orientation dimensions and performance. Evidence from France. *The International Review of Retail, Distribution and Consumer Research*, pp. 1–17

Cumberland, D.M. y Litalien, B.C. (2018), Social franchising: A systematic review, *Journal of Marketing Channels*, Vol. 25, No. 3, pp. 137-156.

Dant, R. Weaven, S. and Baker, B. (2013). Influence of personality traits on perceived relationship quality within a franchisee-franchisor context. *European Journal of Marketing*, Emerald Eds.

Deeds, D. L., Mang, P. Y. y Frandsen, M. (1997). The quest for legitimacy: A study of biotechnology IPO's. *Congreso Anual de la Academy of Management*, Boston.

Deephouse, D. L. (1996). Does isomorphism legitimate? *Academy of Management Journal,* Vol. 39, No.4. pp. 1024-1039.

Deephouse, D. L y Carter, S. M. (2005). An Examination of Differences Between Organizational Legitimacy and Organizational Reputation, *Journal of Management Studies,* Vol. 42, No. 2, pp. 329-360.

Doherty, A.M. (2007). Support mechanisms in international retail franchise networks, *International Journal of Retail & Distribution Management,* 35(10), 781-802. https://doi.org/10.1108/09590550710820676

Dubey, V. Mattes, J., y Saini, A. (2023). Impact of socioeconomic values collaboration on performance in franchising, *Journal of Business Research,* 162, ISSN 0148-2963, https://doi.org/10.1016/j.jbusres.2023.113877

Ehrmann, T., Cliquet, G., Hendrikse, G., y Windsperger, J. (2013). Governance of Franchising Networks, Cooperatives, and Alliances: An Introduction. *Managerial and Decision Economics, 34*(3/5), 117–123. http://www.jstor.org/stable/23464294

Gillis, W., y Combs, J. (2009). Franchisor strategy and firm performance: Making the most of strategic resource investments. *Business Horizons,*52(6), 553-561. ISSN 0007-6813, https://doi.org/10.1016/j.bushor.2009.07.001

Gillis, W.E., Combs, J.G. y Ketchen, D.J. (2014), Using resource-based theory to help explain plural form franchising, *Entrepreneurship Theory and Practice,* Vol. 38, No. 3, pp. 449-472

Gillis, W., Combs, J., y Yin, X. (2020). Franchise management capabilities and franchisor performance under alternative franchise ownership strategies, *Journal of Business Venturing,* 35,1, 105899, ISSN 0883-9026, https://doi.org/10.1016/j.jbusvent.2018.09.004

Gorovaia, N. y Windsperger, J. (2013), Determinants of knowledge transfer strategy in franchising: integrating knowledge-based and relational governance perspectives, *The Service Industries Journal,* Vol. 33 No. 12, pp. 1117-1134

Grünhagen, M. y Mittelstaedt, R.A. (2005). Entrepreneurs or Investors: Do Multi-unit Franchisees Have Different Philosophical Orientations?. *Journal of Small Business Management,* 43, 207-225. https://doi.org/10.1111/j.1540-627X.2005.00134.x

Grünhagen, M., y Dorsch, M. (2003) Does the Franchisor Provide Value to Franchisees? Past, Current, and Future Value Assessments of Two Franchisee Types. *Journal of Small Business Management,* 41(4), 366-384, DOI: 10.1111/1540-627X.00088

Hendrikse, G., Hippmann, P. y Windsperger, J. (2015). Trust, transaction costs and contractual incompleteness in franchising. *Small Business Economics*, 44, 867–888 https://doi.org/10.1007/s11187-014-9626-9

Hofer, C. W.; y Schendel, D. (1978). Strategy formulation: Analytical concepts. St. Paul, Minn.: *West Publishing*, 1.

Iddy, J.J. y Alon, I. (2019). Knowledge management in franchising: A research agenda, *Journal of Knowledge Management*, Vol. 23 No. 4, pp. 763-785

Jang, S.S. (2018). A sustainable franchisor-franchisee relationship model: Toward the franchise win-win theory. *International Journal of Hospitality Management*, https://doi.org/10.1016/j.ijhm.2018.06.004

Jensen, M. C., y W.H. Meckling. (1976). Theory of the Firm: Managerial Behaviour, Agency Costs and Ownership Structure, *Journal of Financial Economics* 3(4), 305-360.

Kacker, M., Dant, R. P., Emerson, J., y Coughlan, A. T. (2016). How firm strategies impact size of partner-based retail networks: evidence from franchising. *Journal of Small Business Management.* 54(2), 506–531. DOI:10.1111/jsbm.12155.

Khan, M.A. (2014). *Restaurant franchising: Concepts, regulations and practices.* CRC Press

Lafontaine, F., Zapletal, M. y Zhang, X. (2019). Brighter prospects? Assessing the franchise advantage using census data, *Journal of Economics and Management Strategy*, Vol. 28, No. 2, pp. 175-197.

Luangsuvimol, T. y Kleiner, B.H. (2004), Effective franchise management, *Management Research News*, Vol. 27, No. 4/5, pp. 63-71

Merriles,B., y Frazer, L. (2013).Internal branding: Franchisor leadership as a critical determinant. *Journal of Business Research*, 66(2), 158-164, ISSN 0148-2963. https://doi.org/10.1016/j.jbusres.2012.07.008

Michael, S. (2000). The effect of organizational form on quality: the case of franchising, *Journal of Economic Behavior & Organization*, 43(3), 295-318, ISSN 0167-2681, https://doi.org/10.1016/S0167-2681(00)00125-6

Michael, S. (2002). Can a franchise chain coordinate?, *Journal of Business Venturing*, 17(4), 325-341, ISSN 0883-9026, https://doi.org/10.1016/S0883-9026(00)00068-9

Michael, S. C. y Combs, J. G. (2008). Entrepreneurial failure: The case of franchisees, *Journal of Small Business Management*, Vol.46, No. 1, pp. 73-90.

Mumdziev, N. y Windsperger, J. (2011), The structure of decision rights in franchising networks: a property rights perspective", *Entrepreneurship Theory and Practice*, Vol. 35 No. 3, pp. 449-465

Nyadzayo, M.W., Matanda, M.J., y Ewing, M.T. (2011). Brand relationships and brand equity in franchising, *Industrial Marketing Management,* Vol. 40, No. 7, pp. 1103-1115

Paswan, A., Souza, D., Derrick; K., y Rajamma, R. (2014). Value co-creation through knowledge exchange in franchising. *Journal of Services Marketing,* 28(2), 116–125. doi:10.1108/jsm-09-2013-0254

Perrigot, R., Herrbach, O., Cliquet, G. y Basset, G. (2017), Know-how transfer mechanisms in franchise networks: a study of franchisee perceptions, *Knowledge Management Research & Practice,* Vol. 15, No. 2, pp. 272-281,

Perrigot, R., López-Fernández, B., Basset, G. y Herrbach, O. (2020), Resale pricing as part of franchisor know-how, *Journal of Business & Industrial Marketing,* 35(4), 685-698. https://doi.org/10.1108/JBIM-05-2018-0145

Perryman, A.A. y Combs, J.G. (2012), Who should own it? An agency-based explanation for multi-outlet ownership and co-location in plural form franchising. Strat. Mgmt. J., 33: 368-386. https://doi.org/10.1002/smj.1947

Polo-Redondo, Y., Bordonaba-Juste, V., y Lucia-Palacios, L. (2011). Determinants of firm size in the franchise distribution system: Empirical evidence from the Spanish market, *European Journal of Marketing,* Vol. 45 No. 1/2, pp. 170–190.

Pryke, S. (2009). *Construction supply chain management: concepts and case studies,* Vol. 3, John Wiley & Sons

Sadovnikova, A., Kacker, M. y Mishra, S. (2023). Franchising structure changes and shareholder value: Evidence from store buybacks and refranchising. *Journal of the Academic of Marketing Science.* https://doi.org/10.1007/s11747-022-00921-3

Schreiner, M., Kale, P. y Corsten, D. (2009). What really is alliance management capability and how does it impact alliance outcomes and success? *Strategic Management Journal,* 30, 1395-1419. https://doi.org/10.1002/smj.790

Sheth, J. N., y Parvatiyar, A. (2020). Sustainable Marketing: Market-Driving, Not Market-Driven. *Journal of Macromarketing.* 027614672096183. https://doi.org/10.1177/0276146720961836

Shrivastava, P. y Hart, S. (1995). Creating sustainable corporations. *Business Strategicand the Enviroment,* 4: 154- 165. https://doi.org/10.1002/bse.3280040307

Sieverding, M., Briegleb, C., y Montagu, D. (2015). User experiences with clinical social franchising: Qualitative insights from providers and clients in Ghana and Kenya. *BMC Health Services Research*, Vol. 15, No. 1, pp. 49–66

Sorenson, O. y Sorensen, J.B. (2001), Finding the right mix: franchising, organizational learning, and chain performance, *Strategic Management Journal*, Vol. 22, No. 6-7, pp. 713-724

Taherdangkoo, M., Ghasemi, K. y Beikpour, M. (2017). The role of sustainability environment in export marketing strategy and performance: a literature review. *Environment, Development and Sustainability*, 9, 1601–1629. https://doi.org/10.1007/s10668-016-9841-4

Taoketao, E, Feng, T, Song, Y., y Nie, Y. (2018). Does sustainability marketing strategy achieve payback profits? A signaling theory perspective. *Corporate Social Responsibility and Environmental Management*, 25, 1039– 1049. https://doi.org/10.1002/csr.1518

Taskforce, (2020). Franchising Taskforce Issues Paper, Department Education, Skills and Employment, Australian Government.

https://docs.employment.gov.au/documents/franchising-taskforce-issues-paper.

Tikoo, S. (2005). Franchisor use of influence and conflict in a business format franchise system. *International Journal of Retail & Distribution Management*, 33(5), 329-342 https://doi.org/10.1108/09590550510596713

Vanessa P.G. Bretas, V., Alon, I., Rocha, V., y Galetti, J. (2021). International governance mode choice: Evidence from Brazilian franchisors. *Journal of International Management*, 27(2), ISSN 1075-4253, https://doi.org/10.1016/j.intman.2021.100851

Wang, C., y Altinay, L., 2008. International franchise partner selection and chain performance through the lens of organisational learning. *Service Industries Journal*, 28 (2), 225–238.

Watson, A. y Johnson, R. (2010). Managing the Franchisor–Franchisee Relationship: A Relationship Marketing Perspective, *Journal of Marketing Channels*, 17:1, 51-68, DOI: 10.1080/10466690903436305

Weaven, S., Grace, D., Dant, R., y Brown, J. (2014). Value creation through knowledge management in franchising: a multi-level conceptual framework. *Journal of Services Marketing*, 28(2), 97–104. doi:10.1108/JSM-09-2013-0251

Windsperger, J. (2004), Centralization of franchising networks: evidence from the Austrian franchise sector, *Journal of Business Research*, Vol. 57 No. 12, pp. 1361-1369.

Windsperger, J., Cliquet, G., Ehrmann, T., y Herndrikse, G. (Eds.). (2015). *Interfirm Networks. Franchising, Cooperatives and Strategic Alliances*, ISBN–978-3-319-10183-5, DOI 10.1007/978-3-319-10184-2 320 pp.

Xu, J. y Cao, L. (2019). Optimal in-store inventory policy for omnichannel retailers in franchising networks, *International Journal of Retail & Distribution Management*, Vol. 47, No. 12, pp. 1251-1265

Yamagishi , T. y Yamagishi, T. (1994). Trust and commitment in the United States and Japan. *Motivation and Emotion*, Vol. 18, pp. 129-166

Zahoor, N., Gabriel Pepple, D., y Choudrie, J. (2021). Entrepreneurial competencies and alliance success: The role of external knowledge absorption and mutual trust, *Journal of Business Research*, Vol. 136, pp. 440-450

CAPÍTULO 2.

Legislación y conflictos en la franquicia

ROLANDO JOAQUÍN ORTEGA HERNÁNDEZ
Universidad Europea de Madrid (España)

1. INTRODUCCIÓN

Las franquicias como fenómeno jurídico no han estado exentas de tratamiento legislativo y de interpretación jurisprudencial en España. Sin embargo, la característica intrínseca de la atipicidad y su adaptabilidad a la realidad económica, hacen de esta figura contractual, una de difícil conceptualización en el ámbito jurídico por distintos motivos.

Por otra parte, la regulación sobre el contrato de franquicias es dispersa y fragmentada. Todo ello debido a la atipicidad del mismo contrato, en donde se le puede encuadrar dentro de un contrato de compraventa o de prestación de servicios, o de distribución. Igualmente, las implicaciones relacionadas con las afectaciones a los derechos de los propietarios sobre signos distintivos hacen de esta figura contractual, una de enorme atractivo para su estudio.

Así, el modelo de negocios que aporta la franquicia al mercado es innegable. Mediante esta figura contractual "empacada", se pueden sistematizar muchos procesos dentro de un amplio ámbito de prestación de servicios y distribución de productos, o de una combinación de ambos. Por lo cual, el modelo del contrato de franquicia, si bien empezó en la industria alimenticia con cadenas de comida rápida, con su modelo por excelencia de "*Mcdonalds*"; ha servido de marco para adaptar al modelo de la franquicia, a supermercados, gimnasios, centros de estéticas o cualquier tipo de actividad que sea susceptible de ser sistematizada y reproducida en base a distintos procesos.

Esta sistematización de procesos es lo que hace desde nuestro punto de vista a este modelo de negocios atractivos en el tráfico jurídico mercantil. Estos procesos sistematizados se traducen en un conjunto de conocimientos "*know how*", los cuales pueden ser reproducidos en distintos lugares y con distintos inversores, por lo cual, si el determinado negocio es exitoso, potencia el nombre de la marca con la cual opera en el mercado la franquicia determinada.

El objeto de este trabajo es exponer con carácter general cuestiones relacionadas con la legislación aplicable a las franquicias en España y los posibles conflictos en los cuales puede devenir. En tal sentido, estudiaremos la legislación existente en España que hace referencia al contrato de Franquicia. Analizaremos cuestiones referentes a la posible conflictividad que puede generar el contrato de Franquicia, donde dependerá de la jurisprudencia relevante aplicable al caso concreto y ciertamente, sobre que aspecto contractual se está estudiando en cada caso. Igualmente, expandiremos el estudio al entorno europeo, haciendo referencia a algunos instrumentos legislativos que hacen referencia, aunque sea de forma tangencial al contrato de franquicia.

Este trabajo, por ser un trabajo de investigación en el área jurídica, será un trabajo del tipo teórico, en el que se aplicará la técnica documental bibliográfica de recopilación de información. Particularmente en el área jurídica por ser fundamental la hermenéutica de las documentos legislativos, doctrinales y jurisprudenciales, se expondrán los que consideramos más relevantes y acertados. Como matiz especial de estudio, si bien no es Derecho positivo español, constituye un marco referencial, estudiaremos el contrato de Franquicia desde el punto de vista del Anteproyecto de Ley de Código Mercantil, (en adelante PALCM). En cuanto a la jurisprudencia, nos centraremos en las sentencias del Tribunal Supremo de Justicia Español.

La estructura de este trabajo consta de 5 epígrafes. El primer epígrafe se refiere al concepto de franquicia y otras características básicas. Seguidamente se mencionarán las obligaciones de las partes del contrato de franquicia, del franquiciador y del franquiciado. Estudiaremos las diferencias con el contrato de distribución para culminar con un epígrafe referido a la regulación española y europea relacionado con el contrato de franquicia, e igualmente correlación con otras leyes, las que, aunque no mencionan directamente el contrato de franquicia se relacionan con este.

2. CONCEPTO Y CARACTERÍSTICAS BÁSICAS

Conceptualizar el contrato de franquicia no es tarea fácil, debido a las innumerables conexiones con distintas áreas y aristas contractuales. Así es que las disposiciones del código civil y de la jurisprudencia reiterada hacen que podamos construir una conceptualización de esta figura jurídica, como contrato atípico que es; y la cual no es ajena a la evolución de la sociedad y a la propia figura contractual como parte del tráfico jurídico mercantil y económico, el cual sería acompañado por la reiteración de la interpretación jurisprudencial.

El contrato de franquicias se trata de una concesión mercantil (Angulo Rodríguez y Camacho de los Ríos, 2017) a título oneroso del franquiciador a un franquiciado sobre la explotación y uso de un signo distintivo, pero con ciertas peculiaridades distintas a una licencia de uso o cesión. Así, en el contrato de franquicia un empresario con una reputación consolidada en el mercado (franquiciador) proporciona el uso de su signo distintivo (marca de productos o servicios) además de proveerle de sus conocimientos a través de un modelo operativo afianzado (*Know how*), a otro parte (el franquiciado) para que este último explote dicho nombre y reputación en el mercado. El franquiciado debe pagar al franquiciador un canon inicial y luego un porcentaje de los ingresos generados que se pueden traducir como la tarifa regular de la licencia. Por lo cual, el franquiciado será el encargado de establecerse y administrar la distribución de un negocio en un territorio determinado y cumplir con una serie de obligaciones.

Claro está, el contrato de franquicia no es una concesión mercantil en toda regla si bien comparten elementos característicos (Alcalá Díaz, 2009). Los elementos comunes a ambos contratos son la coordinación que llevan las empresas relacionadas con los contratos de distribución en *strictu sensu*. Ahora bien, las diferencias entre el contrato de franquicia y de concesión mercantil radican en dos aspectos principalmente. El primero, si bien en ambos contratos, tanto el empresario y distribuidor comparten las marcas y otros signos distintivos aportando una imagen de unidad en el mercado, en el contrato de concesión mercantil el concesionario mantiene su propia imagen corporativa de manera que utiliza o puede utilizar al mismo tiempo sus propios signos distintivos junto a los del concedente. Por otra parte, el concedente empresario tiene la facultad de imponer sus propias condiciones de venta del producto, como sería precios, plazos de entrega o características, sin perjuicio de las posibles contingencias por servicios accesorios a la venta, (soporte técnico, suministros). Ahora bien, en el contrato de franquicia, el franquiciador si interviene y puede intervenir en los aspectos organizativos internos del franquiciado, a diferencia del contrato de concesión mercantil, por lo que la integración comercial en el contrato de franquicia es infinitamente superior por parte del franquiciador que lo sería en un contrato de concesión mercantil.

La relación que tiene el contrato de franquicia con la cesión mercantil ha sido objeto de reiteración por parte de la doctrina del Tribunal Supremo. Si bien, el TS no lo asemeja a una cesión mercantil, si desataca los elementos comunes a estos contratos, por lo que la STS, S.1ª. Núm. 254/2020, de 4 de junio, Rec.4164/2017 en el que en su FJ (3) señala: "... el contenido esencial del contrato es la cesión al franquiciado, a cambio, a cambio de una contraprestación financiera, del derecho a la explotación de una franquicia sobre un negocio o actividad mercantil, para comercializar determinados tipos de productos o servicios ..."

En este orden de ideas, es ciertamente interesante que el propio contrato de franquicia crea una red de distribución, la cual es integrada e indirecta. De tal forma que, dentro del mercado tanto el productor los distribuidores que serían los franquiciados, no es posible diferenciarlos, por lo que lo que se exporta al mercado es una imagen única y "empacada" sin perjuicio que mantengan relaciones contractuales interdependientes, los unos con los otros, es decir el franquiciador y el franquiciado.

Por lo cual, la correlación importante aquí es la imagen de unidad con el signo distintivo o marca de la franquicia. De tal forma que, esta imagen de unidad no sólo se consigue mediante la cesión del uso de los derechos de propiedad industrial a los franquiciados, sino también con la exigencia al franquiciado de que, por ejemplo, todos los establecimientos de venta de productos y servicios sean idénticos, que se ofrezca el mismo producto y servicio con idénticas características.

Así, el objetivo principal del acuerdo es traspasar a un empresario independiente la tarea de vender productos y/o servicios ((Cavallieri y Vincezo, 2018). Para ello, es necesario crear un proyecto para introducir y desarrollar el negocio propuesto, el cual estaría previamente probado en diversos territorios construyendo así una red de pequeñas empresas, y de esta forma las partes contratantes se benefician.

Dentro del contrato de franquicias, un elemento fundamental es la protección a la propiedad industrial y los signos distintivos del empresario. Ya que, el franquiciador cede en términos de licencia de uso de los productos y servicios al franquiciante que le reputaron un nombre y con ello consiguieron la finalidad intrínseca de las marcas o signos distintivos, que es distinguir productos y servicios en el mercado. Pero, no estamos hablando de un solo signo distintivo si no una categoría colectiva de signos distintivos. Por ejemplo, tenemos, la marca mixta de la franquicia como nombre comercial, luego la marca de productos y servicios, luego los rótulos de establecimiento, los diseños de utilidad de todos los productos que la franquicia ofrece, los rótulos de establecimiento, sin mencionar los nombres de dominio o páginas web, que constituyen una categoría *sui generis* de signos distintivos dentro del amplio espectro que constituye la propiedad industrial. Se trata en definitiva de una colaboración estrecha y continua, por lo que no valdría que el franquiciador nos abandonara "a la buena de Dios" en el mercado, y que pretenda obtener beneficios (Burgos Pavón y Fernández Iglesias, 2010).

3. OBLIGACIONES DEL FRANQUICIADOR

El contrato de franquicia puede considerarse como un contrato de licencia *sui generis* que describe los términos y condiciones de las relaciones entre el franquiciador y el franquiciado y define sus obligaciones recíprocas (Cavallieri y Vincezo, 2018). En donde, la principal obligación del franquiciador es permitir que el franquiciado utilice su marca conocida a cambio de una tarifa que deberá pagar el franquiciado para establecer y mantener una relación.

La jurisprudencia del Tribunal Supremo destaca de entre las obligaciones del Franquiciador, unas de tracto único y otras de tracto sucesivo [Vid. STS, S.1ª. Núm. 254/2020, de 4 de junio, Rec.4164/2017 FJ (3)]. Sobre las prestaciones de tracto único, destaca al TS en dicho pronunciamiento, estaríamos hablando de trasladar de forma unitaria el saber hacer que serían este conjunto de conocimientos y experiencias del negocio o explotación que conforman el denominado "*know how*". En cuanto a las prestaciones de trato sucesivo, figuran básicamente 2 elementos: 1) ceder un derecho de explotación temporal determinado en una zona geográfica, en donde se confieren ciertos elementos como el uso de la marca, rótulo, patente, emblema, método o técnica de fabricación o actividad industrial o comercial u otros vinculados a derechos de propiedad industrial, 2) la prestación continuada de una asistencia técnica y comercial que debe mantenerse durante la vigencia del contrato.

Particularmente, en cuanto al *know how*, el Tribunal Supremo lo ha definido en el marco del saber hacer. Todo ello afianzado en la también doctrina reiterada del Tribunal de Justicia de la Unión Europea, antiguo Tribunal de las Comunidades Europeas, STJCE de 28 de enero de 1996 (caso "pronuptia"). De esta forma la STS, S.1ª. Núm.754/2005 de 21 de octubre. Rec.555/1999 en su FJ (2) establece de manera tajante que existe una diferencia en los contratos de suministro y distribución ya que el franquiciador debe transmitir este "*know how*" y que el propio franquiciador queda obligado a: "...diseñar, dirigir y sufragar las campañas publicitarias, realizadas para difundir el rótulo y la marca del franquiciador ...". Destaca así dicha resolución del TS que el problema radica en determinar que podemos entender por *know how*, por lo que el *know how* se circunscribe a los conocimientos dentro del orden industrial y comercial llegando así a un terreno genérico, debido a la conexión que existe entre el llamando "*know hyow*" con diversos conocimientos de orden empírico que se adquieren con el tiempo y el TS destaca una definición en sentido amplio como "... conocimiento o conjunto de conocimientos técnicos que no son de dominio público y que son necesarios para la fabricación o comercialización de un producto, para la prestación de un servicio o para la organización de una unidad o dependencia empresarial, por lo que procuran a quien los domina una ventaja sobre los competidores que se esfuerza en conservar evitando su divulgación...". Es importante, como nota a destacar que el TS destaca dentro de ese bagaje de conocimientos adquiridos en el tiempo que conforman el saber hacer, subyace un elemento de confidencialidad que aporta una ventaja competitiva en el mercado.

En principio, la relación en los contratos de franquicia debe ser duradera, por lo cual se justifican las obligaciones de tracto sucesivo. Los términos del contrato de franquicia se suelen establecerse en plazos de diez años, pero esto puede variar. Así, el acuerdo debe ser lo suficientemente flexible como para permitir al franquiciador modificarlo para seguir satisfaciendo sus necesidades en el tiempo. Por el contrario, también debe satisfacer las necesidades de los franquiciados de administrar sus negocios de propiedad independiente en el día a día, bajo el requisito de que mantengan continuamente los estándares de la marca (Cavallieri y Vincezo, 2018).

En líneas generales podríamos enumerar las obligaciones del franquiciador en los 6 puntos. Estas obligaciones consistirían en: 1) Permitir al franquiciado el uso de todo el grupo de signos distintivos que lo componen; 2) Prestar asistencia técnica y logística al franquiciado necesaria para llevar a cabo su sistema de comercialización a través de este conjunto de signos distintivos que transmiten este *know how*; 3) el suministro de los productos necesarios para la realización de la actividad franquiciada (venta de productos y servicios); 4) emplear los medios de promoción de publicidad e los productos o servicios amparados por los signos distintivos de la franquicia; 5) respetar y cumplir los pactos de exclusividad; 6) mantener el compromiso de las labores de control y supervisión sobre la observancia de las técnicas comerciales adecuadas, y así mantener una línea uniforme de calidad, debido a que el franquiciado se integra a la red de comercialización del franquiciador aunque sea de forma indirecta, debido a que el franquiciador tiene interés en mantener un nivel de calidad debido al mantenimiento de una línea de acción dentro de la imagen del signo distintivo caracterizador de la franquicia (Angulo Rodríguez y Camacho de los Ríos, 2017).

4. OBLIGACIONES DEL FRANQUICIADO

Principalmente, la obligación del franquiciado consiste en el pago de unos cánones o los royalties. Estos cánones estarían en líneas generales divididos en tres tipos, por lo que tendríamos el canon de entrada, el canon de mantenimiento y el canon de publicidad (Burgos Pavón y Fernández Iglesias, 2010).

Con respecto al canon de entrada, es la cantidad de dinero que deberá pagar el franquiciado para formar parte de la cadena de distribución y producción. De esta forma, el franquiciador puede justificar esta aportación económica del franquiciado para compensar sus gastos de constitución y la amortización de las manuales de operaciones que se le entregan a los franquiciados cuando se firma el contrato de franquicia.

Seguidamente, tenemos el canon de mantenimiento, que es esta cuota periódica, la cual puede ser fija o variable que deberá pagar el franquiciado al franquiciador. La forma de pago se hará conforme a lo pactado en el contrato de franquicia y podrá adoptar la forma de una cantidad líquida, porcentaje de ventas, cantidad sobre los artículos que se le provea.

Sobre el canon de publicidad, está referido como es de esperarse a pagos por gestiones publicitarias. Las cuales consistirían en aportaciones económicas que hará el franquiciado para contribuir a las campañas de publicidad y mercadeo que realice la franquicia principal y que tendría que resultar en beneficios para toda la cadena en términos igualitarios.

La obligación del franquiciado desde un punto de vista genérico es la de llevar a cabo la actividad económica de acuerdo con el modelo de negocio establecido por parte del franquiciador (Cavallieri y Vincezo, 2018). Debido a que, se supone que el franquiciador ha hecho esfuerzos considerables y ha invertido una gran cantidad de dinero para establecer y desarrollar su marca, por lo que indefectiblemente el franquiciado tiene la correlativa obligación de defender y mantener el modelo de negocio del franquiciador.

En este orden de ideas, como el éxito de una relación de franquicia depende en gran medida de una buena reputación, el objetivo de satisfacer las expectativas del mercado objetivo es un aspecto crucial del acuerdo. Por lo tanto, se espera que el franquiciado garantice un desempeño con los más altos estándares posibles durante toda la vida de la relación, y no sólo inmediatamente después de ingresar al negocio.

Dado que los beneficios de un franquiciador provienen de sus franquiciados, y como en la mayoría de las circunstancias el franquiciador crea un fondo de dinero y recursos dedicados al *marketing*. Esta partida presupuestaria, es conocida como fondo de *marketing*, en la que existe una obligación de aplicación general para el franquiciado de comprometerse a hacer una contribución financiera a dicho franquiciador. Este fondo se pacta, generalmente sobre la base de un porcentaje acordado de los ingresos generados.

Como la función principal de una franquicia es ofrecer los productos del franquiciador al público, el franquiciado tiene el deber de ordenar y/o promover la venta de los productos y servicios del franquiciador. En el caso de bienes, el franquiciado deberá asegurarse de mantener niveles mínimos de *stock* para poder satisfacer las solicitudes de los clientes.

Entre obligaciones adicionales, el franquiciado debe adherirse a los principios e instrucciones dadas por el franquiciador en su manual de franquicia para garantizar que los negocios de franquicia se establezcan y administren de acuerdo con las normas.

También existe un deber general de información que obliga al franquiciado a presentar periódicamente informes comerciales y así mantener al franquiciador informado sobre la marcha del negocio.

Por último, dado que el activo más valioso de la relación de franquicia consiste en la marca y el modelo de negocio del franquiciador, el franquiciado está obligado por el acuerdo a tratar el *know-how* que le ha sido transmitido de forma estrictamente confidencial durante toda la duración del contrato, y también a evitar competir con el negocio del franquiciador durante al menos (pero a menudo mucho más allá) la vigencia del contrato.

En este orden de ideas y como colofón, podríamos agrupar las obligaciones del franquiciado en 6 aspectos esenciales. Las obligaciones del franquiciado serían: 1) pagar al franquiciador los cánones o royalties, de entrada, mantenimiento y publicitario; 2) aplicar los sistemas de comercialización establecidos por el franquiciador, así como respetar y promover su imagen; 3) mantener y disponer de un stock adecuado de productos y medios necesarios para prestar eficazmente el servicio a que se refiere el contrato; 4) observas las instrucciones del franquiciador y, en especial, las relativas a los precios establecidos; 5) Suministrar y aportar información fidedigna y coherente sobre la situación del mercado; 6) respectar los acuerdos de confidencialidad y exclusividad (Angulo Rodríguez y Camacho de los Ríos, 2017).

5. PRINCIPALES DIFERENCIAS ENTRE FRANQUICIA, AGENCIA Y DISTRIBUCIÓN

Podríamos decir que, el contrato de franquicia dentro del Derecho positivo se puede encuadrar dentro de la comisión mercantil del artículo 244 del RD de 22 de agosto por el que se publica el código de comercio (BOE. Núm. 289, de 16 de octubre de 1885); (en adelante Ccom). Más concretamente, la franquicia se encuadraría dentro de la categoría de los contratos de colaboración entre empresarios, estos contratos comprenden todas aquellas modalidades contractuales que tienen como punto en común, la intermediación de uno o varios empresarios en el mercado para sí permitir la contratación final a favor de la actividad económica del empresario principal. De acuerdo con esta categoría general, tenemos, la comisión mercantil, de mediación y corretaje, la venta en exclusividad, la concesión o la franquicia (Alcalá Díaz, 2009).

Dentro de los contratos de colaboración o distribución comercial se incluirían todos aquellos en los que el productor o fabricante de un determinado bien o el proveedor de servicios contrata con el distribuidor el suministro de dicho bien, o la prestación del servicio con el objetivo de facilitar el acceso a los mismos del mayor número posible de consumidores o usuarios finales. Así, las redes que se forman entre fabricantes y distribuidores a través de acuerdos verticales y con estructuras cuasi piramidales que tienen como finalidad la comercialización de bienes y servicios en el mercado (Alcalá Díaz, 2009).

Los contratos de franquicia y concesión mercantil constituyen un modelo de distribución coordinada entre productor y distribuidor. Dentro de las características identificatorias podemos señalar: 1) la reserva para el fabricante de un producto, así como de la capacidad de impartir instrucciones al distribuidor sobre alguno o algunos aspectos de su actividad empresarial; y 2) al mismo tiempo el distribuidor tiene derecho a utilizar los bienes de propiedad industrial del empresario principal, creando entre ambos una imagen común ante el mercado. Por lo tanto, se trata de mecanismos por los que se crean redes de distribución verticales entre el productor y las empresas de distribución, en las que existen grados de intervención, pero mantienen independencia jurídica entre ambas (Alcalá Díaz, 2009).

Los contratos de franquicia y concesión mercantil comparten la característica de la coordinación empresarial en torno a la distribución, pero presentan diferencias sustanciales (Alcalá Díaz, 2009). La distinción entre un acuerdo de franquicia y un acuerdo "puro" de licencia, agencia o proveedor a menudo no es fácil de hacer y puede requerir una evaluación caso por caso. Una de las principales diferencias entre un acuerdo de franquicia y un acuerdo de distribución es que en una franquicia, se permite y se anima al franquiciado a utilizar las marcas comerciales y el nombre de marca del franquiciador como parte de sus prácticas comerciales cotidianas, mientras que al distribuidor no se le permite operar bajo el nombre de marca de la empresa cuyos productos distribuye: debe operar bajo su propia razón social (Cavallieri y Vincezo, 2018).

El franquiciador también brinda soporte de marketing y capacitación para ayudar al franquiciado a tener éxito en la operación, y el franquiciado debe seguir pautas específicas en la comercialización y venta de los productos para mantener la identidad de marca del franquiciador, mientras que el distribuidor es completamente independiente en organizar su actividad empresarial, sin tener por tanto obligación de ajustarse al modelo organizativo ni del mandante ni del proveedor. Además, el franquiciado debe pagar una tarifa de entrada al franquiciador para poder celebrar el acuerdo y luego remitir regalías continuas por el derecho a operar el negocio bajo la marca y el nombre del franquiciador. En cambio, el distribuidor simplemente paga por los artículos que compra al principal o al proveedor (Cavallieri y Vincezo, 2018).

En lo que respecta al contrato de agencia, aunque un agente comercial es un empresario independiente, en realidad actúa generalmente en nombre de su representado, a diferencia de un franquiciado y un distribuidor, que actúan en nombre propio. Es decir, mientras el agente comercial vende al público los productos del principal, el franquiciado y el distribuidor venden sus propios productos (que han comprado al franquiciador o proveedor, o a un tercero designado por uno de ellos). Otra distinción radica en la circunstancia de que, mientras que en el contrato de franquicia la concesión de derechos de propiedad intelectual es una cuestión central, en la mayoría de los contratos de agencia y distribución los derechos de propiedad intelectual simplemente no se conceden bajo licencia. (...)" (Cavallieri y Vincezo, 2018). De esta forma, el agente no se integra, ni directa ni indirectamente el proceso empresarial del productor, y esta intermediación no supone un desplazamiento de riesgos, en el plano externo ni una subordinación interempresarial entre ambos, desde una perspectiva interna de la relación contractual (Alcalá Díaz, 2009).

6. REGULACIÓN DEL CONTRATO DE FRANQUICIA EN ESPAÑA Y LA UNIÓN EUROPEA.

Como ya se comentó anteriormente la regulación del contrato de Franquicia en España es Dispersa y Fragmentada. El contrato de franquicia ha recibido en España su primer encuadre jurídico en RD 1750/1987 de 18 de diciembre, sobre transferencia de tecnología y prestación de asistencia técnica extranjera a empresas españolas, posteriormente se reguló en el artículo 62 de la Ley/1996, de 15 de enero, de Ordenación del Comercio minorista, posteriormente en el RD 2.485/1988, de 13 de noviembre, que desarrolla el Registro especial de franquiciadoras y el RD 419/2006, de 7 de abril, relativo a la regulación del régimen de franquicia y el registro de franquiciadores, modificado por la Ley 1/2020, de 1 de marzo, de reforma de la Ley 7/1996, de Ordenación del Comercio Minorista (BOE. Núm.15 de 17-01-1996); (en adelante LOCM) y el RD 201/2010, de 26 de febrero, por el que se regula el ejercicio de la actividad comercial en régimen de franquicia y la comunicación de datos al registro de franquiciadores (BOE.Núm.63 de 13-'03-2010), que sería la legislación vigente en España.

El legislador español con esta regulación ha encuadrado a las franquicias dentro del comercio minorista, la cual está orientada a la venta de productos, pero no es limitativa. Así, el artículo primero de la LOCM regula el comercio minorista en general, en donde se entiende por comercio minorista aquella actividad desarrollada profesionalmente y que tiene intención de lucro, la cual consiste en la oferta para vender cualquier clase de artículos de curso legal a destinatarios finales y consumidores en el cual se puede utilizar o no un establecimiento físico.

En tal sentido, el artículo 62 de la LOCM entiende la actividad comercial de la franquicia desde una perspectiva acertadamente generalista. En el artículo 62, se mantiene el criterio de la cesión comercial pero orientada a la explotación de un sistema propio en la comercialización de productos o servicios. En este orden de ideas, y como ya lo hemos señalado anteriormente, el artículo 62 de la LOCM lo define como un contrato por cual una empresa denominada franquiciadora, cede a otra, denominada franquiciada el derecho a la explotación ((Angulo Rodríguez y Camacho de los Ríos, 2017) de "...un sistema propio de comercialización de productos o servicios (...)"

De tal forma que, el contrato de franquicia se presenta como una versión evolucionada del contrato de concesión comercial. Por el cual, esta precitada "concesión" se completa o complementa con un pacto o contrato de exclusividad, en el cual se establece el Derecho y la obligación del franquiciado de utilizar los signos distintivos y el *know how* bajo la supervisión y correspondiente asistencia técnica del franquiciador, siempre bajo una retribución económica conocida como canon o *royaltie.*

Así, en el artículo 62.2 de la LOCM se establece también la obligación del franquiciador de informar sobre la franquicia a contratar. De tal forma que, se establece la obligación de informar por escrito los datos del franquiciador, descripción detallada de la actividad del negocio objeto de la franquicia a explorar, el contenido de la franquicia, estructura y la extensión de la red y otros elementos esenciales del acuerdo de franquicia.

Quizás el texto legislativo que con más detalle regula la actividad del contrato de franquicia en España es RD 201/2010, de 26 de febrero, por el que se regula el ejercicio de la actividad comercial en régimen de franquicia y la comunicación de datos al registro de franquiciadores (en adelante, RDACRF). Este real decreto que consta de 12 artículos regula entre otras cuestiones relacionadas al contrato de franquicia, la actividad comercial en régimen de franquicia, la ya nombrada información precontractual al potencial franquiciado, el deber de confidencialidad del franquiciado, y por su puesto el registro de franquiciadores. Además, como muchas otras leyes, contiene sus respectivas disposiciones adicionales, derogatorias, transitorias y finales.

De esta forma, el artículo 2.1 define lo que se entiende por la actividad comercial en régimen de franquicia. En particular, sería la actividad que se realiza por el cual, una empresa; "... el franquiciador, cede a otra, el franquiciado, en un mercado determinado, a cambio de una contraprestación financiera directa, o ambas, el derecho a la explotación de una franquicia, sobre un negocio o actividad mercantil que el primero venga desarrollando anteriormente con suficiente experiencia y éxito, para comercializar determinados tipos de productos o servicios...". En tal sentido, es muy interesante que, este RD, con bastante atino, hace referencia al uso de denominaciones o rótulos comunes a otros derechos de propiedad intelectual o industrial, así como una presentación uniforme de los locales o medios de transporte objeto del contrato. También hace referencia a la comunicación y conocimientos técnicos que se le deben proveer al franquiciado, así como una asistencia comercial, técnica o ambas durante la vigencia del acuerdo. Igualmente, hace referencia al acuerdo de franquicia principal o maestra, que sería aquella por la cual una empresa franquiciadora, le otorga a otra, el franquiciado principal, por medio de una retribución financiera indirecta, directa o ambas el derecho de explotar una franquicia con la finalidad eventual de cerrar acuerdos de franquicia con terceros, que serían los franquiciados, los que conforme al sistema definido por el franquiciador, asumiendo el franquiciado principal el papel de franquiciador en un mercado determinado.

En el artículo 3, se hace referencia a la información precontractual que se le proporciona y debe proporcionar al futuro franquiciado. El artículo va en detalle hacia la antelación con la cual antes de la firma del contrato o precontrato de franquicia el franquiciador debe entregar una serie de informaciones inherentes al negocio potencial a desarrollar, esta antelación consiste en un período de 20 días. De entre la información que el franquiciador debe aportar al franquiciado con los respectivos 20 días de antelación, tenemos: a) información de carácter general como el nombre o la razón social, el domicilio, el tipo de sociedad empleada, e información contable, así como otros datos registrales; b) certificación de haber obtenido en España, el título de propiedad o la licencia de uso o explotación de la marca y signos distintivos de la entidad franquiciadora, de su duración, así como de las eventuales acciones judiciales interpuestos que pudiesen afectar a la titularidad o al uso de la marca; c) la descripción del rubro económico que sea objeto del negocio de franquicia; d) la experiencia demostrada de la empresa franquiciadora; e) cuestiones como las características de la franquicia y su explotación la cual comprenderá una explicación detallada del sistema del negocio del cual es objeto la franquicia, otras cuestiones como las características del *know how* y de la asistencia comercial o técnica permanente que el franquiciador suministrará a sus franquiciados; f) Estructura y extensión de la red en España, que incluirá la forma de organización de la red de franquicia y el número de establecimientos implantados en España, distinguiendo los explotados directamente por el franquiciador de los que operen bajo el régimen de cesión de franquicia, con indicación de la población en que se encuentren ubicados y el número de franquiciados que hayan dejado de pertenecer a la red en España en los dos últimos años, con expresión de si el cese se produjo por expiración del término contractual o por otras causas de extinción; g) Elementos esenciales del acuerdo de franquicia, que recogerá los derechos y obligaciones de las respectivas partes, duración del contrato, condiciones de resolución y, en su caso, de renovación del mismo, contraprestaciones económicas, pactos de exclusivas, y limitaciones a la libre disponibilidad del franquiciado del negocio objeto de franquicia.

El RDACRF hace referencia, aunque de forma tímida al deber de confidencialidad del franquiciado, exclusivamente sobre la información precontractual. Todo ello tiene que ver con que en la fase precontractual las partes no tienen cerrado un pacto de contratar la franquicia, por lo tanto, esta información que formaría parte de la obligación que tendría el franquiciado de mantener en secreto, incluso si se firmase o no el contrato de franquicia. Este deber de confidencialidad se complementa perfectamente con la Ley 1/2019, de 20 de febrero, de Secretos Empresariales, BOE. Núm.45 de 21 de febrero de 2019 (en adelante LSE). Ya que, en la LSE, podemos interpretar como secreto empresarial "… cualquier información o conocimiento, incluido el tecnológico, científico, industrial, comercial, organizativo o financiero, …", bajo ciertas condiciones claro está. Lo cierto es que tanto la información precontractual como el *Know How* pueden formar parte de estos secretos empresariales.

Otro encuadre legislativo en España particularmente del contrato de franquicias es lo referido a la creación del registro de franquicias (en adelante RF). Este registro, ya se encontraba prevista su creación en artículo 62.2 de LOCM, y se le atribuye un carácter público de naturaleza administrativa. El RF depende de la Dirección General de Política Comercial del Ministerio de Industria, Turismo y Comercio. Así, las personas físicas o jurídicas que tengan como proyecto emprender en España en el ámbito de la franquicia, como franquiciadores tendrán que comunicar su información dentro de los 3 meses desde el inicio de su actividad, en donde esta comunicación no condiciona ni impide el ejercicio de la actividad. Sin embargo, La falta de comunicación de datos tras el mencionado plazo conllevaría la respectiva sanción de conformidad con el régimen sancionador previsto en la LOCM como infracciones leves.

Dentro del ámbito europeo, podemos establecer regulaciones al estilo del Derecho positivo (*hard law*), y sobre documentos no vinculantes (*soft law*). De entre los instrumentos legislativos del *hard law* tenemos: 1) Reglamento (UE) 2022/720 de la Comisión de 10 de mayo de 2022 relativo a la aplicación del artículo 101, apartado 3, del Tratado de Funcionamiento de la Unión Europea a determinadas categorías de acuerdos verticales y prácticas concertadas (DOUE. L 134/4 de 11-05-2022); (en adelante RAVPC); 2) el Reglamento (CE) 593/2008 del Parlamento Europeo y del Consejo de 17 de junio de 2008 sobre la ley aplicable a las obligaciones contractuales (DOUE. L. 117/6 de 04-07-2008) (Roma I), (en adelante RRI). Y de entre los instrumentos legislativos del *soft law* tenemos el código deontológico europeo de la franquicia, de 6 de diciembre de 2016, redactado por la *European Franchise Federation* (en adelante CDEF).

En relación con el RAVPC, este reglamento desarrolla las normas de la competencia tipificadas en el artículo 101.3 del Tratado de Funcionamiento de la Unión Europea (DOUE C 83/47 de 30-03-2010); (en adelante, TFUE). En general, el RAVPC sería aplicable a los acuerdos verticales que restrinjan la competencia y que sean producidos entre empresas que operen en distintos niveles de la cadena de producción o distribución, y que estos se refieran a las condiciones en las que se pueden comprar, vender o revender determinados productos o servicios (Girona Domingo, 2022). El Reglamento se aplica a los acuerdos verticales que restrinjan la competencia en el sentido del a los que no se aplica la misma. En tal sentido, este artículo señala: "… Serán incompatibles con el mercado interior y quedarán prohibidos todos los acuerdos entre empresas, las decisiones de asociaciones de empresas y las prácticas concertadas que puedan afectar al comercio entre los Estados miembros y que tengan por objeto o efecto impedir, restringir o falsear el juego de la competencia dentro del mercado interior y, en particular, los que consistan en: a) fijar directa o indirectamente los precios de compra o de venta u otras condiciones de transacción; b) limitar o controlar la producción, el mercado, el desarrollo técnico o las inversiones; c) repartirse los mercados o las fuentes de abastecimiento; d) aplicar a terceros contratantes condiciones desiguales para prestaciones equivalentes, que ocasionen a éstos una desventaja competitiva; e) subordinar la celebración de contratos a la aceptación, por los otros contratantes, de prestaciones suplementarias que, por su naturaleza o según los usos mercantiles, no guarden relación alguna con el objeto de dichos contratos ...". En tal sentido, podríamos pensar que, de acuerdo con todas estas premisas planteadas en el Art.101.1 y 2 del TFUE los acuerdos de franquicia serían nulos, por ejemplo, se fijan los precios de compra y de venta, se puede restringir o limitar el desarrollo técnico o las inversiones, también se puede repartir los mercados o las fuentes de abastecimiento. Sin embargo, la clave estaría en la excepción que plantea el numeral 3 del precitado artículo, el cual señala: "... No obstante, las disposiciones del apartado 1 podrán ser declaradas inaplicables a: — cualquier acuerdo o categoría de acuerdos entre empresas, — cualquier decisión o categoría de decisiones de asociaciones de empresas, -cualquier práctica concertada o categoría de prácticas concertadas, que contribuyan a mejorar la producción o la distribución de los productos o a fomentar el progreso técnico o económico, y reserven al mismo tiempo a los usuarios una participación equitativa en el beneficio resultante, y sin que: a) impongan a las empresas interesadas restricciones que no sean indispensables para alcanzar tales objetivos; b) ofrezcan a dichas empresas la posibilidad de eliminar la competencia respecto de una parte sustancial de los productos de que se trate...".

Específicamente, el RAVPC, en lo que respecta al contrato de franquicia propiamente dicha, amplía conceptos en lo que se refiere al levantamiento de las restricciones al Derecho a la libre competencia. De tal forma, que, en líneas generales, es un matiz muy fino en el cual se les permite a los franquiciadores establecer precios de venta y de compra, y un suministro exclusivo en un determinado territorio. La línea permitida es muy difusa, ya estarían permitidas por ejemplo establecer precios de venta y compra siempre y cuando esta operación no implique un porcentaje mayor al 30 por ciento de la cuota del mercado[1]. Por lo que, los contratos de franquicia, exceptuando las llamadas franquician industriales, suponer *per se* una cesión de los Derechos de Propiedad Industrial e Intelectual respecto de los cuales el franquiciador tiene interés legítimo en proteger en beneficio de la propia franquicia, y favoreciendo de esta manera tanto al franquiciado como franquiciador (Girona Domingo, 2022); así como también suponen una imposición sobre los precios de venta y compra, por nombrar algunas situaciones. Lo realmente importante dentro de estas cesiones y posibles infracciones al derecho de la competencia es mantenerse dentro de los márgenes de la cuota de mercado (STS, S.1ª. Sección Plena. Núm. 31/2011 de 15 de febrero, Rec. 1560/2008, FJ (1,7).

Siguiendo en el ámbito del *hard law,* otra cuestión legislada en el marco del derecho positivo comunitario con referencia al contrato de franquicias es la ley aplicable en situaciones de conflictos de leyes. Antes de hablar de conflicto de ley o de ley aplicable, sería necesario mencionar las disposiciones de la Unión

---

1 Por tal razón, tendríamos que hacer una digresión de lo que se refiere el RAVP sobre cuota de mercado, este porcentaje estaría referido al margen por el cual una empresa, un producto o un servicio específico representa en cómputo del total de ventas dentro de un mercado específico, delimitado territorialmente durante un período de tiempo específico.

Europea relativa a la jurisdicción competente para resolver los conflictos derivados de las relaciones que se dan en el marco del contrato de franquicia, así el Reglamento (UE) No 1215/2012 del Parlamento Europeo y del Consejo de 12 de diciembre de 2012 relativo a la competencia judicial, el reconocimiento y la ejecución de resoluciones judiciales en materia civil y mercantil, (DOUE L.351/1 del 20-12-2012), (en adelante Reglamento Bruselas I bis). En referencia a la ley aplicable, específicamente en los contratos de franquicia tenemos el RRI, particularmente, el artículo 4.1.e) del citado reglamento, establece que: "… A falta de elección realizada de conformidad con lo dispuesto en el artículo 3, y sin perjuicio de lo dispuesto en los artículos 5 a 8, la ley aplicable al contrato se determinará de este modo: ...e) el contrato de franquicia se regirá por la ley del país donde el franquiciado tenga su residencia habitual; …"

Cómo lo habíamos señalado, con respecto a los instrumentos del *soft law*, tenemos el código deontológico europeo de la franquicia, de 6 de diciembre de 2016, redactado por la *European Franchise Federation* (CDEF). En general, los instrumentos del *soft law* dentro del ámbito comercial, presentan el carácter de ser instrumentos de autorregulación que los propios empresarios asumen. Por lo tanto, el ecosistema de empresarios de franquicias en Europa suele tener presente este instrumento para guiar sus emprendimientos, sin efectivamente tener consciencia o el propósito de si es o no un instrumento regulatorio propiamente dicho.

A primera vista, podemos entender el CDEF como un documento referencial sobre la actividad de las franquicias, ahora bien, esta visión está muy lejos de ser cierta. De hecho, no es derecho positivo porque no cumple los parámetros de tal, ni como ley, ni como directiva, tratado, decisión ni ninguna forma legislativa ni ejecutiva con carácter vinculante real. Sin embargo, en la Ley 3/1991, de 10 de enero, de Competencia Desleal (BOE. Núm.10 de 11 de enero de 1991), (en adelante LCD), hay unas claras referencias al carácter vinculante desde un punto de vista de la autorregulación tutelada frente a los códigos de conducta.

En particular, y sólo para puntualizar la importancia que se les atribuye a los códigos de conducta en la LCD, el artículo 37.1 de esta ley fomenta la elaboración de códigos de conducta de carácter voluntario. Así, las Administraciones Públicas promoverán la participación de las organizaciones empresariales y profesionales en la confección de códigos de conducta, los que, deberán respetar la normativa, tanto de defensa de la competencia, igualmente tendrán suficiente difusión para ser conocidos por los destinatarios de los mismos (Ortega Hernández, 2019). En líneas generales, la LCD contiene muchas referencias hacia los códigos de conducta, y las respectivas acciones que gravitan en torno a los códigos de conducta; sin embargo, consideramos las prácticas desleales engañosas las más destacables.

Así, una práctica comercial es desleal por ser engañosa cuando contiene una afirmación incierta. Para determinar que la conducta ha sido desleal, se ha de atender a la cláusula general de deslealtad, por lo que se reputa desleal todo comportamiento que resulte objetivamente contrario a las exigencia de la buena fe; y cuando esta conducta estuviere referida a las relaciones con los consumidores y usuarios se entenderá que una conducta es desleal cuando el empresario actúe en contra de la diligencia profesional, y que dicha conducta es capaz de distorsionar y hacer cambiar de manera significativa el comportamiento económico del consumidor medio en el mercado (Ortega Hernández, 2019). Estas afirmaciones inciertas pueden ser, de acuerdo al artículo 21 LCD: 1) afirmar o promocionar que el empresario está adherido al código de conducta; 2) que un código de conducta ha obtenido refrendo de un organismo público o cualquier otro tipo de acreditación; c) que un empresario o profesional, sus prácticas comerciales, o un bien o servicio ha sido aceptado, autorizado, aprobado, o bien realizar las afirmaciones, hechas públicas sin que en efecto cumplan con las condiciones de la aprobación, aceptación o la autorización, y si además se exhibe un sello de confianza que hace referencia a un código de conducta sin que en haya existido la autorización necesaria, también sería un práctica comercial desleal por engañosa.

De tal forma que, el CDEF, como Derecho positivo, directamente no es vinculante, ahora bien, será vinculante cuando ocurran 2 circunstancias. Independientemente si estamos hablando de franquiciador o franquiciado, las circunstancias serían: 1) que el empresario de la franquicia se adhiera contractualmente a este código de conducta o a una federación y asociación que esté adherida; 2) que publicite, promocione o declare de forma pública que está adherido al código de conducta sin ser cierto. De tal forma, que estos supuestos actos de engaño pueden ser conocidos por el juez de lo mercantil a través de la interposición de las siguientes acciones judiciales por parte de los legitimados afectados (Art.32 LCD): 1) Acción declarativa de deslealtad; 2) acción de cesación de la conducta desleal o de prohibición de su reiteración futura; 3) acción de remoción de los efectos producidos por la conducta desleal, 4) acción de rectificación de las informaciones engañosas, incorrectas o falsas; 5) acción de resarcimiento de los daños y perjuicios ocasionados por la conducta desleal, si ha intervenido dolo o culpa del agente; 6) acción de enriquecimiento injusto, que sólo procederá cuando la conducta desleal lesione una posición jurídica amparada por un derecho de exclusiva u otra de análogo contenido económico.

Por otra parte, si bien no estamos ante Derecho positivo aún, tendríamos que hacer por lo menos una pequeña referencia a la propuesta de anteproyecto de ley de código mercantil tras el dictamen del consejo de estado, realizado en Madrid, en marzo de 2018 (en adelante ALCM)[2]. En el ALCM se encuadra siguiendo la doctrina reiterada a los contratos de franquicia dentro de los contratos de distribución o colaboración (Conde Gómez, 2020), y en particular el contrato de franquicia se encontraría tipificado en los artículos 545-2 y 545-17. Siendo específico y entendiendo también la necesidad de encuadrar al contrato de Franquicia dentro del ámbito del ALCM, en el artículo 545-2, lo describe como uno de los principales contratos de distribución y lo define como: "(...) f) El contrato de franquicia, por el cual el titular de la franquicia, denominado franquiciador, cede al distribuidor, denominado franquiciado, el derecho a explotar en beneficio de éste un sistema de comercialización de bienes o servicios bajo los signos distintivos y la asistencia técnica permanente del franquiciador, a cambio de una compensación económica y del compromiso de ajustarse en todo momento a las reglas de actuación establecidas (...)". Ahora bien, una cuestión a destacar del ALCM en cuanto al contrato de Franquicia es que establece, aunque de forma genérica las obligaciones de las partes, así, el artículo 545-17.1, establece para el franquiciador la obligación de comunicar al franquiciado los conocimientos secretos necesarios para poder desarrollar el negocio y a prestarle asistencia técnica y comercial requerida. Mientras que el artículo 545-17.2 establece la obligación para el franquiciado de pagar la cuota y el canon de acceso acordado, se obliga también a la no divulgación de los conocimientos secretos que le han sido transmitidos y a proveer de información al franquiciador de las vulneraciones de los derechos de propiedad intelectual e industrial que se produzcan en su territorio.

---

2 No pretendemos anticipar sobre los trámites legislativos y el estado de la cuestión para su aprobación.

7. CONCLUSIONES

De todo lo expuesto anteriormente se pueden deducir las siguientes conclusiones:

Primera. El contrato de franquicia es un contrato atípico que reúne elementos de otros contratos, y en general sería de los contratos de colaboración o distribución. Particularmente, el contrato de franquicia comparte elementos con la cesión mercantil porque en efecto se cede a título oneroso la explotación de un signo distintivo, pero debe explotarse en una relación empacada de unidad, entre el franquiciador y el franquiciado. Este 'empaque' hace referencia a la unidad de esta universalidad de signos distintivos que rodean a la franquicia y se ofertan como productos y servicios en el mercado.

Segunda. Entre las obligaciones del franquiciador descansan más que todo sobre una gestión de la información y apoyo al franquiciado sobre la explotación de los signos distintivos de la franquicia. Esto supone claro está una cesión, pero principalmente debe aportarle al franquiciado toda aquella información relevante para el desarrollo del negocio, así como acompañarle en el proceso. Este acompañamiento tiene la relación con los criterios de un ordenado empresario y leal si se puede extender a varios aspectos del propio contrato, entre estos aspectos podemos nombrar los siguientes: 1) Permitir al franquiciado el uso de todo el grupo de signos distintivos que lo componen; 2) Prestar asistencia técnica y logística al franquiciado necesaria para llevar a cabo su sistema de comercialización a través de este conjunto de signos distintivos que transmiten este *know how*; 3) el suministro de los productos necesarios para la realización de la actividad franquiciada (venta de productos y servicios); 4) emplear los medios de promoción de publicidad e los productos o servicios amparados por los signos distintivos de la franquicia; 5) respetar y cumplir los pactos de exclusividad; 6) mantener el compromiso de las labores de control y supervisión sobre la observancia de las técnicas comerciales adecuadas, y así mantener una línea uniforme de calidad, debido a que el franquiciado se integra a la red de comercialización del franquiciador aunque sea de forma indirecta, debido a que el franquiciador tiene interés en mantener un nivel de calidad debido al mantenimiento de una línea de acción dentro de la imagen del signo distintivo caracterizador de la franquicia

Tercera. Entre las obligaciones del franquiciado se encuentra el pago de los cánones y gestionar el *know kow* bajo el secreto comercial y como un ordenado empresario. Así, tanto el secreto comercial como el *know how* van de la mano, por tener este *know how* una susceptible valoración económica, aunque difícil de cuantificar si que los procesos, conocimientos demostrados empíricamente en el tiempo aportan un valor en el mercado. Por lo que, en efecto, y como se ha visto, *know how* posee este valor comercial que el franquiciado debe preservar. Podríamos resumir estos deberes del franquiciado en: 1) pagar al franquiciador los cánones o royalties, de entrada, mantenimiento y publicitario; 2) aplicar los sistemas de comercialización establecidos por el franquiciador, así como respetar y promover su imagen; 3) mantener y disponer de un stock adecuado de productos y medios necesarios para prestar eficazmente el servicio a que se refiere el contrato; 4) observas las instrucciones del franquiciador y, en especial, las relativas a los precios establecidos; 5) Suministrar y aportar información fidedigna y coherente sobre la situación del mercado; 6) respectar los acuerdos de confidencialidad y exclusividad.

REFERENCIAS BIBLIOGRÁFICAS

Alcalá Díaz, M. Á. (2009). Los contratos de distribución como instrumentos de descentralización empresarial. Revista de Derecho de la Competencia y la Distribución, (5), 65-104.

Angulo Rodríguez, L y Camacho De Los Ríos, J. (2017). Contratos de colaboración. En G. Giménez Sánchez, & A. Díaz Moreno, Lecciones de Derecho Mercantil (págs. 489- 506). Madrid: Tecnos.

Burgos Pavón, G., y Fernández Iglesias, M. (2010). La franquicia, tratado práctico y jurídico. Madrid: Pirámide.

Cavallieri, R. y Vincezo, S. (2018). An introduction to International Contract Law. Millán: Giapicelli.

Conde Gómez, G. (2020). El contrato de franquicia en la propuesta de anteproyecto de ley de código mercantil tras el dictamen del Consejo de Estado. *Revista de Derecho UNED*, (26), 77-103.

Girona Domingo, R. M. (diciembre de 2022). El nuevo Reglamento 2022/720 de exenciones por categorías de acuerdos verticales y prácticas concertadas. La Ley Mercantil (97).

Hesselink, M. W., Rutgers, J. W., Bueno Díaz, O., Scotton, M., y Veldman, M. (2009). Commercial Agency, Franchise and Distribution Contracts. Munich: Sellier- European Law Publishers.

Lázaro Sánchez, E. J. (2000). El contrato de franquicia (Aspectos básicos). Anales de Derecho: Universidad de Murcia, (18), 91-116.

Ortega Hernández, R. J. (2019). Mecanismos alternativos de resolución de conflictos por medios electrónicos. Barcelona: Bosch.

CAPÍTULO 3.

Análisis estratégico de la expansión internacional del sistema de franquicia español: situación actual y perspectivas futuras

VERÓNICA BAENA GRACIÁ
Universidad Europea de Madrid (España)

1. INTRODUCCIÓN

Toda empresa que decida abordar un proceso de internacionalización debe analizar la forma a través de la cual va a entrar en el país de destino. Esta decisión es una de las más importantes que debe tomar cualquier compañía al diseñar su proyecto de expansión internacional (Mitra y Golder, 2001), ya que determina el grado de control y riesgos que va a tener en su nueva inversión (Shrader, 2001). En general, existen tres formas genéricas de entrada en un mercado extranjero: i) exportaciones; ii) contratos (licencias, alianzas y franquicias); y finalmente, iii) inversiones directas. Cada una de estas opciones implica diferencias respecto a los recursos que compromete la empresa, así como los beneficios que potencialmente pueda obtener.

Entre todas las fórmulas expuestas anteriormente, la expansión internacional llevada a cabo a través de la franquicia cobra una gran importancia, ya que permite una gran notoriedad de marca, a un coste (inversión) bajo (Cerviño, 2006). Resulta, por lo tanto, una forma atractiva de organización corporativa para las empresas que desean expandirse rápidamente con una inversión baja de capital, y un control adecuado de sus procesos de distribución y gestión de marca (Baena, 2013).

De este modo, el sistema de franquicia se ha convertido en importante herramienta de distribución empresarial que ejerce un impacto económico significativo en todo el mundo (Chiou y Droge, 2015). Es por ello, que cualquier empresa que goce de un adecuado posicionamiento en su entorno de actuación y cuente con ciertas perspectivas de crecimiento, no puede dejar de ver en la franquicia una de las alternativas más rentables y eficaces para entrar en nuevos mercados (Michael, 2003). De hecho, este modelo de negocio representa la forma de comercio minorista de más rápido crecimiento en el mundo (Baena, 2018a).

La literatura sobre franquicias ha abordado el estudio del sistema de franquicia desde varias perspectivas, prestando especial atención a las siguientes cuestiones: i) las razones por las que las empresas se organizan como cadenas de franquicias; ii) cómo involucrar a los franquiciados; iii) eficiencia de la franquicia; y iv) la relación entre franquiciador y franquiciado; entre otros aspectos. Sin embargo, la expansión internacional de la franquicia ha acaparado cada vez mayor atención en la literatura empresarial (Alon, Apriliyanti y Henríquez, 2021) y muy especialmente, el análisis de las cadenas de nacionalidad estadounidense y británica que operan en los sectores minorista, manufacturero u hotelero en los mercados desarrollados (Rosado-Serrano, Paul y Dikova, 2018). Se evidencia, por tanto, la necesidad de analizar el comportamiento del sistema de franquicia de nacionalidad diferente a la británica y norteamericana, así como su expansión en mercados no desarrollados y sectores de actividad que no se circunscriben únicamente al minorista, manufacturero u hotelero.

Por otra parte, cabe destacar que un franquiciador puede tener presencia en muchos países, pero con poca presencia en cada uno de ellos. Por el contrario, las cadenas pueden tener presencia en pocos países, pero con gran penetración (número de establecimientos) en dicho territorio. Por ello, al analizar el proceso de internacionalización de la franquicia, no basta con tener en cuenta la presencia internacional de las enseñas; además es preciso analizar la intensidad de dicha expansión fuera del mercado nacional.

2. LA EXPANSIÓN INTERNACIONAL DE LA FRANQUICIA ESPAÑOLA

El siglo XX ha sido un fiel testigo de la enorme evolución del sistema de franquicia en España, pudiendo situar la expansión de este modelo de negocio a comienzos de los años sesenta. Es entonces cuando surgen algunas enseñas como Pronovias o Santiveri que sirvieron como avance del tímido desarrollo de la franquicia en España en la década de los setenta. Sin embargo, fue en la década de los ochenta cuando la franquicia inicia su despegue en nuestro país (Rondán, Navarro y Díez de Castro, 2007). Esta tendencia se afianza en los años noventa, de manera que nuestras marcas inician una notable expansión a través de este modelo de negocio; situación que se ha mantenido hasta la crisis del Covid-19.

El entorno internacional inestable en el que nuestras enseñas se han visto recientemente obligadas a operar, ha afectado inevitablemente al sistema de franquicia español. En concreto, en 2020 nos vimos sorprendidos por una pandemia global que paralizó la actividad económica durante el confinamiento. Por si eso fuera poco, cuando nuestras cadenas parecía que estaban recuperándose tras la apertura parcial de los mercados en la "nueva normalidad", Rusia inició un conflicto bélico con Ucrania que afectó a la economía europea a través de dos circuitos principales. Por un lado, el de la energía, motivado por nuestra dependencia del gas natural y del petróleo ruso.

En segundo lugar, debido al impacto sufrido en los precios de alimentos y fertilizantes. Este escenario ha generado la aprobación de sanciones por parte de la Comisión Europea y provocado un importante repliegue de las empresas occidentales en el mercado ruso, mermando así el potencial productivo de estas empresas.

Junto a ello, hay que destacar la contundente respuesta del Banco Central Europeo frente a la inflación, con una subida de tipos de interés. Esta medida dificultó el endeudamiento de empresas y consumidores y por lo tanto, redujo el potencial de crecimiento y el consumo.

Ahora bien, a pesar de este escenario desfavorable, la franquicia española continúa siendo una importante herramienta para prosperar en el exterior; logrando que un proyecto empresarial se expanda a través de diferentes mercados internacionales de una forma rápida y sencilla. De este modo, a cierre del 2021, el sistema de franquicia español estaba presente en 139 países a través de 288 enseñas y 18.808 establecimientos localizado principalmente en dos continentes: Europa y América.

3. LAS CIFRAS DE LA FRANQUICIA ESPAÑOLA EN EL EXTERIOR

Tal y como se ha expuesto anteriormente, atendiendo a las cifras publicadas por la Asociación Española de Franquiciadores (AEF), al cierre del año 2021 el número total de cadenas franquiciadores españolas operando en el extranjero es de 288. Esta cifra ha supuesto un descenso del 6,19%, ya que a finales de 2020 el número de enseñas españolas en el extranjero era de 307.

Las 288 cadenas españolas con presencia internacional representan el 25,44% del total de enseñas (1.381 cadenas) que operan en España. De esas 1381 cadenas, 249 son de procedencia extranjera y el resto (1.132 franquicias) españolas. También se aprecia un descenso en el número total de establecimientos. A finales de 2021 se registró un total de 18.808 puntos de venta, con un descenso del 9,59 % respecto al cierre del año anterior donde se registraron un total de 20.804 establecimientos en el extranjero. En este sentido, Rusia constituye el caso más significativo al pasar de 856 locales en 2021 a 104 en 2022.

Tal y como se recoge en el Gráfico 1, Portugal cuenta con el 54,8 % del total de franquicias españolas que en el exterior (158), a bastante distancia de México, donde un 35 % de las cadenas franquiciadoras españolas en el extranjero (101) han abierto sus establecimientos. Le sigue Andorra en tercer lugar, con un 29,1 % (84 enseñas), por evidentes razones de proximidad y facilidades de implantación. Francia ocupa el cuarto lugar, con 61 cadenas (21,1 %) e Italia el quinto con 58 (20,1 %). A su vez, Colombia se mantiene en el sexto lugar con 48 franquiciadores. Chile, EE. UU. y Guatemala ocupan el séptimo lugar en este ranking. Los tres países albergan 38 cadenas españolas, aunque con diferente grado de implantación – número de establecimientos operativos -. La octava posición la ocupan Ecuador, República Dominicana y Panamá (todos ellos con 35 enseñas operativas, pero con diferente número de establecimientos). Marruecos y Perú, con 34 y 33 cadenas españolas implantadas en su territorio ocupan la novena y décima posición respectivamente de este ranking.

Gráfico 1. Destinos con mayor presencia de cadenas franquiciadoras españolas (nº de enseñas)

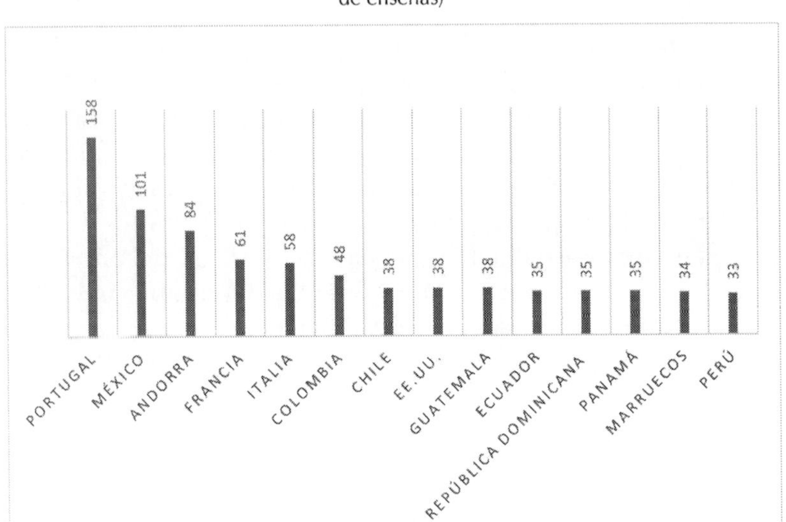

Fuente: Elaboración propia a partir de datos publicados por la AEF (2022)

Sin embargo, tal y como se expuso en la sección anterior, la presencia de un mayor número de cadenas en un país extranjero (Gráfico 1) no siempre se corresponde con una mayor implantación internacional en dicho destino, -número de establecimientos operativos- (Gráfico 2). Los resultados obtenidos reflejan que, si bien es cierto que existe un elevado nivel de coincidencia entre ambos criterios, no siempre sucede de este modo.

Tal es el caso, por ejemplo, de países como Argentina, Brasil, China, Polonia y Alemania donde la implantación de cadenas franquiciadoras españolas es elevada atendiendo al número de establecimientos operativos. Sin embargo, no se trata de destinos donde haya un mayor número de enseñas españolas. En términos generales, son destinos en los que las cadenas españolas han desarrollado una expansión a través de un elevado número de locales operativos en dicho territorio. Cabe destacar, además, que la entrada en algunos de estos países no es sencilla por la marcada preferencia de empresas nacionales, lo cual dificulta la penetración de marcas extranjeras (i.e., China y Alemania). Esto explica que el número de cadenas españolas operando en dichos países no sea muy elevado. Sin embargo, en ambos casos, las cadenas españolas que ya operan en su territorio están presentes con un elevado número de establecimientos; lo que demuestra la capacidad competitiva de nuestras marcas. Tal es el caso, por ejemplo, de Alemania con 24 enseñas españolas operando en este país a través de 459 establecimientos.

El Gráfico 2 también evidencia el destacado papel de Portugal, Italia, México, Francia, Argentina y Brasil sobre el resto de los destinos, al agrupar el 45,3% de los locales operativos en el extranjero pertenecientes a cadenas franquiciadoras españolas.

Gráfico 2. Destinos con mayor presencia de cadenas franquiciadoras españolas (nº de establecimientos).

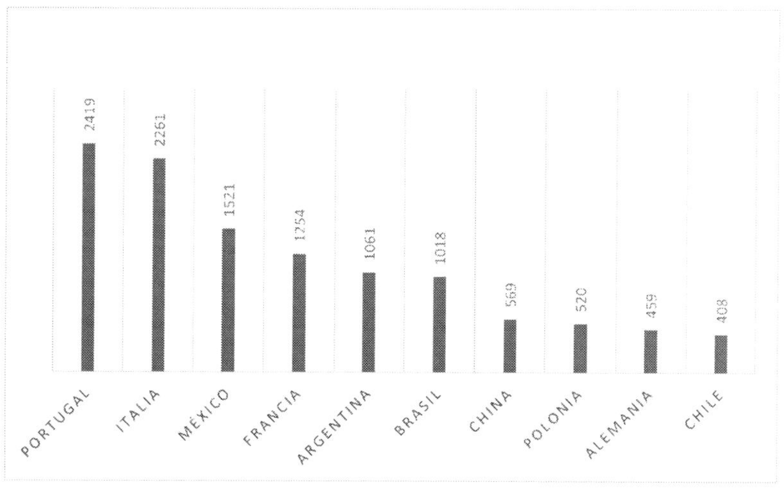

Fuente: Elaboración propia a partir de datos publicados por la AEF (2022)

En resumen, los 10 primeros países ordenados por número de establecimientos de franquicias españolas acumulan 11.490 establecimientos (61 % del total). La primera posición de este ranking es para Portugal, al contabilizar 2.419 locales (el 12,8 % del total). Le sigue Italia, con 2.261 establecimientos (12 %), mientras que México queda en tercer lugar, con 1.521 puntos de venta (8 %).La cuarta posición es para Francia, con 1.254 establecimientos (6,6 %); después Argentina, con 1.061 (5,6 %), y Brasil, en el sexto lugar, con 1.018 locales (5,4 %).También destacan los 569 establecimientos abiertos en China, que ocupa el séptimo puesto (3 %); los 520 operativos en Polonia en el octavo (2,7 %); los 459 en Alemania, en la novena posición (2,4 %) y Chile, con 408 locales (2,1 %).

Tal y como se recoge en el Gráfico 3, las cadenas españolas con mayor presencia internacional están concentradas en unos pocos sectores de actividad, entre los que destacan "Moda" y "Hostelería y Restauración" a través de cadenas como Mango, KA International, Artesanos Camiseros, Lizarrán y 100 Montaditos, por citar algunos ejemplos. La "estética/belleza" y el sector de la "dietética/parafarmacia" también tienen una presencia internacional importante a través de enseñas como Naturhouse y No+Vello, entre otros.

Gráfico 3. Top 10 sectores de actividad de cadenas franquiciadoras españolas con mayor expansión internacional (nº de locales y enseñas en el extranjero).

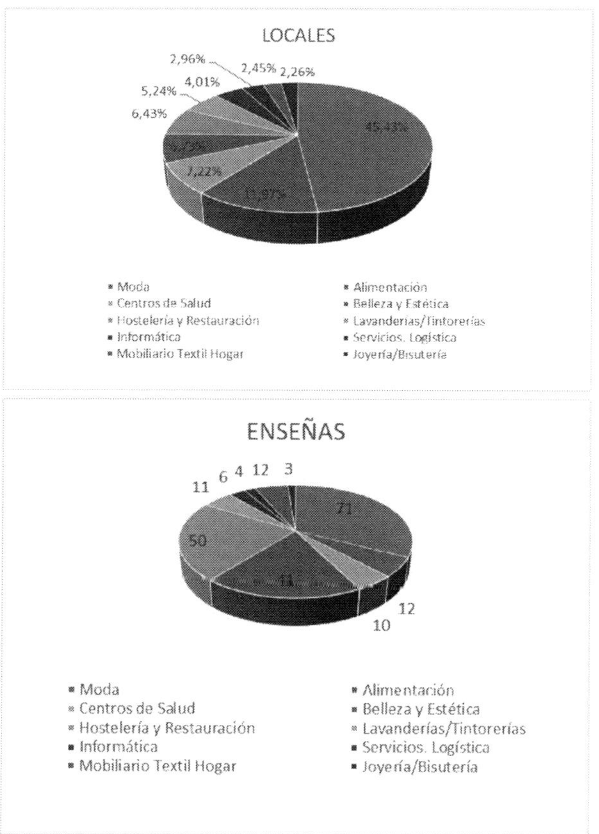

Fuente: Elaboración propia a partir de datos publicados por la AEF (2022)

Respecto a los países que cuentan con un mayor número de sectores de marcas españolas, destaca el papel de Portugal que vuelve a ocupar el primer puesto con 21 sectores. Le sigue México con 19, Andorra con 18, Francia con 16, Chile e Italia con 14, Colombia y Ecuador con 13, y Argentina y Estados Unidos, con 10 sectores de actividad.

Tras el análisis del Gráficos 4 podemos confirmar el destacado papel de la Moda como el sector empresarial con mayor presencia internacional en el sistema de franquicia español. Los datos recogidos en los Gráficos 3 y 4 no dejan lugar a dudas: 71 enseñas (24,6 % del total) vinculadas a la Moda distribuidas a lo largo de 128 países a través de 8.545 locales franquiciados; lo cual supone el 45,4% del total de establecimientos que el sistema de franquicia español posee en el extranjero.

Gráfico 4. Top 10 sectores de actividad de cadenas franquiciadoras españolas con mayor presencia internacional (número de países extranjeros donde opera la enseña)

Fuente: Elaboración propia a partir de datos publicados por la AEF (2022)

4. RESULTADOS

Europa continúa siendo el destino preferido por nuestras franquicias, ya que se encuentran repartidas por 46 países con un total de 9.808 establecimientos operativos. Por continentes le sigue América con 31 cadenas y 5.951 locales. No obstante, la franquicia española tiene presencia en todos los continentes. En Asia, por ejemplo, operan en 37 países (2.617 establecimientos), África (22 enseñas operando a través de 400 locales) y Oceanía (3 cadenas con 30 establecimientos).

Estas cifras confirman la preferencia de las cadenas franquiciadoras españolas por destinos internacionales que representan poco riesgo, al caracterizarse por una escasa distancia geográfica (Portugal, Andorra, Francia, etc.) y cultural (Latinoamérica), confirmando los resultados obtenidos en la literatura (Baena, 2018a). Sin embargo, a pesar del carácter conservador de la mayoría de nuestras enseñas, también podemos destacar algunas cadenas que han asumido riesgos en su expansión internacional y se han convertido en una enseña global de gran éxito. Este es el caso, de Mango (sector moda). Hoy en día, la cadena opera en 110 países a través de más de 2.000 tiendas. De este modo, las ventas que la marca obtiene en el extranjero ya representan más del 80% de la facturación total del todo el grupo.

Junto a la distancia cultural y geográfica, la estabilidad política es otra variable determinante en la expansión internacional de las cadenas franquiciadoras españolas. Rusia representa el mejor ejemplo. En un contexto bélico con Ucrania, globalizado por el apoyo expreso a Ucrania por parte de los países de la OTAN, cada vez es mayor el número de cadenas franquiciadoras españolas que han optado por desprenderse de sus activos en Rusia. Por ejemplo, en diciembre de 2022 Amrest cerró un acuerdo con el grupo Almira para venderle el negocio en dicho país. La salida de Rusia no es, por lo tanto, un hecho aislado desde la invasión de Ucrania. Destaca también la decisión adoptada por Inditex, la enseña española con mayor presencia en dicho país, que cerró en octubre 2022 un acuerdo con el grupo emiratí Daher para venderle su negocio en Rusia (515 tiendas), -un mercado estratégico para la cadena española antes del conflicto bélico, a la altura de EE.UU. y España -. Esta situación explica el notable descenso de establecimientos de cadenas españolas en Rusia, pasando de los casi 900 locales operativos a finales de 2021 a los 104 contabilizados por la AEF a finales de 2022.

Aparte del escenario bélico protagonizado por Rusia y Ucrania, nuestras enseñas han tenido que afrontar en 2022 un contexto económico global marcado por fuertes tensiones inflacionistas, especialmente en Europa, que desincentivan el consumo y la inversión. Este escenario no ha sido propicio para la expansión internacional de nuestras enseñas y por ello, el número total de marcas españolas en otros mercados es de 288, con un descenso del 6,19%, ya que al cierre de 2021 el número de cadenas franquiciadoras en el extranjero era de 307. El número total de establecimientos en el extranjero a finales de 2022 era 18.808, con un descenso del 9,59% respecto a las cifras del año anterior, puesto que a finales de 2021 el número de establecimientos en el extranjero era de 20.804 establecimientos, según datos de la AEF.

5. CONCLUSIONES

Los resultados obtenidos en este trabajo contribuyen a la literatura académica al confirmar parte de los postulados de la Teoría de la Señalización (Gallini y Lutzt, 1992) y la Teoría de la Agencia (Fama y Jensen, 1983) aplicados al sistema de franquicia.

Concretamente, se evidencia que las cadenas franquiciadoras que poseen una marca fuerte tienen mayor presencia internacional, en comparación con aquellas cadenas cuya marca no goza de una posición tan fuerte. Este hecho confirma los argumentos de la Teoría de la Señalización al constatar que una marca sólida y reconocida simplifica el proceso de compra y señaliza un des exitoso para la red de franquicias en general. En otras palabras, los franquiciadores que poseen un mayor número de candidatos entre los que seleccionar al franquiciado más adecuado, se caracterizan por tener un elevado renombre de marca (Baena y Cerviño, 2012) y reputación corporativa (Mattera y Baena, 2012); lo que les permite reducir el riesgo de una selección fallida del franquiciado y facilita la expansión internacional del franquiciador (Baena, 2015).

Del mismo modo, los argumentos de la Teoría de la Agencia contribuyen a entender el efecto de la experiencia franquiciadora sobre la intensidad de la expansión internacional de las cadenas de franquicias. En este sentido, los resultados obtenidos en este trabajo parecen confirmar la existencia de una relación positiva entre la experiencia de la cadena franquiciadora y el número de países donde opera la enseña. La experiencia de la enseña también índice en la intensidad del proceso de expansión internacional–medido a través del número de establecimientos que la cadena posee operativos en el extranjero -. Este hecho ya ha sido sugerido en la literatura anterior y se debe a que una mayor experiencia del franquiciador permite la identificación de candidatos óptimos a franquiciados y el rechazo de los menos idóneos (Baena, 2018b), lo que potencia la expansión internacional de la cadena (Seinauskiene, Virvilaitė y Alon, 2022).

Esperamos, por lo tanto, que este capítulo no sólo resulte de interés desde un punto de vista académico, sino que también tenga implicaciones prácticas. En concreto, confiamos en que los resultados obtenidos en este trabajo permitan ampliar el conocimiento actual sobre la internacionalización del sistema de franquicias español. De este modo, las cadenas franquiciadoras que deseen iniciar su proceso de expansión internacional podrían emplear este estudio como punto de partida para identificar las principales fortalezas y debilidades a la hora de seleccionar el país de destino, y la intensidad del proceso de internacionalización.

REFERENCIAS BIBLIOGRÁFICAS

Alon, I., Apriliyanti, I.D. y Henríquez-Parodi, M. C. (2021). A systematic review of international franchising, *Multinational Business Review*, Vol. 29 No. 1, pp. 43-69.

Baena, V. (2013), Insights on international franchising: entry mode decision, *Latin American Business Review*, Vol. 14, No. 1, pp. 1-27

Baena, V. (2015), European franchise expansion into Latin America. Evidence from the Spanish franchise system", *Management Research Review*, Vol. 38, No. 2, pp. 149-165

Baena, V. (2018a), International franchise presence and intensity level: profile of franchisors operating abroad, *Management Research Review*, Vol. 41, No. 2, pp. 202- 224.

Baena, V. (2018b), The effect of franchisor characteristics and host country features on the foreign entry mode. Lessons from the Spanish franchise system, *International Journal of Business and Globalisation*, Vol. 20, No. 4, pp. 457-478

Baena, V. y Cerviño, J. (2012). International franchise expansion of service chains: insights from the Spanish market, *The Services Industries Journal*, Vol. 32, No. 7, pp. 1-16

Bansal, P., y Clelland, I. (2004). Talking trash: legitimacy, impression management, and unsystematic risk in the context of the natural environment, *Academy of Management Journal*. Vol. 47, No. 1, pp. 93–103.

Cerviño, J. (2006) *Marketing internacional. Nuevas perspectivas para un mercado globalizado*, Ed. Pirámide, Madrid (España).

Chiou, J.-S. y Droge, C. (2015). The effects of standardization and trust on franchisee's performance and satisfaction: a study on franchise systems in the growth stage, *Journal of Small Business Management*, Vol. 53, No. 1, pp. 129–144

Fama, E. y Jensen, M. (1983). Separation of ownership and control, *Journal of Law and Economics*, Vol. 26, pp. 301-325.

Gallini, N., y Lutz, N. (1992). Dual distribution and royalty fees in franchising, *Journal of Law, Economics and Organization*, Vol. 8, pp. 471–501.

Mattera, M., y Baena, V. (2012). Corporate Reputation and its Social Responsibility: A Comprehensive Vision, *Cuadernos de Estudios Empresariales*, Vol. 22, pp. 22, 129.

Michael, S. C. (2003). Determinants of the rate of franchising among nations, *Management International Review*, Vol. 43, pp. 267-291.

Mitra, D. y Golder, P. (2002). Whose culture matters: Near-markets knowledge and its impact on foreign market entry timing, *Journal of Marketing Research*, Vol. 39, pp. 350-365.

Rondán, F. J. Navarro, A. y Díez De Castro, E. (2007). ¿Es la franquicia un sistema dual?, *XVII Jornadas Hispano Lusas de Gestión Científica*, 8 y 9 de febrero de 2007.

Rosado-Serrano, A., Justin Paul, J., y Dikova, D. (2018) International franchising: A literature review and research agenda, *Journal of Business Research*, Vol. 85, No. April, pp. 238-257

Seinauskiene, B., Virvilaitė, R. y Alon, I. (2022), Psychic distance, marketing strategy adaptation and export performance: the role of international experience, *European Journal of International Management*, Vol. 18, Vol. 2/3, pp. 444-456.

Shrader, R. C. (2001). Collaboration and performance in foreign markets: The case of young high-technology manufacturing firms, *Academy of Management Journal*, Vol. 44, pp. 45-60.

CAPÍTULO 4.

La franquicia en los países iberoamericanos: el caso de Argentina

MARÍA DE LAS MERCEDES CAPOBIANCO URIARTE
Universidad de Almería (España)
ANA BATLLES DE LA FUENTE
Universidad de Almería (España)
MARÍA DEL PILAR CASADO BELMONTE
Universidad de Almería (España)
EKATRINA BESORABOVA
Universidad de Almería (España)

1. INTRODUCCIÓN AL SECTOR "FRANCHISING" EN ARGENTINA

En los años 60, la franquicia como modelo comercial sale de los EE. UU., empieza a desarrollarse en Europa e inicia su incursión en Latinoamérica (Gallástegui, 2009). El sector de franquicias en Argentina ha experimentado un notable crecimiento y evolución, convirtiéndose en una pieza clave de la economía nacional. Con la llegada de las marcas internacionales a Argentina, hasta el establecimiento de conceptos locales que se expandieron exitosamente, el modelo de franquicias ha demostrado ser una vía eficaz para la expansión empresarial y la generación de empleo.

La identificación de la etapa del actual del mercado de franquicias un el país es prioritario para determinar las acciones que fortalezcan su crecimiento como fuente de aportación al PIB y al mercado laboral. En el desarrollo de las franquicias a nivel mundial se distingue cuatro etapas (Ludueña, 2012), de acuerdo con la maduración que vaya obteniendo el sector en un país determinado (Figura 1):

- Primera etapa "importación de franquicias extranjeras": caracterizada por el ingreso de reconocidas marcas de franquicias extranjeras al mercado nacional.
- Segunda etapa "surgimiento de franquicias locales": primeros indicios de franquicias locales y leve diversificación de rubros en el sector.
- Tercera etapa "Boom o popularización de las franquicias": consolidación de las nacionales en el mercado local en número y en rubros, y aumento de la entrada de franquicias extranjeras
- Cuarta etapa "exportación de conceptos nacionales a mercados externos": profesionalismo del sector y salto de franquicias nacionales al mercado internacional

Importación de franquicias extranjeras

Durante los años 70, en territorio argentino iniciaron actividad económica 115 locales bajo el régimen de franquicias (Maresca, 2016). En las décadas de 1980 y 1990, Argentina experimentó una explosión en el crecimiento del número de franquicias, impulsada por la estabilización económica y la apertura de mercados (Salvia, 2015). Se llevaron a cabo reformas económicas significativas y sustanciales con el objetivo fundamental de reestructurar el Estado, privatizar las empresas y servicios públicos (Marshall, 2001). Al abrir la economía nacional al ámbito internacional, el país se posicionó entre uno de los principales destinos de las Inversiones Extranjeras Directas a nivel latinoamericano (Di Nucci y Hiese, 2018). Durante dicho período, existieron más de 2200 locales franquiciados, de los cuales aproximadamente el 90% comenzaron a operar en esa década (Maresca, 2016).

Figura 1. Recorrido temporal del franchising en Argentina desde la década 70 a la actualidad.

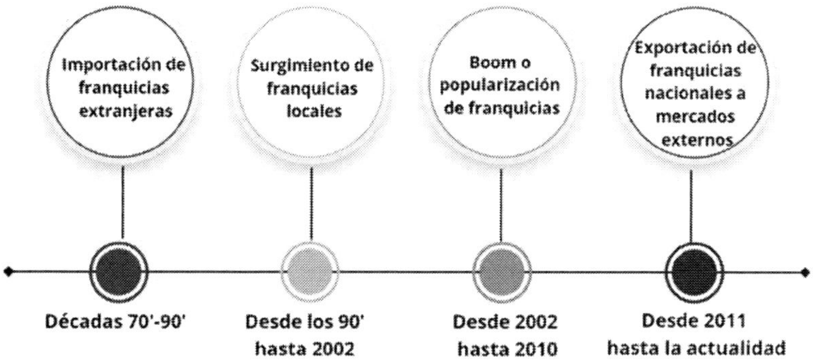

Fuente: elaboración propia con datos de AAMF (2023)

Surgimiento de franquicias locales

Las franquicias, en 1997, en Argentina crecieron 7.1%, respecto del año anterior y aunque se esperaba que su evolución positiva continuara no ocurrió así por razones macroeconómicas. La crisis del 2001 llevó a que la mayoría de las marcas extranjeras se retiraran del mercado e irrumpieran los conceptos regionales y se desarrollaron las franquicias nacionales (Alba y Hernandez, 2011). Como consecuencia de ese crecimiento del modelo de franquicias, a fines de los '90 nace la Asociación Argentina de Franquicias, con el fin de impulsar el sistema de franchising en Argentina. Las marcas argentinas comenzaron a explorar este modelo de negocio, basicamente en la gastronomía, la indumentaria y los servicios, marcando el comienzo de una era de franquicias nacionales que no solo prosperaron localmente, sino que también comenzaron a mirar hacia mercados internacionales.

Boom o popularización de las franquicias

Entre 2003 y 2008 el promedio de crecimiento anual de Argentina fue de 8,5%, evitando la caída del producto en 2009 a pesar del impacto de la crisis (Cárcamo y Tenewicki, 2013). En 2009, tras la fusión de la Asociación Argentina de Franquicias y la Cámara de Grandes Marcas, se creó la actual Asociación Argentina de Marcas y Franquicias (AAMF, 2023) con el objetivo de estandarizar la actividad, promover la consolidación y profesionalización del sistema de franquicias, el desarrollo de buenas prácticas comerciales y abogar por las leyes que afectan los diferentes rubros de las empresas franquiciantes y marcas comerciales. En 2010, existen 400 empresas en Argentina que ofrecía franquicias. El franchising argentino creció un 14% promedio anual inclusive en épocas de recesión y canaliza el 22% de las ventas minoristas. En conjunto presentan más de 19.000 puntos de venta, empleando a más de 165.000 personas y aportando alrededor del 2% al PBI argentino (Berenstein , 2010).

Exportación de conceptos nacionales a mercados externos

En 2012, el mercado argentino contaba con más de 649 empresas franquiciantes, de las cuales ya el 20% internacionalizaba sus conceptos nacionales, es decir 1 de cada 5 empresas franquiciantes locales exportaba sus franquicias a países vecinos Uruguay, Paraguay, Chile, Bolivia y Brasil, principalmente, y a Perú, España y Colombia (Canudas, 2012), superando más de 1.100 puntos de ventas repartidos en 56 países. Simultáneamente, en el territorio argentino representan 27.500 puntos de ventas, empleando más de 194.500 trabajadores.

Dada a la importancia que empieza a cobrar la exportación de franquicias argentinas a partir de 2010, según Canudas

(2014) se puede caracterizar según el comportamiento empresarial exportador en función a la cantidad de países en los que tienen presencia y su grado de compromiso en la expansión internacional:

- Exportadores iniciales (actividad comercial en uno o dos países extranjeros) no llevan a cabo acciones específicas para promover sus franquicias en el extranjero, 56%.
- Exportadores emergentes (actividad comercial en 3 a 5 países extranjeros) toman medidas comerciales para ofrecer sus franquicias en el extranjero o tienen una fuerte intención de exportar sus conceptos. A menudo, comparten la tarea de expansión internacional con otras empresas asociadas al mercado interno, y este grupo representa el 31%.
- Exportadores ascendentes (actividad comercial en 6 a 9 países extranjeros) comercializan sus franquicias mediante un programa sólido de exportación y tienen planes definidos para la expansión internacional, representando el 9%.
- Exportadores establecidos (actividad comercial en más de 10 países extranjeros) presentan recursos humanos exclusivamente dedicados al desarrollo o expansión internacional. En algunos casos, también exportan productos a través de otros canales de comercialización. Este grupo representa el 4%.

Según los datos más actualizados de la Asociación Argentina de Marcas y Franquicias (AAMF) publicadas en 2023, en los últimos años el sector de franquicias en Argentina se encuentra en constante crecimiento, con tasas de variación interanual positivas superiores al 10% desde 2020 (Figura 2).

Figura 2. Evolución temporal del número de marcas y tasas de variación de puntos de ventas

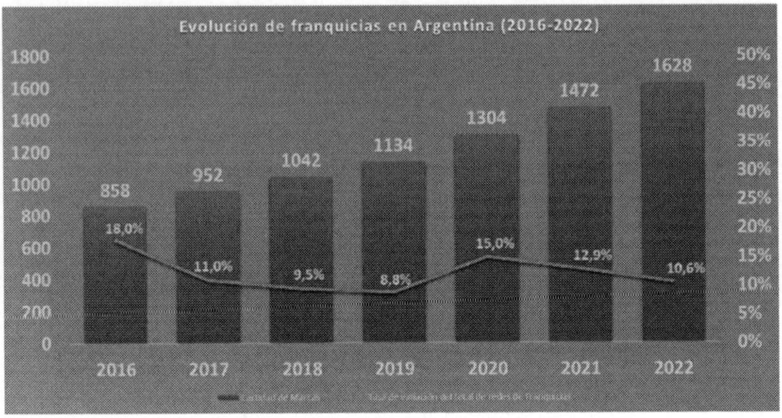

Fuente: elaboración propia con datos de AAMF (2023)

2. MARCO LEGAL REGULATORIO DE LAS FRANQUICIAS EN ARGENTINA

Del portal de la AAFM (2023) se informa que desde 2015 rige el actual Código Civil y Comercial de la Nación Argentina, que además de unificar la materia civil y comercial incorporó nuevas regulaciones entre ellas la Franquicia, en su Libro III, Título IV, Capítulo 19, Arts. 1512 al 1524 y concordantes.

El artículo 1512 del nuevo Código Civil Comercial, define el contrato de franquicia al establecer que: "Hay franquicia comercial cuando una parte, denominada franquiciante, otorga a otra, llamada franquiciado, el derecho a utilizar un sistema probado, destinado a comercializar determinados bienes o servicios bajo el nombre comercial, emblema o marca del franquiciante, quien provee un conjunto de conocimientos técnicos y la prestación continua de asistencia técnica o comercial, contra una prestación directa o indirecta del franquiciado."

De la definición surgen las partes del contrato: el franquiciante y el franquiciado, así como los elementos constituyentes del contrato, la transmisión de un conjunto de elementos tangibles e intangibles, la contraprestación y la autonomía societaria entre las partes.

El franquiciante, es el titular de un sistema que se encuentra probado e implementado en el comercio bajo un nombre comercial o marca que a través de la celebración del contrato de franquicia se obliga a transmitir al franquiciado este "know how" y la prestación continua de asistencia técnica o comercial.

El franquiciado, por su lado, interesado en absorber esa experiencia del franquiciante, quien ha demostrado ser exitoso para el desarrollo de cierto negocio pagará una contraprestación con la intención de "copiar" el negocio del fiduciante.

Esta contraprestación que convierte al contrato en oneroso consiste en una cantidad monetaria inicial (fee de ingreso) y un canon periódico durante la vigencia de este.

Asimismo, cabe destacar que es inherente a la franquicia, la autonomía de las partes, quienes traban un vínculo, pero sin que el franquiciado quede subordinado al franquiciante.

Figura 3. Datos significativos de la legislación argentina respecto a las franquicias.

Fuente: elaboración propia con información de AAFM (2023)

Más allá de la apariencia, con la introducción del nuevo Código, se intenta resaltar que las empresas conservan su identidad y autonomía. La legislación vigente especifica la extensión mínima del contrato durante 4 años salvo casos específicos, la obligación de brindar la información económica-financiera durante 2 años para incorporar mayor transparencia a la relación comercial. También indica la no transferencia de obligaciones del franquiciado al franquiciante y la inexistencia de relación laboral entre ellos (Figura 3).

Principales obligaciones del franquiciante o franquiciador (artículo 1514):

-Proporcionar con antelación a la firma del contrato, información económica y financiera sobre la evolución de dos años de unidades similares a la ofrecida en franquicia.

-Comunicar a franquiciado el conjunto de conocimientos técnicos. En otras palabras, implica transmitir el know-how, que lo caracteriza e identifica.

-Entregar al franquiciado un manual de operaciones con las especificaciones útiles para desarrollar la actividad prevista en el contrato. Se trata de un manual que compendia el perfil de la empresa franquiciante y, según el rubro que se trate, las técnicas, procedimientos, utilización de maquinarias, gestión de procesos y demás ítems que como parte de sus obligaciones contractuales el franquiciado debe cumplimentar por si o por el personal a su cargo.[2]

-Proveer al franquiciado la asistencia técnica necesaria para la mejor operatividad de la franquicia durante la vigencia del contrato.

-Si la franquicia comprende la provisión de bienes o servicios a cargo del franquiciante o de terceros designados por él, asegurar esa provisión en cantidades adecuadas y a precios razonables. En este sentido, el artículo 1519 le permite a los franquiciados adquirir los bienes necesarios para el desarrollo de su negocio de otros franquiciados, sin limitar la compra al franquiciado. El mencionado artículo dicta: "No son válidas las cláusulas que prohíban al franquiciado (...) Adquirir mercaderías comprendidas en la franquicia de otros franquiciados dentro del país, siempre que éstos respondan a las calidades y características contractuales."

Principales obligaciones del franquiciado (artículo 1515):

-Desarrollar efectivamente la actividad comprendida en la franquicia, en cumplimiento con el manual de operaciones.

-Proporcionar las informaciones que razonablemente requiera el franquiciante para el conocimiento del desarrollo de la actividad y facilitar las inspecciones pactadas.

-Abstenerse de actos que puedan poner en riesgo la identificación o el prestigio del sistema de franquicia que integra.

-Mantener la confidencialidad de la información reservada.

-Cumplir con las prestaciones comprometidas. Condición esencial del contrato de franquicia por tratarse de un contrato oneroso.

3. RADIOGRAFÍA DEL SECTOR FRANQUICIAS EN EL MERCADO ARGENTINO

Según los datos más actualizados de la Asociación Argentina de Marcas y Franquicias (AAMF) publicadas en 2023, en la Argentina hay 1.628 marcas que operan bajo el formato de franquicias (Figura 4). De estas, el 95% son de origen nacional, las redes de puntos de venta de las franquicias crecieron en promedio un 10,6 %, donde 83 % de las marcas que realizaron aperturas, generando aproximadamente 240.000 empleos directos en el país en más de 40.000 puntos de ventas. El sistema de franquicias en Argentina aporta el 2% al PBI nacional y representan el 22% de sector de comercio minorista, siendo una fuente importante de autoempleo. El sector de franquicias, a pesar de los vaivenes macroeconómicos de la economía argentina, tiene un crecimiento continuo de expansión en el mercado interior y exterior.

Figura 4. Datos macroeconómicos del sector franquicias en el mercado argentino

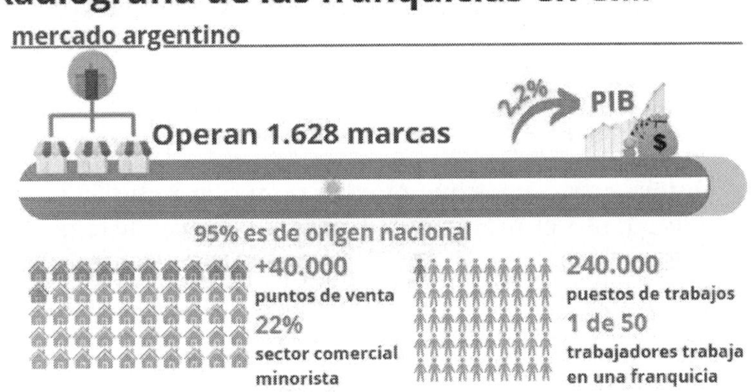

Fuente: elaboración propia con información de AAFM (2023)

Las franquicias a nivel nacional presentan una evolución de crecimiento positivo tanto en puestos de trabajos como en puntos de ventas, como se muestra en la Figura 5. Sin embargo, hay que destacar que la relación entre el número de puestos de trabajo y los puntos de ventas ha disminuido de 6,4 personas a 5.

Figura 5. Caracterización del sector franquicias en el mercado argentino

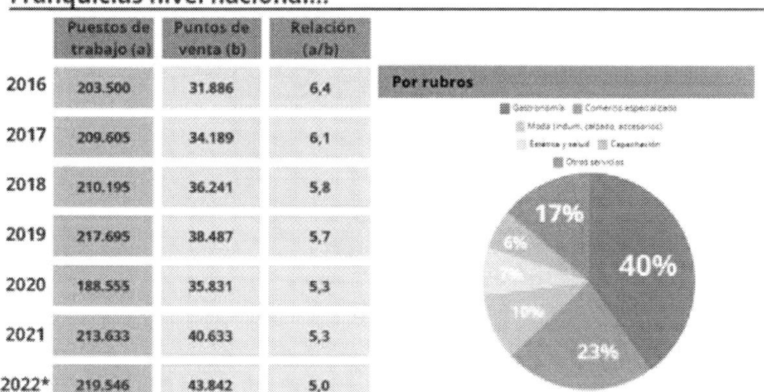

Franquicias nivel nacional...

	Puestos de trabajo (a)	Puntos de venta (b)	Relación (a/b)
2016	203.500	31.886	6,4
2017	209.605	34.189	6,1
2018	210.195	36.241	5,8
2019	217.695	38.487	5,7
2020	188.555	35.831	5,3
2021	213.633	40.633	5,3
2022*	219.546	43.842	5,0

Fuente: elaboración propia con información de AAFM (2023)

En términos generales, las franquicias nacionales lideran el mercado de exportación en Latinoamérica (Figura 6). Argentina es el mayor exportador de franquicias de la región, con casi 130 marcas con su modelo de negocio desarrollado en otro país (González, 2022). Las marcas de indumentaria, accesorios, calzado y moda son las preferidas por sus diseños y lideran el ranking de rubros con más de 40 marcas desarrolladas en Latinoamérica, Europa y Norteamérica. Le sigue la gastronomía con al menos 35 marcas que llevan clásicos argentinos a todos los rincones del mundo. Las marcas de helados artesanales, cafeterías, chocolates, pizzerías y restaurantes fusión son las preferidas.

Figura 6. Datos macroeconómicos del sector franquicias en el mercado latinoamericano

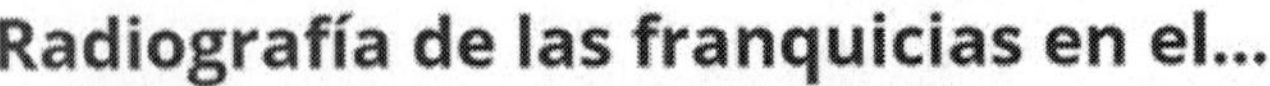

Fuente: elaboración propia con información de AAFM (2023)

En las Figura 7 y 8 se muestran los Top-Ten de franquicias argentinas con más puntos de ventas, tanto en el territorio argentino como en el exterior.

Figura 7. Franquicias argentinas con más puntos de ventas en el territorio argentino

Figura 8. Franquicias argentinas con más puntos de ventas en el exterior

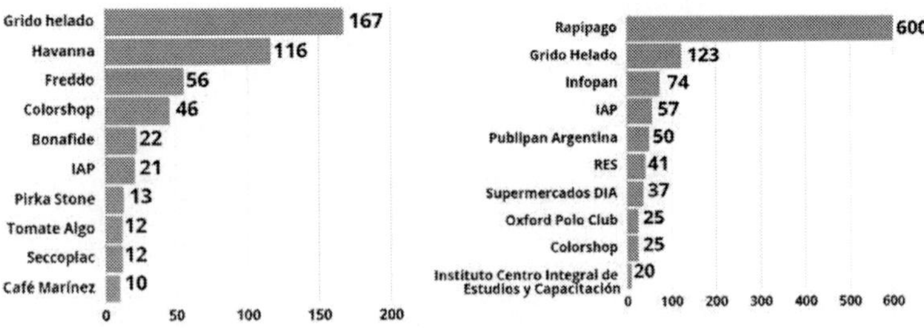

Fuente: elaboración propia con información de AAFM (2023)

4. IMPACTO DE LA PANDEMIA DE COVID-19 Y RECUPERACIÓN DEL SECTOR ARGENTINO DE FRANQUICIAS

La presidenta de la AAMF, Susana Perrota realizó un diagnóstico sobre el sistema de franquicias tras más de dos años de pandemia (González, 2022): Con respecto al nivel de actividad, en función de las franquicias consultadas, el 68% de las marcas responde haber superado el nivel que tenían pre-pandemia, un 20% declara estar el mismo nivel, mientras que el 13% restante dice no haber logrado aún recuperarse. El éxito del sistema de franquicias depende, en gran medida, de que las marcas sean capaces de replicar exitosamente su modelo de negocios, apalancados en las inversiones de sus franquiciados. En este sentido, el 40% de las marcas respondieron que durante 2022 el nivel de recupero de las inversiones estuvo algo o muy por encima de lo planificado, mientras que un 55% declaró que estuvieron en línea con los planes. Esto deja sólo un 5% para las que respondieron que los retornos de inversión de sus franquiciados estuvieron por debajo de las estimaciones iniciales. El 93% de las empresas aumentó su red hasta llegar a 1.753 puntos de venta (229 más que lo estimado para 2022 reflejado en la Figura 1), lo que equivale a un 13,3% de crecimiento contra 2021. El 95% de las marcas planea continuar abriendo nuevos puntos durante 2023 pero, los planes de aperturas aparecen más conservadores, ya que estiman un crecimiento promedio del 4,8%; es decir, menos de la mitad del de los últimos dos años, que superó el 13% reflejando el recupero esperable post-pandemia. En estos último dos años, el sector de las franquicias logró recuperarse notablemente", explicó en diálogo con Ámbito y adelantó que se estima que ya se han recuperado más de 25.000 puestos de trabajo. Todos los sectores mostraron crecimiento luego de la pandemia, especialmente los que más sufrieron el impacto del aislamiento obligatorio como los gastronómicos y toda la industria relacionada con el turismo y entretenimiento. También se recuperaron y crecieron los sectores relacionados con el cuidado personal, estética y belleza, dietéticas, gimnasios, y los institutos de capacitación que ofrecen modalidad virtual".

5. REFLEXIONES FINALES SOBRE EL FUTURO DEL SECTOR DE FRANQUICIAS EN ARGENTINA

A comienzo del siglo XXI presentó nuevos desafíos y oportunidades, incluyendo crisis económicas que pusieron a prueba la resiliencia y adaptabilidad del sector. Sin embargo, las franquicias en Argentina demostraron una notable capacidad para sobrevivir y, en muchos casos, prosperar, adaptándose a las condiciones cambiantes mediante la innovación y la diversificación de sus propuestas de valor.

A pesar de los desafíos económicos que ha enfrentado Argentina, el sector de franquicias continúa mostrando signos de vitalidad y crecimiento. La adaptabilidad, el espíritu emprendedor y la constante búsqueda de innovación han permitido que las franquicias argentinas no solo sobrevivan, sino que se posicionen como líderes en la región de Latinoamérica. Con un futuro prometedor, el sector se prepara para enfrentar los nuevos desafíos del siglo XXI, manteniéndose como un motor clave de crecimiento económico y generación de empleo en el país.

La realidad es que la pandemia de COVID-19 resultó ser menos desafiante para los franquiciados, ya que forman parte de una red que los respalda, los capacita y les brinda soporte en todos los sentidos, a diferencia de un negocio independiente. El modelo de negocio de franquicias demuestra, una vez más, su notable capacidad de recuperación y dinamismo, superando exitosamente desafíos como la pandemia de COVID-19 y la constante incertidumbre económica en Argentina. Es relevante destacar que, en un contexto de elevada inflación, las personas tienden a destinar sus ingresos disponibles al consumo en lugar de invertirlos en bienes duraderos. Esto contribuye a una recuperación más rápida y un crecimiento significativo para los empresarios.

REFERENCIAS BIBLIOGRÁFICAS

Alba, M. C., y Hernández, C. (2011). El mercado argentino de franquicias, un estudio comparativo 1999 vs 2007. Actualidad Contable Faces, 14(22), 57-71.

Asociación Argentina de Marcas y Franquicias (AAMF). (2023) Portal asociativo. https://www.franquicia.net/asociaciones/asociacion-argentina-de-marcas-y-franquicias/

Berdina, M. Y., y Berdin, A. E. (2023). Franchising in Argentina: economy saving after the crisis. Latinskaya Amerika, (1), 21-38.

Berenstein, M. (2010). Franquicias y Negocios 2010. https://emprendedoresnews.com/agenda/franquicias-y-negocios-2010-2.html

Canudas (2012). Argentina es número uno en América Latina. https://exportandofranquicias.wordpress.com/tag/america/

Canudas (2014). Franquicias argentinas en el mundo. Investigación anual del estudio Canudas. https://es.slideshare.net/estcanudas/franquicias-argentinas-en-el-mundo

Cárcamo, J. S., y Tenewicki, M. (2013). Crecimiento y distribución del ingreso en la Argentina K. In X Jornadas de Sociología. Facultad de Ciencias Sociales, Universidad de Buenos Aires.

Damián Di Pace (2023) Pymes: oportunidades de negocio en marcas y franquicias. Infobae. https://www.infobae.com/opinion/2023/06/20/pymes-oportunidades-de-negocio-en-marcas-y-franquicias/

Di Nucci, J. I., y Hiese, M. (2018). Las franquicias de comercialización como manifestación del circuito superior: el capital, una variable explicativa. CONICET

Ensinck M.G. (2018). Argentina se consolida como el primer exportador de franquicias a la región, El Cronista. https://www.cronista.com/negocios/Argentina-se-consolida-como-el-primer-exportador-de-franquicias-a-la-region-20180807-0063.html

Gallástegui, 2009. La Franquicia en Latinoamérica. Publicación del Banco Interamericano de Desarrollo. https://publications.iadb.org/es/la-franquicia-en-latinoamerica

González, D. (2022). Argentina es el mayor exportador de franquicias de la región. https://www.ambito.com/ambito-biz/franquicias/susana-perrota-argentina-es-el-mayor-exportador-la-region-n5546140

Laura Andahazi Kasnya (2023). Cuánto cuesta una franquicia digital de cervecería que no necesita empleados ni local. Iprofesional. https://www.iprofesional.com/negocios/394298-cuanto-cuesta-una-franquicia-digital-de-cerveza-y-como-funciona

Ludeña Almeyda, Y. (2012). El boom de las franquicias en el Perú: ¿es tiempo de una regulación jurídica o aún no? LUMEN, Revista de la Facultad de Derecho de la Universidad Femenina del Sagrado Corazón 3(12) 71-86.

Maresca, E. E. (2016). El contrato de franquicia comercial antes y después de la sanción del nuevo Código Civil y Comercial de la Nación: aspectos económicos y jurídicos.

Marshall, A. (2001). Política económica e institucionales laborales en la regulación del mercado de trabajo: análisis comparativo de Argentina, México y Perú. Revista Ciclos, (21), 149-179.

Salvia, S. P. (2015). Políticas económicas, mercado mundial y acumulación de capital en la Argentina post-convertibilidad. Revista de Economía Crítica, (19), 178-196.

CAPÍTULO 5.

La franquicia en los países iberoamericanos: el caso de Bolivia

EDGAR OLIVARES ALVARES
CET Bolivia (Bolivia)

1. ORIGEN DEL SISTEMA DE FRANQUICIAS EN BOLIVIA

La palabra franquicia, es sinónimo de privilegio. En la Edad Media, en Europa, existían las denominadas Ciudades con Cartas Francas, que garantizaban ciertos privilegios a las ciudades y/o ciudadanos y también surge en virtud de la concesión hecha por la Iglesia Católica, a ciertos señores de tierras para que actuaran en su nombre recolectando los impuestos para la misma. Este Contrato surge, como Franquicia comercial, en los Estados Unidos de Norteamérica, en el año 1850 aproximadamente, cuando la compañía Singer & Co. o Singer Swing Machine Company, crea una novedosa forma de distribución y venta, que continua hasta nuestros días, para sus máquinas de coser, producto base de dicha empresa. No debemos olvidar a la empresa General Motors que, a partir de 1898, adopta el franchising como estrategia de expansión para su red de distribuidores. Otros, manifiestan que históricamente, fue en la década del treinta que Howard Johnson establece la primera franquicia con una cadena de más o menos 25 franquiciados y luego a partir de la década del cincuenta aparecen las grandes franquicias (Farina, 1997).

La franquicia, tal y como la conocemos en nuestros días, tuvo sus inicios en el siglo XIX en Estados Unidos, en 1850, cuando la compañía Singer Sewing Machine Company radicada en Stamford, Connecticut, decidió otorgar una serie de franquicias a empresarios independientes interesados en comercializar sus máquinas de coser. A estos empresarios se les autorizó vender los productos Singer y usar la marca, en conexión con aquella actividad de comercialización. A su vez en 1898, General Motors también adoptó el sistema de franquicias como estrategia para expandir su red de distribuidores, tratando de expandir las ventas de los vehículos de su fabricación. Así mismo en 1899, Coca-Cola empezó a otorgar franquicias para el embotellamiento de su producto, sembrando así las bases del actual sistema de franquicias.

Sin embargo, el verdadero desarrollo de la franquicia comercial como método de expansión de los negocios comenzó a principios del siglo XX, cuando otros fabricantes norteamericanos de automóviles tratando de copiar a la pionera General Motors, establecieron o ampliaron sus redes de distribución a través de franquicias otorgadas a comerciantes esparcidos por todo el país. Sucesivamente se incorporaron al sistema empresas de todo tipo como los supermercados Piggly Wiggly, Hertz Rent-a-Car, A & W Root Beer, entre otros (Marzorati, 2001, pág. 45). En la década de los treinta, las compañías petroleras comenzaron a adoptar el sistema mediante la conversión de los puestos de gasolina que dependían en forma directa del productor, en franquicias otorgadas a operadores locales. En 1950 y 1960 aparecieron los gigantes como Holiday Inn, McDonald's, Burger King, Sheraton, y la red multinacional de Coca-Cola la que con su éxito creciente se expandió por diferentes países. Gran número de actividades distintas se sumaron luego de este periodo de expansión de negocios, difundiéndose todo tipo de venta directa al público e incluso en el sector de los servicios, hasta alcanzar en 1988 el medio millón de establecimientos, dando alrededor de siete millones de empleos.

En Bolivia, los primeros antecedentes de franquicias datan de comienzos del siglo XX cuando firmas como Coca Cola y

Kraft empezaron sus actividades. La actividad franquiciante de una de las empresas más importantes es "Industrias Venado", que el 15 de julio de 1949, suscribió un contrato de licencia de marca, asistencia técnica y "know how" con Stándar Brand.

Incorporated. NY, para la fabricación de los productos de levadura de panificación fresca y seca de la marca Fleischmann, polvos de hornear Fleischmann y Royal, postres (pudines y gelatinas), jarabe de malta "Fleischmann Diamalt", acondicionador de masa "Arcady".

En 1969, Industrias Venado S.A., suscribió un contrato de comercialización y fabricación con la empresa multinacional de productos alimenticios "Nestlé S.A Suiza". En virtud de dicho contrato, Industrias Venado S.A. fabricó y comercializó productos como sopas y cremas Maggi, Nescao (bebida chocolatada en polvo). Pero la terminación del contrato de 10 años, y en vista que la firma Nestlé S.A., fundó su propio distribuidor en Bolivia, ocasiono que en 1989 finalizara el contrato con Nestlé S.A.

En 1981, la empresa referida suscribió un contrato de licen cia de marca, asistencia técnica y know how, con CPC internacional (de propiedad de Knorr Nahrmittel A.G.), para la fabricación y comercialización de productos como sopas y cremas en sobres, caldos en cubitos ambos de marca "Knorr". En 1982, se produjo en EE.UU. la venta de Stándar Brands Incorporated a la firma Nabisco Inc., quedando Industrias Venado S.A. como licenciatario de marca para la fabricación de los productos ya mencionados, sin ningún cambio.

En 1991, Industrias Venado S.A., suscribió un contrato de comercialización con la firma Danesa Milco Internacional Amba, para la distribución y comercialización exclusiva de la leche en polvo y evaporada de marca Milex, contrato que concluyó durante el año 2000, por acuerdo de ambas partes.

Durante el año 2000, la empresa Nabisco Inc., fue vendida a la firma Kraft Foods Int., y Venado mantuvo el contrato de licencia de marca para la fabricación de los productos Royal y Fleischmann en las mismas condiciones originales.

Por conclusión del contrato y en vista que la firma KRAFT S.A., fundó su propio distribuidor en Bolivia, en octubre de 2004 se finalizó la relación con KRAFT S.A.

Se entiende que “Industrias Venado” tuvo muchos rompimientos de contrato debido a que no pudo renovar o prorrogar la relación contractual con las diferentes empresas mencionadas siendo los motivos recurrentes que las diferentes empresa con las que mantenía una relación contractual tenían intereses de comercializar directamente en el país, se cree que si hubiera existido un norma que proteja a “Industrias Venado” en el sentido que se debe renovar por lo menos un cierto tiempo o el rompimiento de la relación contractual se debe a motivos de incumplimiento, estos contratos tendrían todavía vigencia proporcionando los beneficios que antes percibía “Industrias Venado” como empresa que introdujo al mercado boliviano los productos franquiciados (Grupo Venado, 2012).2

Posteriormente con los productos posicionados en el mercado se siguieron comercializando, pero con los beneficios dirigidos al franquiciante, siendo una situación injusta.

Una de las franquicias más importantes del país es Coca-Cola, que ingresó en 1946 a Bolivia. Para la época, muy pocas personas conocían de su existencia, sin embargo, ahora más de 65 años después, Coca Cola se encuentra posicionada como una de las gaseosas de mayor consumo en el país. Con presencia en La Paz, Cochabamba, Tarija y Santa Cruz, EMBOL invirtió durante el 2007, cerca de 10 millones de dólares en sus diferentes plantas para mejorar la producción adquiriendo equipos de última tecnología, siendo la inversión en Santa Cruz, una de las más importantes ya que gran parte de lo invertido se usó en la adquisición de un terreno donde se trasladaría toda la producción.

El movimiento económico de EMBOL es muy importante, debido a que genera más de 1.200 empleos en el país. Esta empresa a nivel nacional, para el año 2012, cerro con una dotación de 2.300 personas y para el 2013 se tiene proyectado llegar a 2.400 personas. Esto representa una gran cantidad de empleos directos. Además, las empresas azucareras consideran a EMBOL uno de sus clientes más importantes, pues consumen cerca del 20% de la producción, lo que se traduce en cerca de seis millones de dólares para los ingenios azucareros. Además, los clientes de esta empresa ascienden a 70.000, considerando que sólo en la ciudad de Santa Cruz son cerca de 15.000.

EMBOL Embotelladoras Bolivianas Unidas S.A., administra un portafolio de 15 marcas, que incluye bebidas carbonatadas, aguas y bebidas energizantes. Entre ellas la marca COCA-COLA.

En el área impositiva, en el 2007 EMBOL pagó 17 millones de dólares en impuestos. Esta empresa ocupa el sexto lugar en la lista de instituciones que realizan mayores contribuciones al Estado (Embonar, 2012).

Un caso que no puede quedar sin referencia es el caso McDonald's que en 2002 y después de cinco años en el país, decidió cerrar sus sucursales en las ciudades de La Paz, Cochabamba y Santa Cruz. El motivo fue la falta de rentabilidad. Para Fernando Martínez en una entrevista para diario británico BBC Mundo, una de las claves de ese fracaso fue el precio, ya que, según explica, el menú más barato costaba entonces 25 pesos bolivianos (algo más de 3 dólares), mientras que, por ejemplo, en la ciudad de La Paz, en el mismo periodo se podía conseguir un almuerzo completo en un mercado popular por 7 bolivianos (menos de un dólar). "Es fácil atribuirlo a la economía, pero detrás de ella están las personas, la sociología y los aspectos culturales". Desde esta perspectiva, se coincide con el director del documental, porque además del precio, que no se adaptó al mercado boliviano, otro problema identificado fue la inflexibilidad que tuvo la franquicia hacia la cultura boliviana, realizando esfuerzos muy superficiales y cambios pretendidos fueron tardíos por lo que no se pudo evitar la inminente quiebra. Evidentemente, si se hubiese negociado inteligentemente el contrato de franquicia principal para todo el territorio nacional, con ciertos parámetros de calidad, pero con flexibilidad en ciertas áreas estratégicas el destino de esta franquicia en Bolivia podría haber sido diferente.

Este breve repaso de la evolución histórica de la franquicia en general y lo sucedido en el caso boliviano, es relevante para este estudio porque permite observar que las empresas franquiciadas que operan en Bolivia desde hace bastante tiempo y hasta la fecha no cuentan con una legislación que precautele sus intereses. Asimismo, resulta de gran importancia destacar los aportes económicos que representa para la sociedad boliviana a lo largo de los años.

2. PECULIARIDADES DE LA FRANQUICIA EN BOLIVIA

2.1. Cámara Boliviana de Franquicias

En Bolivia, más que una Asociación de Franquiciantes o una de Franquiciados, se cuenta con una Cámara Boliviana de Franquicias (CAFRAN), que se inauguró en 2014, con el fin de ser una institución de apoyo al sector en Bolivia. La franquicia es un concepto nuevo para el país, pero está teniendo un crecimiento muy acelerado por las condiciones económicas (del mercado) y eso requiere que los empresarios nacionales y extranjeros que desarrollan este modelo de negocio tengan una plataforma de soporte a la cual acudir para pedir información y asesoramiento (Castel, 2017).

La Cámara de Franquicia, representa al sector ante organizaciones dentro y fuera del país y se constituye en una plataforma de apoyo técnico y legal para sus afiliados, debido a que, si bien la franquicia es un concepto nuevo para el país, pero está teniendo un crecimiento muy acelerado.

De acuerdo a Cafran, alrededor de 300 empresas extranjera cuentan con contratos de franquicias en Bolivia. En Bolivia existen muchísimas marcas extranjeras en los sectores de la gastronomía, moda y manufactura. Ahora también hay marcas locales que crecen en el ámbito nacional y conforme a eso ven diferentes alternativas de operación, como Pollos Copacabana, Factory, Jardín de Asia, Toby o la Casa del Camba. El proceso termina con la exportación de marcas al exterior y Bolivia va por ese camino.

Actualmente, en Bolivia se cuenta con más franquicias internacionales, lo cual se considera natural por la experiencia que hay afuera y porque las marcas extranjeras invierten en países que tienen buenos indicadores (económicos), como Bolivia. Hoy la proporción es de 60-40. Las franquicias internacionales llegan en mayor proporción de países como Estados Unidos, Europa, Argentina.

2.2. Contratos de franquicia

A pesar de no contar con una Ley específica de franquicias, en Bolivia se firman contratos de franquicia que tienen las siguientes características:

a) Consensual, porque se perfecciona con el simple consentimiento (Maldonado C., 1994, págs. 51-52).

b) Bilateral o sinalagmático, porque las partes se obligan recíprocamente la una hacia la otra.

c) Oneroso, en razón de que las ventajas que procura una u otra de las partes no le son concedidas sino por una prestación (esfuerzo económico) que ella le ha hecho o que se obliga a hacerle, a su contraparte (Embonar, 2012, págs. 24-25).

d) Conmutativo, porque las ventajas que se proporcionan a las partes son ciertas y pasibles de apreciación de forma inmediata. Hay entre ellas una especie de compensación recíproca, que no depende de eventualidad alguna.

e) Tracto sucesivo, porque las prestaciones a cargo de las partes son de carácter continuado y deben cumplirse en periodos convenidos, sea el contrato por tiempo determinado o indeterminado.

f) Autonomía, el franquiciado desempeña sus funciones con autonomía puesto que no hay una relación de dependencia jurídica. Sin embargo, esta característica no significa negar la subordinación técnica que existe en razón de la asistencia y entrenamiento que presta el franquiciante al franquiciado, así como tampoco la facultad de control que ejerce el otorgante, en razón que es de interés del franquiciado ajustarse estrictamente a las pautas del franquiciante, con el objeto de emular el éxito del negocio probado. El franquiciado no es mandatario, ni agente, ni representante del franquiciante, sino que toma sus propias decisiones. Opera la franquicia conforme a normas impuestas por el franquiciante, porque le aseguran una posibilidad de éxito que de otra forma no tendría. En consecuencia, franquiciante y franquiciado son interdependientes.

g) Cooperación, la colaboración estricta entre las partes, como ya se mencionó, es un rasgo que permite distinguir a la franquicia de la distribución. El franquiciado necesita de la cooperación y asistencia continúas del franquiciante, la distribución es un eslabón más de la cadena de distribución de su proveedor. La franquicia en cambio implica una forma estricta de colaboración, asociación de modo que el franquiciado pueda duplicar el negocio exitoso del franquiciante. Por lo tanto, debe ubicarse entre los llamados "contratos de cooperación" o "de colaboración" que son aquellos en los que una parte desarrolla una actividad en concurrencia con una actividad ajena, si bien de manera independiente. La finalidad tanto del franquiciante como del franquiciado es la producción de bienes o la prestación de servicios, y para ello ambos celebran un contrato con un objetivo común, el éxito de la franquicia.

h) Intuitu Personae, debido a que para celebrar un contrato se tiene en cuenta la calidad de los contratantes y éste es un rasgo esencial de este tipo de contrato. Al franquiciante que quiere asegurar la explotación correcta de su negocio, le interesa que quien lo preste tenga cualidades personales particulares. Es cierto que ahora se busca más que el franquiciado tenga solvencia económica y que sea apto para el negocio que se le confía y enseña. La persona del franquiciante es importante para el contrato ya que el franquiciado debe contar con una empresa seria y responsable que le franquicie un negocio probado y por ende rentable.

i) Contrato de adhesión, debido a que muy a menudo la franquicia es un contrato concluido sobre la base de cláusulas predispuestas. Un franquiciante que goza de cierta reputación tiene la ventaja de poder elegir a sus franquiciados y de imponer cláusulas que le sean ventajosas. Es por eso que algunos autores consideran que el contrato de franquicia se caracteriza por la ausencia de negociación, ya que se impone a una de las partes todas las condiciones del acuerdo con la excepción del derecho de aceptarlo o rechazarlo. Este tipo de contrato se denomina genéricamente "de adhesión". El franquiciado generalmente se adherirá a la convención sin poder modificar el contrato tipo que le presenta el franquiciante excepto, en aquellas áreas en las que este lo admita, como por ejemplo, territorio, monto de la inversión, productos a utilizar, y recursos humanos a comprometer. La fuerza económica del franquiciante, al mismo tiempo que su preocupación por dar un trato idéntico, lo lleva a formular un convenio del cual la contraparte no puede apartarse. j) Innominado o atípico, porque según algunos autores, una característica del contrato de franquicia es el ser innominado o atípico, por el hecho de no encontrarse expresamente reglamentado por el legislador en ningún cuerpo normativo de los países en los que se estudia esta figura. Sin embargo, son contratos utilizados y que surten determinados efectos jurídicos, avalados por el principio de la autonomía de la voluntad de las partes que rige en la legislación civil boliviana.

Algunas particularidades de los contratos de franquicia en Bolivia son:

- Mediación. Estos procedimientos se caracterizan por tener base exclusivamente contractual y no estar sujetos a ninguna formalidad legal que no provenga de la voluntad de las partes. Por ende, la mediación no tiene por objeto decidir quién tiene la razón en un diferendo y declararlo con fuerza vinculante, como lx sucede en el arbitraje, sino que su finalidad es determinar o proponer un compromiso que las partes pueden o no aceptar. Características de la mediación.

  a) Es de origen contractual.

  b) No es vinculante para las partes.

  c) Procedimiento informal y generalmente oral.

  d) Duración depende de la voluntad de las partes.

  e) Dado que no es vinculante la fórmula propuesta por el mediador (siempre y cuando no se firme el acta de mediación que es de estricto cumplimiento y ejecutable ante un juez ordinario), tampoco lo son las concesiones parciales o admisiones reciprocas que las partes pueden otorgarse durante el procedimiento.

En Bolivia la mediación está contemplada como un procedimiento independiente o integrado a una iniciativa de conciliación, así lo establece el art. 94 de la Ley. N. 1770, de 10 de marzo de 1997, norma que regula al Arbitraje y Conciliación.21 La mediación es muy común en los contratos incluso antes de comenzar un arbitraje; las partes, pactan un procedimiento de mediación que consiste en designar un mediador y fijarle un tiempo para que su gestión pueda llegar a buen puerto. En palabras de Osvaldo Marzorati "este mediador tiene una función de catalizador entre dos elementos químicos que no congenian. Muchas veces por esa razón se produce una reacción química favorable y se llega a un consenso, producto, en general, de la habilidad del mediador". Por otra parte, la mediación puede ser usada por una de las partes simplemente para conocer con mayor profundidad los planteos de la otra y utilizar a un tercero para sopesar sus propios argumentos sin estar obligada a consensuar un resultado o una propuesta efectuada por el acto obligatorio para los firmantes.

- El contrato de franquicia en Bolivia. La franquicia debe ser entendida no sólo como una forma de expansión comercial que permite la entronización de empresas o compañías extranjeras que pretendan operar en Bolivia, sino también, como un instrumento de fortalecimiento, desarrollo económico, generador de empleos a mediano y largo plazo, que puede viabilizar la exportación vía franchising tanto de productos o servicios prestados por medianos y grandes empresarios nacionales, que aspiren a la colocación de los mismos en diversas plazas del extranjero. La regulación del contrato de franquicia al interior del Código de Comercio Boliviano es importante para consolidar un marco jurídico que asegure el derecho en general de los inversionistas, debido a que, de acuerdo con la administración de pequeños negocios en los Estados Unidos y muchos países en Europa, Centro y Sudamérica, la franquicia tiene varias ventajas sobre los minoristas independientes.

En Bolivia es importante incentivar los negocios basados en la actividad comercial en régimen de franquicia desarrollado por medio de los denominados acuerdos o contratos de franquicia, mediante los cuales mejora la distribución de los productos y la prestación de servicios, aumenta las fuentes de trabajo, así como las recaudaciones fiscales, entre otros. Este tipo de contrato da a los franquiciantes la posibilidad de crear una red de distribución uniforme mediante inversiones limitadas, lo que facilita la entrada de nuevos competidores en el mercado, particularmente en el caso de pequeñas y medianas empresas, aumentando así la competencia entre marcas. A la vez, permite que los comerciantes independientes puedan establecer negocios más rápidamente, en principio con más posibilidades de éxito que si tuvieran que hacerlo sin la experiencia y ayuda del franquiciante, abriéndoles así la posibilidad de competir en forma eficaz con otras empresas de distribución. Todas estas razones nos inducen a la premiosa necesidad de incorporar en nuestra legislación al contrato de franquicia. Se advierte que nuestro Código de Comercio no contempla un marco jurídico regulatorio sobre la franquicia comercial de manera general, y tampoco sobre el contrato de franquicia en particular. Ello constituye un verdadero problema porque no existen las suficientes garantías para las partes que intervienen (franquiciante y franquiciado) en este tipo de estrategia comercial de expansión, que ha venido operando en Bolivia desde el año 1998, respecto a empresas como: Mc Donald's (cadena de hamburguesas que se retiró del país), Burger King, Lomitón, Domino's Pizza, Rock and Fellers, Coca-Cola, Pepsi-Cola, Radisson Plaza Hotel, Hotel Ritz, Lolita casa de moda y otras, entre las nacionales Calzart Bolivia, Dulces Jessen (chocolatería) o Manjar de Oro (chocolatería), muchas de ellas de relativa antigüedad.

3. IMPORTANCIA DE LAS FRANQUICIAS EN BOLIVIA

El interesante negocio que representa la franquicia ha posibilitado la consolidación de negocios productivos, prevaleciendo en especial el de la comida rápida, implementando diversas cadenas de restaurantes en nuestro cvi país. Este tipo de negocios permitió a los nuevos empresarios del sector elevar sus estándares de servicio al cliente de todo el sector en general. La incursión, a finales del siglo XX, de dos de las principales empresas de comida rápida McDonald's y Burger King abrieron el camino en la gestión de los negocios y la imagen de las nuevas empresas (Vera M., 2014).

La llegada de las franquicias al mercado de Bolivia ha ofrecido un nuevo punto de vista a la hora de hacer negocios en el país, siendo los mencionados anteriormente los que permitieron a los nuevos empresarios del sector elevar sus estándares de servicio al cliente.

Las franquicias en Bolivia son una alternativa que crece en las inversiones del sector financiero en el país, debido a que cada negocio es diferente y las empresas que invierten en cadenas de restaurantes, confiterías o heladerías se abren paso en un mercado de servicios alimenticios que siempre muestra un interés en lo novedoso.

Peculiaridades tales como existencia o no de asociación de franquicias (franquiciadores o franquiciados), existencia o no de normativa legislativa, ferias de franquicias en Bolivia, etc.

REFERENCIAS BIBLIOGRÁFICAS

Castel, J. (19 de 03 de 2017). La Razón. Cafran: Cuatro de cada 10 franquicias que operan en Bolivia son nacionales, pág. 1.

Embonar. (24 de 08 de 2012). www.embonar.cl. Obtenido de Operación Bolivia: http://www.grupovenado.com, consultado en fecha: 14/03/2023

Farina, J. (1997). Contratos Comerciales Modernos: La Franquicia o Franchising. Buenos Aires: Eitorial Astrea.

Grupo Venado. (2012). grupovenado.com. Obtenido de Perfil de la empresa: Disponible en página web:

Maldonado C., S. (1994). Contrato de Franquicia. Santiago de Chile: Ed. Jurídica de Chile.

Marzorati, O. (2001). Franquicias. Buenos Aires: Ed. Astrea.

Vera M., L. (2014). Análisis y propuesta de regulación de contrato de franquicia en la Legislación Boliviana. La Paz: Pub. Umoversidad Mayor de San Andrés (UMSA). Carrera de Derecho. Tesis de Licenciatura .

CAPÍTULO 6.

La franquicia en los países iberoamericanos: el caso de Brasil

ARI MELO MARIANO
Universidade de Brasília (Brasil)
MAÍRA ROCHA SANTOS
Universidade de Brasília (Brasil)
JOSÉ RENATO TELES DE AQUINO
Universidade de Brasília (Brasil)
NATÁLIA LEÃO PIMENTEL
Universidade de Brasília (Brasil)
IGOR MENDES MENDONÇA PEREIRA
Universidade de Brasília (Brasil)

1. INTRODUCCIÓN

Según el SEBRAE (2020), en Brasil, la tasa total de emprendimiento es del 31,6% en 2020, ligeramente inferior al 36,4% en 2017. Del número actual de 44 millones de empresarios, alrededor de 14 millones son empresas incipientes, alrededor de 19 millones son empresas de menos de dos años de antigüedad y 12 millones se denominan empresas establecidas porque tienen más de 3 años.

Esto significa que, por cada 100 brasileños entre las edades de 18 y 64 años, 31 de ellos dirigen alguna actividad empresarial, ya sea en la creación o mejora de un nuevo negocio, o en el mantenimiento de un negocio ya establecido.

En este mismo período (2020), según la Asociación Brasileña de Franchising–ABF (2023), el número de unidades franquiciadas fue de 167.187, lo que representa el número absoluto estimado de empleos de 1.504.683.

De esta manera se puede percibir que hay un potencial de crecimiento muy grande si contamos solo con emprendedores. Sin embargo, el momento adecuado para realizar el cambio de un modelo de negocio tradicional a un modelo de expansión a través de franquicias, es una decisión que debe ser parte de la estrategia de la empresa, la decisión tomada en el momento adecuado y de la manera correcta, permitirá el mayor éxito de la futura empresa en medio de franquicias, para ello es de fundamental importancia conocer cuáles son los factores que influyen en el éxito futuro de la franquicia, para determinar el momento adecuado para la transición del modelo.

Según ABF (2023), la tasa de mortalidad de las unidades de franquicia fue de solo 2,9%, mientras que, en el mismo período, según el estudio Supervivencia de las empresas en Brasil, organizado por el SEBRAE (2023), fue de aproximadamente 21,6%. De esta manera, las franquicias aparecen como una buena manera para el empresario en Brasil, reduciendo los riesgos.

La Asociación Brasileña de *Franchising* – ABF clasifica las franquicias en 11 grupos, que son: alimentos; vivienda y construcción; comunicaciones, tecnología de la información y electrónica; entretenimiento y ocio; hostelería y turismo; limpieza y conservación; moda; salud, belleza y bienestar; servicios automotrices; servicios y otros negocios; servicios educativos. El sector alimentario tuvo la mayor participación en los ingresos entre los segmentos presentados en 2022.

2. LA FRANQUICIA EN BRASIL

La década del 50 en Brasil estuvo marcada por un gran desarrollo del país, a través de los presidentes Getúlio Vargas y

Juscelino Kubitschek. Este desarrollo fue posible gracias a un plan de avanzo del país, marcado por la construcción de la capital del país, Brasilia y la apertura del país a las empresas multinacionales, facilitando la inversión extranjera en el país.

Es en este escenario que aparecen las primeras franquicias del país, Yázigi (hoy Yázigi Internexus), en 1954, luego FISK, que era propiedad de un estadounidense (1960) enamorado de Brasil, ambas en la ciudad de São Paulo. En 1961 también se crearía el CCAA (Centro de Cultura Angloamericana) en la ciudad de Río de Janeiro. Se puede ver que el plan de desarrollo, aliado a la llegada de capital extranjero, fue fundamental para posicionar el segmento y el modelo de negocio en los orígenes de la franquicia en Brasil.

En los años 70, aunque todavía no existía una regulación del sistema de franquicias, el modelo de negocio comenzó a ganar más características nacionales con la llegada de la franquicia textil Ellus (1972) y las franquicias de perfumerías y cosméticas Água de cheiro (1976) y Boticário (1979). Esta segunda fase de franquicias estuvo marcada por la propuesta de modelos de negocios basados en características nacionales, que representaban la diversidad de Brasil y su gente, siendo un gran hito también para el emprendimiento nacional.

Brasil durante este período también recibió franquicias de otras partes del mundo como el "Método Kumon", nacido en 1954 en Japón, pero llegando a Brasil en 1977, en Londrina, Paraná, conocido por una fuerte colonización japonesa.

Sin embargo, Brasil tiene un marco importante en 1987, con el nacimiento de la Asociación Brasileña de Franchising (https://www.abf.com.br/). La organización ha sido la impulsora del proceso de profesionalización y organización de franquicias en el país desde entonces, colaborando con muchos emprendedores en la migración de su modelo de negocio al modelo de franquicia. Un poco antes, en 1980, el país ya contaba con la Asociación Brasileña de Franquiciados – ASBRAF (https://asbraf.com/), que promueve la competitividad de los asociados y el desarrollo sostenible del sistema nacional de franquicias. ASBRAF tuvo una participación en la implementación de franquicias y regulación en el país.

La creación de la ABF e ASBRAF fueron esenciales para el desarrollo de la franquicia en el país, pues la organización posibilitó un avance en la legislación, siendo posible la creación de la ley de franquicias, en 1994 (https://www.planalto.gov.br/ccivil_03/LEIS/L8955.htm), Ley Nº 8.955/1994. La ley era esencial para la seguridad del inversor en el modelo de negocio que junto con la organización del sector permitió la profesionalización y el avance de las técnicas de gestión. Actualmente la ley actual es la nueva Ley de Franquicias N.º 13.966/19 (https://www.planalto.gov.br/ccivil_03/_ato2019-2022/2019/lei/l13966.htm), que sustituye a la anterior, de 1994.

Este salto de calidad sirvió para que las franquicias brasileñas comenzaren a partir de 2015 un sólido plan de internacionalización. Así, en 2017 el país ya contaba con 142 redes brasileñas operando en el exterior, con un 32,3% en Estados Unidos, un 23,9% en Paraguay y un 23,9% en Portugal.

Sin embargo, la internacionalización no paró por ahí. Por medio de un acuerdo entre la Asociación Brasileña de Franchising y la Agencia Brasileña de Promoción de Exportaciones e Inversiones (Apex-Brasil) fue posible generar un proyecto denominado Franchising Brasil (https://www.franchisingbrasil.com/), con el fin de fomentar la internacionalización. Ofrecen formación, información, inteligencia competitiva, promoción empresarial, imagen internacional y defensas de intereses de asociados. Esta iniciativa fue esencial para la internacionalización de las marcas brasileñas.

ABF, por su parte, cuenta con más de 1500 asociados entre ella, franquiciadores, franquiciados y empleados, ofreciendo una estructura con cursos – ABF Educación (https://www.abfeducacao.com.br/), premios (https://www.abf.com.br/selode-excelencia-em-franchising-2023/), seguimiento del sector (https://www.abf.com.br/numeros-do-franchising/) y promoción de ferias (https://www.abfexpo.com.br/) e importantes asociaciones como la que tiene con la Agencia Brasileña de Promoción de Exportaciones e Inversiones (Apex-Brasil), que tiene como objetivo buscar la internacionalización de las franquicias brasileñas.

Sin embargo, antes de la existencia de ABF, el ecosistema de franquicias aún podía contar con el apoyo del Servicio Brasileño de Apoyo a las Micro y Pequeñas Empresas (SEBRAE), que nació en 1972. SEBRAE ha ayudado a pequeñas y microempresas brasileñas desde el plan de negocios, formación, expansión y migración a nuevos modelos, como la Franquicia. Así, en un escenario en el que muchas franquicias comenzaron como micro y pequeñas empresas, SEBRAE también fue un factor clave de éxito.

3. DATOS DE LA FRANQUICIA

Según ABF (2023), el mercado de franquicias creció 14.3% en comparación con 2021, después de un año en declive, donde hubo una disminución de -10.5% en 2020, en comparación con 2019. En 2022 los sectores que más crecieron fueron hostelería y turismo con un 24,5%, salud, belleza y bienestar, con un 21,5% y Alimentación (food service), con un 21,5%.

Aunque la economía ha pasado por un momento difícil debido a la pandemia, la recuperación del sector de franquicias en Brasil ha sido rápida, con un aumento del 5,4% en el número de marcas ya en 2022, haciendo que el país supere las 3000 marcas en el mercado y un aumento del 14,5% en el número de unidades, llegando a 184.354.

En 2022, el sector de franquicias representó 1.589.276 empleos en Brasil, un aumento del 17% con respecto al número de empleos antes de la pandemia. Las 50 mejores franquicias que destacaron en 2022 fueron (tabla 1):

Tabla 1. Franquicias que más destacaron en 2022

Posición en 2022	Marca	Sector	Operaciones 2022	Variación (2021-2022)
1°	Cacau Show	Alimentación	3763	33,10%
2°	O Boticário	Salud, Belleza y Bienestar	3687	1,00%
3°	Mcdonald´S	Alimentación	2595	0,40%
4°	Colchões Ortobom	Hogar y construcción	2373	14,20%
5°	Odontocompany	Salud, Belleza y Bienestar	1998	22,50%
6°	Subway	Alimentación	1861	-0,10%
7°	Am/Pm	Alimentación	1774	-3,60%
8°	Seguralta–Bolsa De Seguros	Servicios y nuevos negocios	1755	4,30%
9°	Lubrax +	Servicios automotrices	1711	2,60%
10°	Óticas Carol	Salud, Belleza y Bienestar	1460	0,00%
11°	Burger King Brasil	Alimentación	1255	1,00%
12°	Shell Select	Alimentación	1213	1,30%
13°	Br Mania	Alimentación	1184	0,00%
14°	Jet Oil	Servicios automotrices	1137	-1,00%
15°	Cvc Brasil	Hotelería y Turismo	1076	-7,60%
16°	Wizard By Pearson	Educación	1000	-9,30%
17°	Bob´S	Alimentación	997	2,00%
18°	Chilli Beans	Moda	966	0,00%
19°	Correios	Servicios y nuevos negocios	964	-1,50%
20°	Help! Loja De Crédito	Servicios y nuevos negocios	824	-5,90%

Fuente: ABF (2023)

Si consideramos el Ranking de las 50 franquicias más grandes en 2022, el sector de la alimentación representa el 36% de la cuota, seguido de los servicios de automoción (15%) y Salud, Belleza y Bienestar (13%). El 91% de las 50 principales franquicias utilizan la tienda como formato de negocio y el 9% utiliza otros formatos. El tiempo promedio de operación de las 50 principales franquicias es de 20 años.

Brasil es un país continental con 8. 510. 417.771 Km2, con una población estimada de 2017.750.291 habitantes divididos en 26 Estados y un Distrito Federal. A modo de comparación, todos los países pertenecientes a la Unión Europea suman 4.233.262 km2, menos de la mitad del territorio brasileño. De las 50 principales franquicias del país, el 88% de las franquicias se encuentran en el sudeste, que abarca los estados de São Paulo, Río de Janeiro, Minas Gerais y Espírito Santo. De las 50 mejores franquicias, 44 son nacionales, 5 americanas, 3 europeas (España, Francia e Inglaterra) y 1 japonesa.

Según ABF (2023), las proyecciones para el futuro son un aumento en los ingresos de 9.5% a 12%, un aumento del 4% en la red de franquicias, un aumento del 10% en las operaciones y un aumento del 10% en el número de empleos.

Actualmente el escenario brasileño está formado por 2.700 redes de franquicias, siendo responsable de más de 170.000 unidades franquiciadas, siendo responsable del 2,7% del PIB del país (es decir, todavía tiene mucho potencial de crecimiento en comparación con el 3,4% del PIB norteamericano). Así, el sector ganó R$ 211 mil millones de reales, con una tasa de crecimiento del 14,3% en comparación con 2021. A nivel internacional, Brasil tiene redes de franquicias distribuidas en más de 100 países en todo el mundo.

En cuanto a la existencia de estudios en Franquicias, Brasil tiene 107 estudios de los 8357 indexados en *Scopus* y 94, de los 6162 de la *Web of Science*. El primer estudio en *Scopus* fue en 2002, y la Universidad de São Paulo fue responsable por 32,7% de los estudios. En la *Web of Science* el primer estudio fue del año 2000 y la Universidad de São Paulo vuelve a aparecer al frente con el 22,3% de los registros. Ambos resultados eran esperados, dado que São Paulo es la metrópoli más grande (1.512.110 km2 y 12.396.372 habitantes) y el centro financiero del país.

Revisando en los artículos sobre factores que influyen en el éxito, fue posible identificar las variables que afectan el éxito de las redes de franquicias. Rondan et al. (2012) en su estudio presentan que las razones para franquiciar dependen de algunas dimensiones, que son: tasas de franquicia; crecimiento del franquiciador; experiencia del franquiciador; sector empresarial; dispersión geográfica; duración del contrato; tamaño de la red; eficiencia de la red; resultados de la red; participación de la asociación; estrategia de distribución plural; país de origen.

Tabla 2. Variables vs. Estudios, presenta las principales variables, así como los estudios donde presentaron relevancia.

Variables	Referencias	Definición
- Tarifas de franquicia - Cuota de franquicia - Tasa de regalías - Tarifa publicitaria	Rondan et al. (2012) Shane (1998) Shane (1996) Miguel (2000) Pimentel (2017)	Las tarifas de franquicia se pueden definir como la tarifa inicial para ingresar al sistema de franquicia, comúnmente conocida como la tarifa de franquicia, también está presente la tarifa de remuneración, definida como la tasa de regalías y poner fin a la tarifa de publicidad o tarifa de marketing.
Crecimiento del franquiciador	Rondan et al. (2012)	El crecimiento del franquiciador se define como el crecimiento de los ingresos de las redes propias en el año anterior a la expansión por franquicias
Experiencia de franquiciador		Se entiende como la experiencia del franquiciador su edad y también el tiempo que ya era empresario antes de la expansión por franquicias, así como el tiempo que estuvo a cargo del negocio que se convirtió en franquicia.
Sector Empresarial		El sector empresarial, para Rondan et al (2012), se puede segmentar en: Retail, servicio, alimentación y hostelería.

<table>
<tr><th>Variables</th><th>Referencias</th><th>Definición</th></tr>
<tr><td>Dispersión geográfica</td><td rowspan="3"></td><td>La dispersión geográfica según Rondan et al. (2012) se define por la población mínima requerida por unidad de la red.</td></tr>
<tr><td>Duración del contrato</td><td>La duración del contrato junto al franquiciado.</td></tr>
<tr><td>Facturación total</td><td rowspan="6">El tamaño de la red se puede definir como el número de unidades que tiene la red, así como la facturación anual de la red de franquicias y también el número de empleados por unidad.</td></tr>
<tr><td>Número de unidades</td><td>Alon (2001)
Rondan et al. (2012)</td></tr>
<tr><td>Aumento porcentual de las ventas</td><td>Rondan et al. (2012)</td></tr>
<tr><td>Número de unidades propias</td><td>Shane (1996)
Rondan et al. (2012)</td></tr>
<tr><td>Edad del franquiciador</td><td>Rondan et al. (2012)</td></tr>
<tr><td>Número de empleados por unidad</td><td>Rondan et al. (2012)
Michael (1996)
Pimentel (2017)</td></tr>
<tr><td>Rentabilidad</td><td>Rondan et al. (2012)
Peines y ketchen (1999)</td><td>Retorno sobre investimento</td></tr>
<tr><td>Canales de venta</td><td>Rondan et al. (2012)</td><td>Capilaridad de canales de ventas</td></tr>
</table>

Fuente: Adaptado de Roldán et al. (2012)

Se observa que el estudio presentado por Rondan et al. (2012) presenta una gran amplitud en cuanto a la definición de dimensiones y variables como factores de análisis para el modelo de negocio de franquicias.

Por medio de una encuesta, fue realizado un estudio donde sólo los franquiciadores de la red de la Asociación Brasileña de Franchising – ABF han participado. Usualmente existe dificultad en la recolección de datos con este grupo selecto, pero dada la importancia de este estudio, fue realizada una encuesta con participación de 53 flanqueadores (cerca de 2% del universo brasileño).

En un estudio por medio de árboles de decisión desveló que la cantidad de unidades actuales en la red posee, ratificando que una red cuanto mayor, más posibilidad de éxito y facturación. La cantidad de unidades propias antes de la expansión fue otro factor preponderante, explicado por el conocimiento adquirido antes de adoptar el modelo de negocio. Otros factores importantes fueran la tasa media de rentabilidad, costo fijo de la unidad y tasa de crecimiento de la facturación antes de cambiar al modelo de franquicias.

De este modo, de los factores levantados en la literatura científica, algunos fueron más prevalentes en la realidad brasileña.

4. CASOS DE ÉXITO

a. CASO *CACAU SHOW*

La franquicia *Cacau Show* es una empresa brasileña que fue fundada en 1988 por Alexandre Costa, cuando aún tenía 17 años. Todo comenzó cuando Alexander, como representante comercial, vendió esa Pascua dos mil huevos de chocolate de 50g que, para su sorpresa, habían sido retirados de la línea por la industria a cuál prestaba el servicio. Para no defraudar a los clientes, el empresario decidió contratar a una persona para hacer los huevos en formato artesanal y así poder cumplir con las solicitudes. El *Cacau Show* nació allí. Así, la empresa comenzó como una pequeña tienda en São Paulo que vendía chocolates caseros, y rápidamente creció hasta convertirse en una de las mayores empresas de chocolate de Brasil.

Dos años más tarde (1990) *Cacau Show* estaba cerrando su primer contrato con una cadena de tiendas minoristas en Brasil, ofreciendo la capilaridad necesaria para dar a conocer su producto en el país.

En 2001, la compañía lanzó su modelo de franquicia, que permitió a otros abrir tiendas *Cacau Show* en todo el país. Este modelo de negocio fue muy exitoso y, hoy, *Cacau Show* tiene más de 3000 tiendas en todo Brasil, así como unidades en otros países, como Estados Unidos y México.

La compañía es conocida por su variedad de productos de chocolate, que incluyen trufas, bombones, barras de chocolate y otras golosinas. *Cacau Show* también es conocida por su agresiva estrategia de marketing, que incluye campañas publicitarias televisivas, acciones de marketing de guerrilla y la creación de productos temáticos para ocasiones especiales como San Valentín y Navidad.

A medida que el negocio creció, *Cacau Show* realizó una integración hacia atrás y pudo adquirir fincas de cacao (https://www.cacaushow.com.br/fazenda/fazenda.html), mejorando la calidad de su producto junto al consumidor y disminuyendo riesgos en su cadena productiva.

La compañía también tiene un fuerte capital social y tiene +14 millones de seguidores en sus redes sociales y ha recibido varios premios a lo largo del tiempo. La inversión inicial para la franquicia oscila entre R$ 64,9 mil para un contenedor, hasta R$ 196 mil para una tienda águia 2,0.

Además, *Cacau Show* tiene un fuerte compromiso con la responsabilidad social y ambiental. La compañía mantiene un programa de reciclaje de envases, promueve acciones de sostenibilidad en sus tiendas e invierte en proyectos sociales, como la construcción de escuelas y la donación de alimentos a organizaciones benéficas.

Cacau Show ha sido una referencia en el mercado del chocolate en Brasil, ganando una posición de liderazgo en la industria. La empresa invierte constantemente en tecnología e innovación, buscando ofrecer productos diferenciados y de alta calidad a sus clientes. Para ello, *Cacau Show* cuenta con un equipo de expertos en chocolate y pasteleros, que trabajan constantemente en el desarrollo de nuevas recetas y productos.

La franquicia *Cacau Show* ofrece una oportunidad única para los emprendedores que desean invertir en un negocio sólido y rentable. La empresa ofrece todo el apoyo necesario para la apertura y gestión de la tienda, desde la elección del punto comercial hasta la formación de los empleados y el suministro de productos y materiales de marketing. Además, *Cacau Show* ofrece un sistema de franquicias flexible, que permite a los franquiciados elegir entre diferentes modelos de negocio, de acuerdo con el tamaño y perfil de la tienda y entregando una cartera variada de hasta 180 productos, incluyendo chocolates, cafés y libros.

Otro punto fuerte de *Cacau Show* es su relación con los clientes. La empresa mantiene una política de servicio al cliente eficiente y transparente, buscando siempre la satisfacción del consumidor. *Cacau Show* también invierte en programas de lealtad y recompensas, ofreciendo descuentos y regalos a clientes frecuentes.

La franquicia *Cacau Show* también tiene un impacto positivo en la economía local, generando empleos y estimulando el comercio en varias regiones del país. La compañía tiene una política de contratación inclusiva, ofreciendo oportunidades de trabajo a personas de diferentes orígenes y perfiles. En el mercado internacional, *Cacau Show* ha ampliado su presencia en países de América Latina, Europa y África, buscando conquistar nuevos mercados y consolidarse como líder en el sector del chocolate. La compañía ha invertido en asociaciones estratégicas y campañas de marketing para aumentar su visibilidad y atraer nuevos clientes en diferentes regiones del mundo.

Actualmente el *Cacau Show* es considerada la mayor red de chocolates finos del mundo, habiendo superado en 2008 a la empresa estadounidense Rocky Mountain. Hoy en día, *Cacau Show* cuenta con aproximadamente 1.400 tiendas, vendiendo alrededor de 12.000 toneladas de chocolate al año y con una facturación de 2,2 miles de millones de reales.

b. CASO *O BOTICÁRIO*

La franquicia *O Boticário* es una de las mayores cadenas de cosméticos de Brasil. La empresa fue fundada en 1977 por Miguel Krigsner, en Curitiba con una inversión de U$ 3000,00 dólares, iniciando así la historia de "*O Boticário*", un homenaje a los primeros farmacéuticos (la profesión del fundador). Aunque la idea inicial era crear una farmacia de compuestos, Miguel terminó teniendo predilección por la producción de cosméticos.

Sin embargo, no fue hasta 1981 que *O Boticário* comenzó a adoptar el modelo de franquicia como estrategia de expansión. Esto requirió que la empresa se reestructurara y creara una fábrica con mil metros cuadrados y 27 empleados.

En 1985 *O Boticário* ya contaba con 1000 tiendas y contaba con una línea específica para niños. En 1987 inauguraba su primera tienda internacional (en Portugal). Actualmente también tiene tiendas en Estados Unidos, El Salvador, México, Emiratos Árabes Unidos, Arabia Saudita, Paraguay, Mozambique, Sudáfrica, Egipto, Grecia, Cabo Verde, Surinam, Bolivia, Perú, Uruguay, Angola, Japón y Australia.

O Boticário también tiene un fuerte compromiso con la sostenibilidad y la responsabilidad social. La compañía invierte en iniciativas de conservación ambiental, lanzó su fundación en 1990, que se dedica a la protección de la naturaleza, invirtiendo hasta el 1% de los ingresos netos en inversión social. El grupo también mantiene proyectos sociales en asociación con organizaciones benéficas, con el objetivo de contribuir a la mejora de las condiciones de vida de las personas en comunidades vulnerables.

La organización comenzó el comercio electrónico en 2002, convirtiéndose en una de las más grandes del país. En 2019 compra el sitio *Beleza Web* y se convierte en marketing place de las principales marcas de cosméticos en Brasil y el mundo (aproximadamente 360), ofreciendo 17 mil artículos de cabello, perfumería, piel, cuerpo y maquillaje.

O Boticário ofrece una amplia variedad de productos de belleza y cuidado personal, incluyendo perfumes, maquillaje, productos para el cabello y la piel, entre otros. La compañía ha invertido en una extensión de línea de productos de nuevas marcas en una cartera de 2700 productos propiedad de sus marcas: Eudora, Quem disse, Berenice?, The Beauty Box, Multi B, O.U.I. y Vult.

El modelo de franquicia de *O Boticário* es uno de los más exitosos de Brasil, con una política de expansión constante y un sistema de apoyo eficiente para los franquiciados. La empresa ofrece todo el apoyo necesario para la apertura y gestión de la tienda, incluyendo formación de empleados, suministro de productos y materiales de marketing, entre otros. La inversión en la franquicia comienza desde R$ 110.00,00 reales.

O Boticário también tiene una fuerte presencia en las redes sociales, con una estrategia de marketing digital eficiente e innovadora. La compañía invierte en campañas publicitarias en las principales plataformas digitales como Facebook (15,1 millones), Instagram (10,2 millones de seguidores) y YouTube (2,19 millones), buscando aumentar la visibilidad de la marca y ganar nuevos clientes.

Otro punto fuerte de *O Boticário* es su relación con los clientes. La empresa mantiene una política de atención al cliente eficiente y transparente, buscando siempre la satisfacción del consumidor, siendo pionera en un canal de relación con el cliente (1989), incluso antes de la ley de protección al consumidor (1990). *O Boticário* también invierte en programas de lealtad y recompensas, ofreciendo descuentos y regalos a clientes frecuentes.

Uno de los grandes secretos de *O Boticário* fue la integración vertical hacia atrás, favoreciendo la producción y distribución, asegurando la capilaridad del negocio en el país.

La franquicia de *O Boticário* tiene un impacto positivo en la economía local, generando cerca de 22.000 empleos directos e indirectos, estimulando el comercio en diversas regiones del país. La compañía tiene una política de contratación inclusiva, ofreciendo oportunidades de trabajo a personas de diferentes orígenes y perfiles. La compañía también tiene oportunidades para aprendices y pasantías.

Hoy, el grupo *O Boticário* cuenta con más de 4.000 tiendas en todo el país y tiene una facturación de 23,6 miles de millones de reales, con un crecimiento de 31% en respecto a 2021. Es considerada la mayor red de franquicias de Brasil y la mayor del mundo en perfumería y cosméticos.

REFERENCIAS BIGLIOGRÁFICAS

Alon, I. (2001). The use of franchising by US-based retailers. Journal of Small Business Management, 39(2), 111-122.

Associação Brasileira de Franchising (ABF) (2023). Pesquisa de desempenho franchising. Disponível em: <https://www.abf.com.br/wp-content/uploads/2023/02/Apresentacao_Coletiva_1302_Diagrama.pdf>. Acesso em: 1 maio 2022.

BRASIL. Secretaria-Geral. (2019). LEI Nº 13.966. Disponível em: <https://www.planalto.gov.br/ccivil_03/_ato2019-2022/2019/lei/l13966.htm>. Acesso em: 1 jun. 2023.

Combs, J. G., y Castrogiovanni, G. J. (1993, August). Franchising Strategy: A Proposed Model and Empirical Test of Franchise Versus Company Ownership. In Academy of Management Proceedings (Vol. 1993, No. 1, pp. 7-11). Briarcliff Manor, NY 10510: Academy of Management.

CACAU SHOW (2023). Disponível em: <https://www.cacaushow.com.br/para-sua-empresa/institucional.html>. Acesso em: 1 maio 2023.

O BOTICÁRIO. Grupo Boticário. 2023. Disponível em: <https://www.grupoboticario.com.br/>. Acesso em: 1 maio 2023.

Michael, S. C. (2000). Investments to create bargaining power: The case of franchising. Strategic Management Journal, 21(4), 497-514.

Pimentel, Natália Leão (2017). Fatores-chave de sucesso no desempenho das firmas franqueadoras: um estudo por meio da matriz de importância-desempenho. 76 f., il. Trabalho de Conclusão de Curso (Bacharelado em Engenharia de Produção)–Universidade de Brasília, Brasília, 2017.

Rondan-Cataluña, F. J., Navarro-Garcia, A., Diez-De Castro, E. C., y Rodriguez-Rad, C. J. (2012). Reasons for the expansion in franchising: is it all said?. The service industries journal, 32(6), 861-882.

Shane, S. A. (1996). Hybrid organizational arrangements and their implications for firm growth and survival: A study of new franchisors. Academy of management journal, 39(1), 216-234.

Shane, S. (1998). Explaining the distribution of franchised and company-owned outlets in franchise systems. Journal of Management, 24(6), 717-739.

SEBRAE (2022). Uma análise sobre a taxa de empreendedorismo no Brasil. Disponível em: <https://www.sebrae.com.br/sites/PortalSebrae/artigos/uma-analise-sobre-a-taxa-de-empreendedorismo-no-brasil,6a2c3e831153e510VgnVCM1000004c00210aRCRD#:~:text=Entre%202019%20e%202020%2C%20o,%2C7%25%2C%20em%202020.>. Acesso em: 1 maio 2023.

SEBRAE (2023). A taxa de sobrevivência das empresas no Brasil. Disponível em: <https://sebrae.com.br/sites/PortalSebrae/artigos/a-taxa-de-sobrevivencia-das-empresas-no-brasil,d5147a3a415f5810VgnVCM1000001b00320aRCRD>. Acesso em: 1 maio 2023.

CAPÍTULO 7.

La franquicia en los países ibero-americanos: el caso de Chile

NICOLE PINAUD VERDE-RAMO
Universidad de Chile (Chile)

1. ORIGEN DE LAS FRANQUICIAS EN CHILE

En Latinoamérica la penetración de las franquicias comenzó principalmente en los 80 en distintas regiones del continente. Brasil, México, Venezuela y Argentina, fueron los países de mayor desarrollo en los 90. En esta misma época, fines de los 80 principios de los 90, ya asentadas en Brasil y Argentina, se instalaron en Chile las primeras marcas franquiciadas internacionales como Mc Donald's, Pizza Hut y Kentucky Fried Chicken, representando los primeros desarrollos de franquicia en el país. Localmente, se consolidaban con este modelo Fuenzalida propiedades (corredora de propiedades) y Cruz Verde (farmacias), y se desarrollaban marcas como Village (papelería y regalos) y Lomito'n (restaurant), expandiéndose incluso hacia otros países de la región. De esta manera, funcionaban bajo este modelo cerca de 100 empresas principalmente del sector gastronómico (restauración) y servicios, con un origen mayoritariamente estadounidense.

Las crisis económicas de los 90 repercutieron en los resultados de numerosas empresas, afectándose también las franquicias, obligando el cierre de locales y su retiro de la región, en una época donde los desarrollos y acuerdos de apertura de locales eran más bien informales, con un criterio más de amistad que profesional y comercial, lo que habría incidido en la debilidad ante la crisis.

Hacia fines de los 90 varias empresas ya habían desaparecido o seguían operando con un formato que había cambiado las condiciones iniciales, franquiciantes retomaron los locales de forma temporal, o permanente en algunos casos, operándolos de forma directa, otros redujeron sus formatos de venta, de tiendas a corners, y otros desaparecieron del mercado, en un dinamismo que se vio durante toda esta década y entrando al 2000.

El nuevo milenio trajo un fuerte impulso al desarrollo de nuevos negocios a través del modelo de franquicias. Hasta el año 2016, en un periodo de 12 años, las empresas franquiciadas en Chile habían crecido sostenidamente en términos de las marcas que operan en el mercado en un 124% y la cantidad de locales con que operaban estas marcas en un 154%. Este crecimiento era acompañado por un incremento del 343% en los ingresos por venta impactando positivamente los niveles de empleo nacionales, con un 114% de crecimiento, y llegando a representar un 9,4% del PIB del comercio (Pinaud, 2016).

En los últimos años se ha apreciado un crecimiento tanto en la cantidad de marcas franquiciadas que han entrado al mercado nacional, así como en la cantidad de locales aperturados, persistiendo el gran dinamismo de empresas que entran y salen del mercado.

2. LA ESTRUCTURA DE LAS FRANQUICIAS EN CHILE

En Chile no existe una ley que resguarde los contratos de franquicia de forma específica y solo se consideran como contratos privados que se rigen por los códigos civil y comercial. Esto significa que no hay exigencias mínimas o resguardos más allá de lo que se defina en cada contrato particular. En efecto, al no establecerse de forma clara qué se entiende por franquicia, los contratos y sus condiciones son muy variadas, existen contratos extremadamente extensos, complejos, exigentes y rígidos como respuesta a franquiciantes que buscan protegerse, pero que traspasan el riesgo e incertidumbre al franquiciado, dejándolo vulnerable ante las vicisitudes del negocio. Esto contribuye a que el concepto de franquicia se desvirtúe en algunos casos, por ejemplo, donde se han vendido como franquicias marcas nuevas sin respaldo ni experiencia de gestión, donde los franquiciados han enfrentado situaciones negativas con sus "franquiciantes" quienes no han respondido adecuadamente, llegando a la judicialización en varios casos, con procesos que resultan, lentos, costosos y difíciles (Pinaud, 2016).

En términos laborales, el franquiciado no será considerado empleador del franquiciante por la relación comercial que se establece. Los franquiciado que contrate trabajadores debe regirse por la normativa legal correspondiente, sin embargo, existe jurisprudencia ha determinado que si un franquiciado que es empleador incumple la legislación laboral chilena, el trabajador afectado podría perseguir el cumplimiento de las obligaciones legales pertinentes contra el franquiciante, al que se considera responsable subsidiario (Porzio, 2018).

Más allá de los aspectos contractuales, la falta de legislación en el tema de franquicias en Chile genera impactos tributarios. Los inversionistas que exporten sumas de dinero desde Chile, a excepción del caso en que el país de origen cuente con tratado que evite la doble tributación, estarán sujetos a pagar un impuesto de retención sobre las rentas generadas de las actividades realizadas en el país (Porzio, 2018), además de los que deba declarar en el propio, lo que podría afectar la atractividad y márgenes del negocio para el franquiciante.

La falta de regulación ha sido una situación de permanente preocupación para los actores más formales de la franquicia en Chile, quienes, acogidos en la Cámara de Comercio de Santiago, han realizado numerosos esfuerzos por regular las franquicias, establecer un registro y definir condiciones mínimas para su definición y gestión. A través de esta asociación gremial, y también, en algún momento a través de la Cámara Nacional de Comercio, se han articulado grupos conformados por franquiciantes, franquiciados, empresas consultoras y consultores y especialistas, con el objetivo de delinear buenas prácticas para la industria y fomentar su crecimiento principalmente a través de ferias comerciales.

En la actualidad, a partir del año 2014, se ha sistematizado este esfuerzo conjunto a través de la creación del Comité de Franquicias, definido como un comité de trabajo que opera dentro de la Cámara de Comercio de Santiago (CCS) y cuya función es "promover la industria de las franquicias en un marco de autorregulación, que contribuya a sentar las bases de un crecimiento sostenible para este modelo de negocios, apoyar a las franquicias chilenas que busquen oportunidades de expansión no sólo a nivel nacional, sino regional" (CCS, 2020).

El Comité de Franquicias ha definido como su misión: "Contribuir al crecimiento y difusión de la industria basados en la confianza de los inversionistas y en las buenas prácticas empresariales" y como visión: "Ser el referente local e internacional de la implementación del modelo de franquicias en Chile, aportando valor y posibilidades de crecimiento a los distintos grupos de interés" (CCS, 2020). En consistencia, este comité ha estado a cargo de organizar cada año la Feria Internacional de Franquicias, gestionando la participación de franquiciantes nacionales e internacionales, la organización de charlas y apoyo tanto a franquiciantes que desean expandirse con este modelo de negocios en Chile, como a franquiciados, franquiciados potenciales y público general que desea instruirse en este formato. Los miembros del comité realizan reuniones regulares para compartir experiencias, articular necesidades de apoyo, compartir dificultades que enfrentan y conocer y propiciar mejores prácticas.

Dentro de las iniciativas del Comité, se definió la realización de un informe de diagnóstico para las empresas que postulaban a ser miembros del Comité, con el objetivo de ver si estas calificaban dentro del modelo de franquicia y determinar si operaban de acuerdo a criterios esperables de buenas prácticas y comportamiento empresarial esperado para los miembros de la CCS. Este informe se desarrolló en conjunto con la Universidad de Chile, quien estaba a cargo de la aplicación del instrumento y de entregar sus resultados al franquiciante y a la directiva de la CCS. El informe contiene información general de la empresa y su historial, de la franquicia, donde se indaga acerca del producto o servicio, tipo de franquicia, locales propios y franquiciados, condiciones de la franquicia (plazos, fee, royalties, etc.), proceso de franquicia y crecimiento, acerca del equipo del franquiciante, su organización, estructura y condiciones, el manejo con los principales proveedores y los clientes, su nivel de satisfacción y resolución de controversias. Finalmente se agrega un apartado donde se evalúa las iniciativas de sostenibilidad del negocio, la experiencia de los franquiciados y las fortalezas y riesgos observados del negocio.

Para fines de este informe, se estableció que se definiría como franquicia, que el franquiciante cuente con marca registrada, la existencia de locales propios y franquiciados, un producto o servicio claramente definido como lo franquiciable, un contrato de franquicia, manuales operativos y un sistema de apoyo y monitoreo permanente de sus operaciones. Esta definición permite comprender si la empresa opera con formato de franquicias u otro alternativo (distribución, representante, etcétera) para poder incorporar la marca a la base de empresas bajo análisis o descartarla.

Estos criterios fueron los que se han utilizado, en su mayoría, para levantar la información de los estudios que se han realizado acerca de las empresas que funcionan bajo este formato en Chile, entendiendo que no existe un registro particular legal que permita identificarlas y diferenciarlas del resto de las empresas que operan en el país.

3. EVOLUCIÓN Y CIFRAS DE LAS FRANQUICIAS EN CHILE

El último estudio completo publicado data del año 2016 (Pinaud, 2016) y se han realizado actualizaciones anuales parciales de estimación entre los años 2017 y 2021, retomando el levantamiento de datos generales el año 2022 y 2023.

De acuerdo a la información indagada durante la pandemia, este fenómeno pareció haber tenido un efecto importante sobre el desarrollo que venía teniendo el mercado de la franquicia en el país. Si bien el modelo de franquicias ha mostrado ser resistente a crisis económicas, la pandemia mostró tener un impacto más severo a nivel económico general, tanto en la caída de las ventas como en su recuperación. La crisis del Covid-19 causó un fuerte impacto en toda la economía nacional; en las ventas, empleo, inversión, y conexiones con proveedores, y aunque todos los sectores sufrieron efectos adversos, los sectores intensivos en contacto físico como servicios, restaurantes y hoteles experimentaron una contracción profunda y persistente, y mientras comercio y manufactura se recuperaban o superaban los niveles prepandemia hacia finales de 2020, servicios, restaurantes y hoteles seguían rezagados (Banco Central Chile, 2023).

Para el caso de las franquicias en particular, hubo un efecto adicional por la prohibición de funcionamiento de los centros comerciales y restricción de lugares de masivo acceso público, que es donde gran parte de los locales de franquicia se ubican en busca de la masividad. Esta situación causó estragos profundos, que obligaron a franquiciantes y franquiciados a buscar otras formas de operación (delivery), ofrecer nuevos productos o servicios (lavado de autos ofrecía sanitización) y en algunos otros casos, a cerrar definitivamente sus operaciones.

Por otro lado, se observaron en el país caídas en los niveles de empleo cercanos al 15%, que llegaron hasta el 50% en el sector de restaurantes y hoteles, lo que da cuenta del impacto que tuvo la situación epidemiológica sobre uno de los principales sectores de la franquicia (Banco Central Chile, 2023). Así también, este nuevo escenario generó necesidades de autoempleo que pudieron movilizarse positivamente hacia franquicias de bajo costo o microfranquicias.

En el último estudio se lograron identificar 231 marcas que operan en Chile con formato de franquicia al año 2023 (gráfico 1). Esta cifra presenta un crecimiento del 78% respecto de los últimos 10 años y del 11% neto (nuevas vs. antiguas que cierran) respecto de la última medición. Estas marcas operarían a través de 6.576 locales, lo que correspondería a un aumento del 79% en los últimos 10 años y del 26% respecto de la última medición, evidenciando una profundización del mercado (gráfico 2).

Gráfico 1. Evolución de las marcas franquiciadas en Chile

Fuente: Elaboración propia en base a estudios previos (Pinaud, 2016)

Gráfico 2. Evolución de los locales franquiciados en Chile

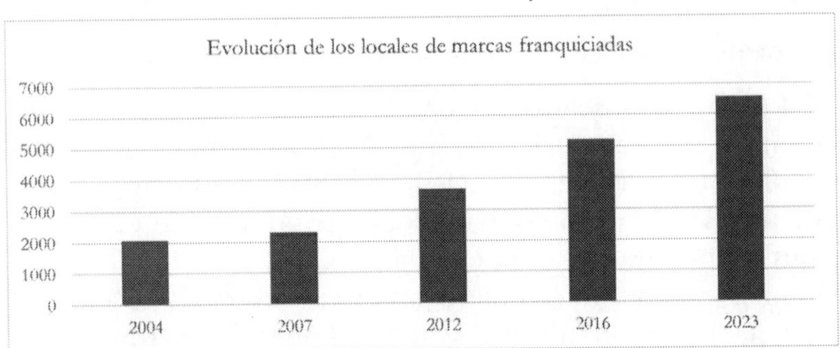

Fuente: Elaboración propia en base a estudios previos (Pinaud, 2016)

Desde las primeras mediciones, se dividieron las franquicias en cinco grandes sectores claramente identificables: gastronomía, comercio, servicios, educación e indumentaria, categorización que se ha mantenido hasta la fecha para hacer los análisis comparativos. Así, se observa que la evolución de las franquicias por sector ha experimentado una evolución creciente principalmente en los sectores de gastronomía y comercio, mostrándose un decrecimiento en el área de indumentaria (gráfico 3). Cuando se observa la evolución por sector en cuanto a número de locales, comercio y gastronomía siguen siendo los que contribuyen con un mayor número de locales (gráfico 4).

Gráfico 3. Evolución de marcas por sector

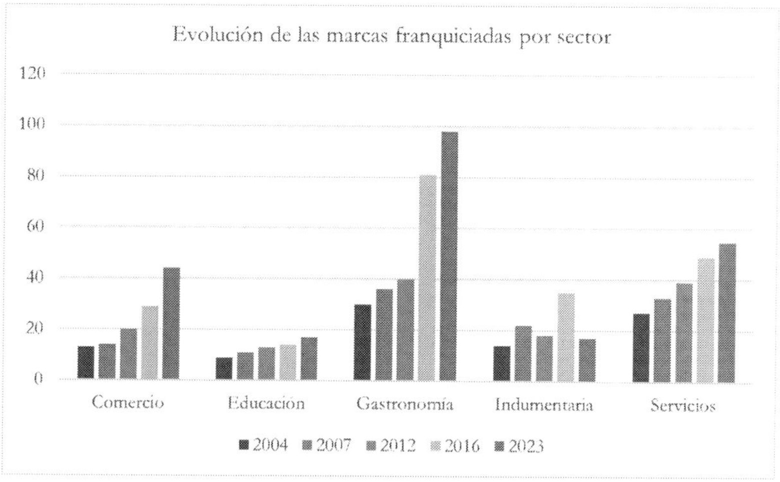

Evolución de las marcas franquiciadas por sector

Fuente: Elaboración propia en base a estudios previos (Pinaud, 2016)

Gráfico 4. Evolución de locales por sector

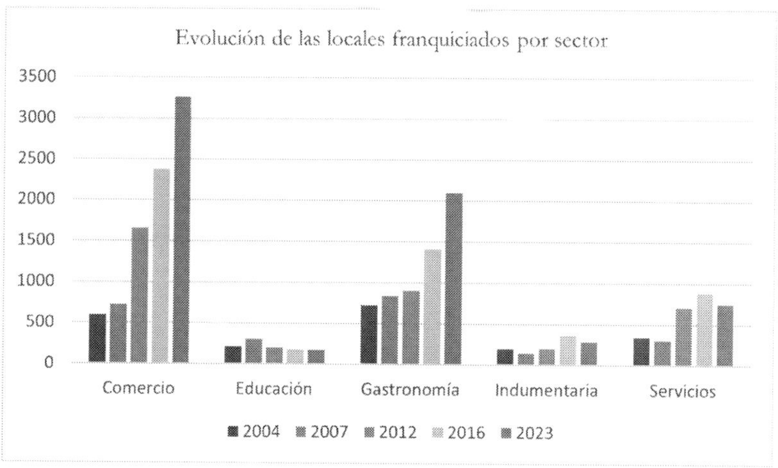

Fuente: Elaboración propia en base a estudios previos (Pinaud, 2016)

Estos dos sectores, representan el 82% de los locales franquiciados en el país; comercio aporta con el 50% del total de locales franquiciados, mientras gastronomía aporta con un 32%. El sector comercio tiene un promedio de 74 locales por marca, seguido de lejos pro el sector gastronómico que promedia 21 locales por marca, indumentaria con 17, servicios con 14 y educación con 10. Aún si se ajusta la cantidad de locales de comercio, sacando los outliers correspondientes a estaciones de servicio y farmacias, el promedio (24) sigue siendo más alto que en los otros sectores. En comparación a un mercado desarrollado como es EE.UU., la distribución de franquicias por sector mantiene en Chile una participación similar del sector gastronómico, una baja participación del sector servicios y alta participación del sector comercio (gráfico 5) (IFA, 2023).

Gráfico 5. Distribución de locales franquiciados por macro-sector

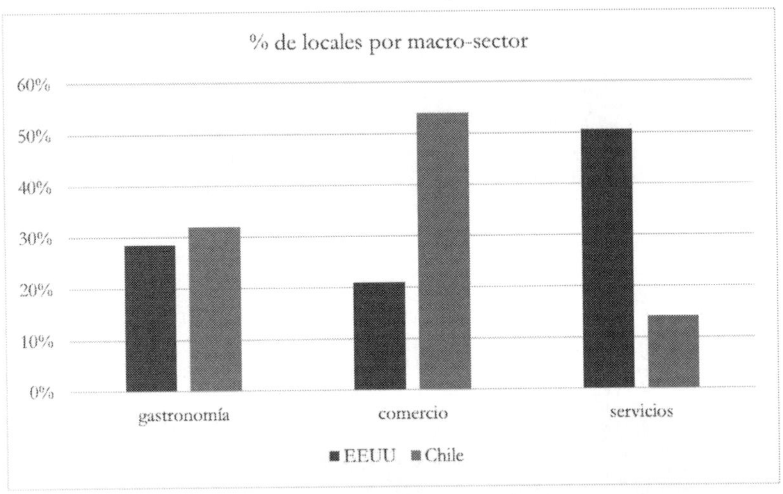

Fuente: Elaboración propia en base a Franchising Economic Outlook 2023 (IFA, 2023)

Cuatro rubros específicos: comida rápida, restaurantes, café y/o heladerías y centros de estética, representan el 45% de las marcas que se franquician, apreciándose una diversificación de rubros respecto de mediciones anteriores.

En cuanto a los países de origen, el 81% de las marcas proviene de cinco países: Chile, Estados, Unidos, España, Argentina y México. Chile ha mostrado un crecimiento importante en cuanto al desarrollo local de franquicias, con un 125% en los últimos 10 años y un 65% de aumento respecto de la última medición del año 2016, mostrando una presencia nacional del 47% del total de franquicias, superando al 31% de la medición anterior. Todos los otros países han disminuido su participación, en el caso de Estados Unidos del 26% al 18%, España del 15% al 10%, Argentina del 5% al 4% y aparece México como un nuevo país de origen de franquicias, desplazando a Perú.

Se estima que las franquicias aportan actualmente con cerca de 65.000 empleos, cifra un 80% superior a las estimaciones de hace 10 años, siendo gastronomía el sector más intensivo en mano de obra.

A pesar del escenario incierto y complejo las franquicias han crecido, ingresando nuevas marcas, las existentes han crecido en locales propios y aumentado los locales franquiciados, con mayor alza en el sector comercio. Si bien durante la pandemia se evidenció una reducción importante del nivel de empleo, gran parte de este pudo acogerse a la ley de protección del empleo (20%). La pandemia causó un efecto dispar en ventas, algunos rubros disminuyeron inicialmente más del 50% sus ingresos (58%), principalmente del sector de gastronomía y servicios, fueron, sin embargo, en particular gastronomía, los sectores que mejor recuperación han mostrado post pandemia. Se estima un aumento del 15% promedio en los ingresos postpandemia en comparación a los valores prepandemia, con fuerte diferencia en diversos rubros, mostrándose los mayores incrementos en el sector de comercio (50%).

La entrada de nuevos formatos de franquicia más pequeños y de bajo costo ha reducido los periodos de recuperación de la inversión de 25 a 22 meses.

4. TENDENCIAS Y DESAFÍOS DEL MERCADO DE LAS FRANQUICIAS EN CHILE

Dentro de las tendencias que se venían observando en los últimos años y que se han aceleraron debido a la pandemia de COVID-19, se observa la incorporación del entorno digital, la adaptación a cambios demográficos y preferencias de los consumidores que han impactado en el desarrollo de nuevos formatos y rubros.

La situación de pandemia aceleró la transformación digital que venía fraguándose en los últimos años, impulsando la integración entre tiendas físicas y plataformas online, el uso estratégico de redes sociales y la adopción de tecnologías avanzadas cada vez más relevantes para captar y fomentar la fidelización de clientes.

El comercio online trasciende las fronteras, obligando a cuestionarse los límites geográficos definidos en el contrato de franquicia y que otorgaban exclusividad al franquiciado. En este nuevo contexto, el cliente puede ser potencialmente atendido desde cualquier ubicación geográfica, desafiando la logística de última milla más que la propuesta de valor en sí. Esto ha gatillado la creación de nuevos formatos no considerados inicialmente en los contratos de franquicia, que inicialmente fueron desarrollados como una respuesta a las restricciones impuestas por la autoridad sanitaria pero posteriormente se han mantenido. Por ejemplo, principalmente en los sectores de gastronomía y comercio, la restricción de apertura de locales en centros comerciales abrió la posibilidad de hacer envíos a domicilio en negocios donde solo se consideraba la atención presencial, que si bien trajo adecuaciones en la forma de entrega de productos, se ha mantenido hasta hoy a pesar de la apertura total del comercio. Se crearon formatos de dark kitchen o cocinas ocultas, que sin atender público han centrado su negocio exclusivamente en el delivery, permitiendo reducir los espacios, tiempos de instalación y costos inmobiliarios y de personal.

Cambios demográficos y nuevas tendencias de consumo se han consolidado dando espacio a nuevas oportunidades de desarrollo. La tendencia de mayor crecimiento del grupo de adultos mayores por envejecimiento de la población, las necesidades de atención de niños que por restricciones de pandemia han debido permanecer en sus hogares afectando su proceso educativo, así como el aumento en el interés en la tenencia de mascotas, han impulsado el desarrollo de negocios en estas áreas. Se visualizan oportunidades en el ámbito del cuidado y actividades para el adulto mayor, cuidado y educación de niños y mercado de mascotas.

Se observa un aumento de conciencia hacia la salud, el bienestar y cuidado personal, y el cuidado del medio ambiente como preocupación social y de gobierno respecto del uso de energías limpias, protección de los recursos naturales y consumo responsable. Por ejemplo, la ley 21.368 busca reducir el impacto medioambiental reduciendo la generación de residuos mediante una estrategia que limita la entrega de productos de plásticos de un solo uso, afectando fuertemente la industria alimenticia, tanto para productores como establecimientos de expendio de alimentos, que han debido adaptarse gradualmente a estas condiciones. Estas regulaciones locales han afectado los estándares de las franquicias que han debido cambiar algunos insumos y formas de presentación del producto localmente, adoptando prácticas más sostenibles.

Las restricciones de pandemia trajeron un nuevo modo de vivir más centrado en el hogar. Aumentaron considerablemente los negocios relativos a mejoras del hogar. Se produjo una descentralización de las grandes ciudades a través del trabajo remoto, que permitió que las personas pudieran vivir y trabajar fuera de centros urbanos, activando las necesidades de comunidades más pequeñas y generando oportunidades para el desarrollo de negocios locales y negocios que pudieran manejarse desde el hogar (home-based), activando a su vez negocios relativos a bienes raíces y mejoramiento del hogar.

Estas tendencias han impactado los formatos de franquicia, abriendo oportunidades para el ingreso de nuevas marcas desde mercados más desarrollados, el desarrollo de formatos con menores fees de ingreso y menores periodos de recuperación de la inversión, la apertura de locales en zonas geográficas más descentralizadas, con formatos más pequeños y accesibles, muchas veces, fuera de los grandes centros comerciales, a través de las llamadas micro-franquicias o franquicias de bajo costo. Franquicias más pequeñas han cambiado los perfiles de franquiciados que como opción emprendedora han tomado multilocaciones como forma de desarrollo de carrera, franquiciando múltiples unidades y/o multimarcas.

Las condiciones económicas empresariales y de la población en Chile se han fragilizado en el último tiempo influidas por las inestables condiciones mundiales, políticas, sociales y económicas, un alto nivel inflacionario el año 2022, precariedad en la percepción de seguridad e inestabilidad política por un fallido proceso constitucional.

En este contexto, diversos desafíos se plantean para el mercado de las franquicias. Para superar los retos económicos, mejorar la rentabilidad controlando costos y aumentando la base de clientes, el ticket promedio, la frecuencia de compra, y el valor de vida del cliente. Esto se logra a través de modelos de ingreso recurrentes y la incorporación de tecnologías avanzadas. Los franquiciantes deben incorporar tecnologías, optimizar procesos y flexibilizar estructuras que permitan articular a través de la gestión de los franquiciados respuestas rápidas y eficientes a los cambios del mercado y las demandas de los consumidores. Afianzar el trabajo conjunto y coordinado con los franquiciados, velar por la transparencia y reforzar la comunicación con la red, aprovechando su cercanía con los consumidores y las realidades locales para conocer mejor a los clientes y gestionar la innovación.

Las franquicias tienen el desafío de repensar el propósito organizacional y convertirse en negocios sostenibles, donde el foco económico, de permanente atención, pueda ampliarse a los ámbitos social y medioambiental. Tener trazabilidad de toda la cadena de suministro, evaluar el desarrollo de proveedores locales que permitan el potenciamiento de comunidades y la reducción de la huella de carbono, sin sacrificar las economías de escala y calidad de insumos. Incorporar buenas prácticas como el pago justo y a tiempo, el desarrollo comunitario, la seguridad social y mitigación de la huella de carbono en toda la cadena. Promover la economía circular atendiendo y haciéndose cargo del fin de uso de los productos, entendiéndose como parte activa de un sistema socioeconómico y medioambiental. Aprovechar la diversidad e inclusión para fomentar la innovación y el crecimiento integrándose a la sociedad como un miembro colaborador y al servicio de sus necesidades, con una mentalidad de poner primero a las personas. Formar equipos directivos sólidos y transmitir estos valores sostenibles a toda su red.

Finalmente, un desafío permanente, lo representa la internacionalización. Chile es un mercado dinámico pero pequeño, por lo tanto, las opciones de escalamiento mayor requieren mirar mercados internacionales, sin embargo, el empresariado local no siempre cuenta con el apoyo suficiente para explorar en mercados externos.

5. CASOS DE INTERÉS

Se ha escogido abordar tres breves casos de empresas por sus particularidades: un franquiciado de marca estadounidense que ha tenido gran expansión y crecimiento nacional (Remax), un franquiciante nacional que nace en provincia y que se abrió espacio en un mercado que mostraba ser altamente competitivo y dominado por tres grandes competidores (Redfarma), y un franquiciado nacional que incursionó en un mercado de gran crecimiento (Pethappy).

RE/MAX

RE/MAX es una franquicia de corretaje de propiedades de origen norteamericano creada el año 1973 y que entra al mercado chileno el año 2003 mediante un modelo de masterfranquicia. En estos 10 años ha logrado un crecimiento significativo alcanzando más de 40 oficinas franquiciadas y más de 700 agentes inmobiliarios a lo largo de todo el país. La sinergia entre franquiciados y agentes del modelo de negocio de RE/MAX les ha permitido un crecimiento sustancial en ventas y transacciones, a pesar de los desafíos que ha presentado la industria.

El mercado inmobiliario en Chile ha sido uno de los más afectados en los últimos años, presentando una baja en el número de propiedades transadas coherente con los movimientos que se observan tanto por el lado de la oferta como de la demanda: debido al aumento en los requisitos de acceso a los créditos hipotecarios (desde diciembre de 2021) y el incremento de las tasas de interés (en alza desde marzo de 2021), que han vuelto más difícil el acceso al financiamiento para la vivienda. Mientras, por el lado de la oferta, se apreció una baja de la actividad, coincidente con el aumento en los costos de construcción y las restricciones al crédito para nuevos proyectos (Banco Central, 2023).

En este escenario, mientras las transacciones del sector inmobiliario aumentaron un 29% el año 2021 respecto del 2020, RE/MAX aumentó en un 100% sus transacciones en ese mismo periodo. En el periodo de contracción ocurrido el año 2022 que redujo las transacciones de la industria en un 26%, las operaciones de RE/MAX se mantuvieron sin variación (0%).

Se destaca en RE/MAX la claridad y detalle de su contrato de franquicia, que establece los deberes y obligaciones para el franquiciado, así como incentivos para la capacitación, incluyendo descuentos en el fee de ingreso. Los franquiciados de RE/MAX son especialistas en reclutar, educar y desarrollar una red de agentes y asesores inmobiliarios profesionales que operan como un cowork especializado, proporcionando a sus agentes no solo el respaldo de una marca reconocida en el mercado, sino que red de apoyo colaborativa, con una infraestructura robusta de productos y servicios, apoyo especializado, infraestructura avanzada y formación continua a través de RE/MAX University. Este enfoque permite a los agentes inmobiliarios operar con mayor eficiencia y efectividad, maximizando su potencial en el mercado inmobiliario, prácticas que redundan en la alta tasa de renovación de los contratos de franquicia y en el reconocimiento que hace la propia matriz norteamericana de su gestión en Chile.

Redfarma

Redfarma es una marca chilena de comercialización de productos farmacéuticos (red de farmacias) que inició sus operaciones el año 2000 en la ciudad de Tomé, una comuna en el sur de Chile con 54 mil habitantes, en la región del Bio Bio. La empresa comenzó a franquiciar el año 2008, con el fin de fomentar la colaboración con emprendedores interesados en formar parte de una red colaborativa a través de franquicias, pero manteniendo la filosofía de farmacias independientes, ofreciéndoles un plan de acompañamiento y asesoría para su implementación.

En un mercado farmacéutico altamente competitivo, dominado por tres grandes cadenas que han sido cuestionadas por prácticas colusivas, se observa un incremento en las farmacias independientes y de cadenas no tradicionales. El crecimiento de la red de Redfarma ha sido también impulsado por un cambio en los patrones de consumo de productos farmacéuticos del país surgidos a partir de la pandemia, que ha movilizado a las personas a comprar sus productos cerca de sus zonas residenciales en lugar de los grandes centros urbanos de alto flujo donde se ubican las grandes cadenas (Georesearch, 2022). Esto ha dado espacio al crecimiento de locales de farmacia independientes y redes de farmacia, como Redfarma, reconfigurando la industria.

Redfarma se posiciona hoy como el quinto actor del mercado farmacéutico nacional, cuenta con 65 farmacias bajo su marca, incluyendo 40 franquicias y 25 locales propios, alcanzando 9 regiones del país, desde Valparaíso, al norte de Santiago, hasta la región de Los Lagos en el sur, atendiendo a 400 clientes independientes a través de su Centro Distribución Logístico.

La rapidez en la implementación de franquicias de Redfarma se basa en el contacto directo entre franquiciados y proveedores, garantizando transparencia en el negocio. La empresa proporciona soporte a través de un software de administración, capacitaciones en línea, asesoría comercial constante y asistencia operativa. Su programa de fidelización, junto con la capacidad de cooperación, flexibilidad y respuesta ágil, han consolidado su posición en el mercado con un modelo de franquicia que diferencia, según su ubicación, entre alto flujo y bajo flujo, permitiendo a los participantes acceder a productos farmacéuticos con precios competitivos gracias a un mayor poder de negociación.

Pethappy

Pethappy es una marca de origen chileno en el rubro de servicios de veterinaria y peluquería y comercio de productos para mascotas que nace el año 1986 y comienza a franquiciar el año 2010. Pethappy cuenta hoy con 32 locales propios y 20 franquiciados, impulsado por el rápido crecimiento del mercado de las mascotas en Chile y el mundo, industria que durante la pandemia llegó a crecer más del 60% anual y hoy se mantiene orgánicamente cercano al 25% anual (Forbes, 2023). La empresa se destaca en su estructura un buen sistema de comunicación y apoyo al franquiciado a través de una mesa de ayuda, monitores y el área contable. La empresa cofinancia la construcción del local es una señal de apoyo y confianza al franquiciado, y sus retornos a la inversión son cercanos a los 3,5 años, lo que lo hace muy atractivo. Se ubican en un mercado de explosivo crecimiento y cada vez más competitivo donde se preocupan de mantener y transmitir información actualizada a sus franquiciados y de revisar permanentemente sus márgenes y proveedores.

REFERENCIAS BIBILOGRÁFICAS

Banco Central de Chile (Marzo 2023). Las empresas chilenas durante la crisis del COVID-19. Gerencia de División Asuntos institucionales. Banco Central de Chile. Santiago, Chile.

Banco Central de Chile (19 Mayo 2023). Mercado inmobiliario chileno: ¿Qué ocurrió en 2022?. https://www.bcentral.cl/contenido/-/detalle/mercado-inmobiliario-chileno-2022

CCS (2020). Comité de Franquicias. https://www.ccs.cl/comite-de-franquicias/

Forbes (7 septiembre 2023). Un mercado cada vez más "human friendly": el boom de la industria de cuidados de mascotas en Chile. https://forbes.cl/negocios/2023-09-07/un-mercado-cada-vez-mas-human-friendly-el-boom-de-la-industria-de-cuidados-de-mascotas-en-chile

Georesearch (26 enero 2022). El boom de las farmacias independientes: ya superan en número de locales a las grandes cadenas. https://georesearch.com/el-boom-de-las-farmacias-independientes-ya-superan-en-numero-de-locales-a-las-grandes-cadenas/

IFA (2023). Franchising Economic Outlook. https://www.franchise.org/sites/default/files/2023-03/2023-Franchising-Economic-Report.pdf

Pinaud, N. (2016) Mercado de las franquicias en Chile. Facultad de Economía y Negocios. Universidad de Chile. Santiago: Ed. Digital

Porzio, C. (2018). Chile. En The Franchise Law Review. 6th ed. London: The Law Reviews.

CAPÍTULO 8.

La franquicia en los países iberoamericanos: el caso de Colombia

JORGE ISAAC LECHUGA-CARDOZO
Fundación Universitaria del Área Andina (Colombia)
JESÚS ARVEY LOAIZ-PIEDRAHITA
Fundación Universitaria del Área Andina (Colombia)

1. INTRODUCCIÓN

La franquicia es un formato de negocio dinámico e innovador (Navarro et al., 2014), dado que proporciona crecimiento empresarial y generación de empleo en la economía mundial (Iddy y Alon, 2019). A nivel mundial, el sector de las franquicias está proliferando (Dant y Grünhagen, 2014; Hoffman et al., 2016). Hay evidencia de saturación del mercado en los países desarrollados (Alon, 2006; Olotu y Awoseila, 2011), aumentando así el interés del franquiciador en oportunidades de franquicia en mercados emergentes (Alon y McKee, 1999; Hoffman et al., 2016) hasta el punto de que los mercados emergentes son ahora uno de los principales destinos de las franquicias (Khan, 2016; Lanchimba y Medina, 2018; Melo et al., 2019). Hoffmann et al. (2016) y Fadairo y Lanchimba (2017) señalan que la franquicia es un motor esencial de crecimiento en las economías en desarrollo. Específicamente, el sector alimentario es el atractivo más importante para la inversión en franquicias de mercados emergentes (Olotu y Awoseila, 2011).

Las franquicias son un modelo de negocio que participa activamente en el crecimiento económico de países desarrollados en el caso de los Estados Unidos a 2019 operaban cerca de 773.603 establecimientos que aportaban 4,7% del PIB, generando alrededor de 8.000.000 de empleos (International Franchise Association, 2019). En contraste, a 2018 en Europa se encontraban alrededor de 390.000 establecimientos que representaban alrededor de 6200 marcas locales y extranjeras (European Franchise Federation, 2018).

Con respecto a Latinoamérica, la creación de negocios bajo el modelo de franquicias es un proceso auge debido a que es un territorio que despierta interés para franquicias en extranjeras deseosas de posicionar sus marcas en mercados internacionales no saturados (Lanchimba y Medina, 2018). Entre otras bondades, como la contribución de este modelo al desarrollo de los países en vías de desarrollo, al exportar modos de operación, coordinación y dirección a nuevos negocios que generan empleo y oportunidades para los sectores donde estos operan (Michael, 2014)

Según la Comisión Económica para América Latina y el Caribe -CEPAL, la región de América Latina y el Caribe constituye un importante potencial de franquicia mercado (Ayup y Calderon, 2014) ya que no está saturado en comparación con Estados Unidos, mercados de Canadá, Europa Occidental y Japón (Fadairo y Lanchimba, 2017; Melo et al., 2019). Otros autores van más allá y afirman que el mercado latinoamericano, a pesar de crecimiento exponencial de las franquicias, permanece relativamente desaprovechado (Baena, 2013) y, por tanto, es la importancia de estudiar y entender el negocio de las franquicias en un país en esta región y los procesos de internacionalización dentro de la región (Melo et al., 2019).

La franquicia es un modelo de negocio relativamente nuevo en los países latinoamericanos (Olotu y Awoseila, 2011). Brasil y México se destacan como los más numerosos en franquicias registradas y, con Argentina, se caracterizan por el predominio de las franquicias locales, lo que se correlaciona con el desarrollo económico y el impedimento de entrada de franquicias internacionales (Fadairo y Lanchimba, 2017). Colombia actualmente sigue a Brasil, México y Argentina como el cuarto mercado más grande de franquicias en América Latina (Cardona, 2018). En el campo académico, hay poca atención teórica y empírica sobre el tema (Baena, 2015; Fadairo y Lanchimba, 2017; Lanchimba y Medina, 2018). Especialmente en Colombia, hay escasa investigación sobre la franquicia (Pierre y Rebolledo, 2003).

Por su parte en Colombia la Franquicia es un modelo de negocio en auge y crecimiento (Lobo, 2016), desde sus inicios en los noventa, década en la que el país vivió una apertura económica de cara a la globalización (Agudelo y Chung, 2010; Plazas, 2010). Los autores destacan que la franquicias en Colombia apoyan el desarrollo económico del país, favorece al consumidor colombiano al darle acceso a bienes y servicios de otras marcas extranjeras, algunas veces con mayor trayectoria y calidad, promueve el emprendimiento, la generación de empleo y la inversión extranjera (Lobo, 2016). Desde el punto de vista del empresario permite a la marca expandirse en mercados, crecer con mayor agilidad y financiar el crecimiento con recursos de terceros. Así como reducir la incertidumbre, al ser una forma de iniciar una empresa con estrategia clara, un mercado definido y con soporte ante entornos volátiles contrario al modelo tradicional de creación de empresa (Ayup y Calderon, 2014).

En Colombia la información sobre el desarrollo de franquicias es escasa. La (Cámara Colombiana de Franquicias, 2018), estima que, en el país se han establecido a 2018 más de 500 marcas que operan con un número aproximado de 12.000 negocios. Sin embargo, no existe un marco normativo específico para este modelo empresarial, además de poca documentación estadística o académica que describa con certeza la caracterización de esta dinámica de negocio en el país, tanto para marcas locales, como para marcas extranjeras, sus procesos de expansión y adaptación. De modo que existe la necesidad de parte del Estado colombiano una política pública que incorpore en el ordenamiento jurídico nacional el uso, registro y demás prácticas del modelo de negocio en el mercado nacional (Plazas, 2013).

Por otro lado, en Colombia el papel de las Cámaras de Comercio y el Banco Interamericano de Desarrollo BID ha sido importante para la divulgación de esta figura de negocio, sus ventajas y beneficios para los empresarios colombianos especialmente de los sectores de retail, hostelería y servicios (Agudelo y Chung, 2010). Agudelo y Chung (2010) destacan un crecimiento importante de las franquicias en el sector servicios, así como del comercial.

En este orden de ideas la franquicia en Colombia ha sido una fuente para la expansión, crecimiento y fortalecimiento de compañías con cierta trayectoria en el mercado y a veces con poco acceso al capital necesario para hacerlo este ha sido el caso de algunas empresas como: Azúcar, Kokoriko, Presto, entre otras (Besedicheck, 2007).

Por último, la evidencia documental de este estudio contribuye a la comprensión del origen, estado y prospectiva del sistema de franquicias en Colombia. El contenido del artículo se estructura de la siguiente manera. La introducción discuta la importancia de las franquicias con acentuación en Colombia. A continuación, se presentan los acápites: las franquicias en Colombia, las franquicias en Colombia en cifras, tendencias del mercado de franquicias en Colombia y casos de éxito de franquicias en Colombia. Por último, las reflexiones finales.

2. LA FRANQUICIA EN COLOMBIA

2.1. Origen del Sistema de Franquicias en Colombia

El origen de la franquicia se remonta a 1851 en Estados Unidos, cuando Isaac Merritt Singer y Edward C. Clark crearon

I.M Singer & Company en Boston, Massachusetts, con el fin de comenzar con la comercialización de su más reciente patente en ese entonces, las máquinas de coser. Singer buscó la forma de poder vender su máquina de coser más allá de lo que le permitía su capacidad económica y así salir de su precaria situación que, por un lado, le impedía abrir tiendas y, por otro, no podía obtener suficiente dinero para surtir máquinas de coser a consignación a lo largo de Estados Unidos. Por lo que acudieron a empresarios locales con el objetivo de venderles sus derechos para que estos ofertaran las máquinas de coser y enseñaran a los clientes como utilizarlas. Lo que permitió años más tarde el reconocimiento y trayectoria a nivel mundial de su marca.

En esta misma línea, empresas como General Motors y Coca Cola, desarrollaron este mismo sistema de distribución comercial en los Estados Unidos, alrededor de 1989 Coca Cola otorgaba licencias a vendedores independientes para que estos distribuyeran el producto asumiendo su propio riesgo, en territorios exclusivos a cambio de una contraprestación (Llain e Insignares, 2016; Shane, 2005). A partir de la década de los 80 este modelo fue expandiendo en países industrializados como Reino Unido, Francia, Alemania y Japón. Posteriormente llegó a Latinoamérica.

En el caso colombiano, este término se conoció en 1970 cuando marcas como Wimpy y McDonald's, intentaron introducirse en el mercado colombiano no obstante por la normatividad que regía en la época y la estructura conservadora ello no fue posible. Fue hasta 1980 cuando Burger King logra entrar al mercado colombiano convirtiéndose en la primera franquicia en el país. En 1986 ya la marca contaba con 7 locales de venta que provisionaron al franquiciado de técnicas productivas, imagen de marca, muebles, equipos, entre otros (Mejía, 2014). En 1977 la empresa colombiana Caribu Internacional empezó a exportar su marca bajo el modelo de franquicia convirtiéndose en la primera marca nacional en realizarlo, la siguieron industrias Salsamentarías El Bohemio en 1986 y Kokoriko en 1987 (Díaz, 2009).

Durante la mayor parte de la década de los 80 y principios de la década de 1980, Colombia no era vista como una posible inversión en el extranjero debido a sus políticas públicas proteccionistas y nacionalistas, gran deuda externa e inestabilidad general. En 1990, el elegido presidente de Colombia, César Gaviria T., originó la implementación de una liberalización económica orientada hacia el sector privado. De esta manera, él se alienta a la empresa privada a seguir desempeñando un papel importante en el desarrollo del país. Con el fin de proporcionar una infraestructura para la producción empresas, se han realizado inversiones públicas relativamente grandes en los últimos años en proyectos tales como plantas hidroeléctricas, exploración y explotación de petróleo, gasoductos y oleoductos e instalaciones de extracción y exportación de carbón. Esto creó un marco político, económico y legal para la transformación de Colombia en un país abierto y competitivo internacionalmente (Álvarez, 1995).

Autores como Zuluaga y Carmona (2008), Colorado et al (2016), Álvarez (1995) y Plazas (2010) coinciden en que gracias a la apertura económica que sufrió el país durante los años 90, le permitió a Colombia un proceso de renovación en estructuras económicas, políticas y culturales, así como la liberalización de barreras arancelarias y regulatorias, que le permitieron a firmas extranjeras establecerse en el país. No obstante, por desconocimiento de la mayoría de los empresarios locales este sigue siendo poco utilizado pequeñas y medianas empresas a pesar de su crecimiento exponencial con gran participación de marcas extranjeras.

Es así como entre 2002-2005, con el crecimiento positivo de la economía colombiana el modelo de franquicias tomó fuerza expandiéndose entre el tejido empresarial como una opción para invertir y crear empresa, así como de expansión de las marcas locales en mercados nacionales e internacionales. En 2003, la Dirección de Regulación del Gobierno Nacional adscrita al Ministerio de Comercio, Industria y Turismo mediante el Decreto 210 de febrero 3 de 2003 cuyo objetivo fue objetivo formular, adoptar, dirigir y coordinar las políticas generales en materia de desarrollo económico y social del país, escogió el sistema de franquicias como otra excelente alternativa de expansión empresarial (Agudelo y Chung, 2010).

En 2006, aparece el programa de franquicias colombianas, con el apoyo de Fondo de modernización y desarrollo tecnológico de las micro, pequeñas y medianas empresa–Fomipyme y el Ministerio de Comercio, Industria y Turismo colombiano se han generado entre otras acciones: 1. identificar las empresas que podían utilizar el modelo de negocio de franquicias para expandir su negocio en el mercado nacional, y a mediano plazo en el internacional; 2. Fomentar la inversión en este modelo de negocio y 3. Brindar asesoría a las empresas a la medida de sus necesidades empresariales (Agudelo y Chung, 2010).

En 2009, a través de una iniciativa del Banco Interamericano de Desarrollo mediante el Fondo Multilateral de Inversiones, Fomin, las cámaras de comercio de Medellín para Antioquia, Barranquilla, Bogotá, Bucaramanga, Cali, Cartagena, Aburrá Sur, Armenia y Oriente antioqueño se logró fortalecer la comercialización, industrialización y expansión de 115 empresas que participaron en el, con una inversión de US$3,4 millones (Agudelo y Chung, 2010).

A partir de 2013 el mercado colombiano de franquicias se encuentra tan atractivo y relativamente seguro, como socialmente valorado por su empleo efecto generador para inversionistas extranjeros como locales (Fadairo y Lanchimba, 2017; Cardona, 2018). En el 2015 se crean en el país un total de 390 franquicias (209 extranjeras y 181 locales), en el 2016 se aumentan a 443 (247 locales y 196 extranjeras), para 2017 la cifra asciende a 506 (294 locales y 212 extranjeras) y en 2018 se abrieron 552 (324 locales y 228 extranjeras) (Garcés et al, 2019).

En la actualidad, la franquicia es un fenómeno multinacional ya que muchas empresas han optado en sus propios países y se han aventurado lentamente en el extranjero mercados impulsados por fenómenos de globalización económica (Ruiz, 2006). Colombia no es esquiva a este fenómeno por lo que ocupa una posición privilegiada entre los países latinoamericanos cuyas empresas hacen uso de este modelo de negocio. Es así como la marca nacional Totto se ha expandido a través de este modelo a 23 países convirtiéndose según el Grupo Americano de Franquicias Citado por Restrepo y Barrera (2018) en la segunda franquicia más importante de la región (Semana, 2018). Colombia pasó de 110 redes a finales de 2003 a unas 530 en diciembre de 2013, con cerca de 8.000 establecimientos bajo esta cifra, que generan apuesta entre 35.000 y 40.000 puestos de trabajo (Camacho, 2016).

Tabla 1. Principales Hitos de la Franquicia en Colombia

Periodo	Acontecimiento
1862	Nace en Estados Unidos el sistema de Franquicias
1980	Primera franquicia en instalarse formalmente en Colombia
2002-2005	Auge de las franquicias en Colombia

Fuente: Elaboración propia (2023).

2.2. Marco Legal Colombiano de Franquicias

Tanto en Colombia como en Estados Unidos la franquicia ha sido modelo contrato que ha crecido considerablemente con el paso del tiempo. En Colombia, no hay una definición doctrinal; Muchos autores definen el contrato en conforme a los usos y costumbres (Camacho, 2016).

El origen del modelo de franquicia tal y como lo conocemos hoy nace en el Estados Unidos con Singer Corporation (Agudelo y Chung, 2010). Hoy día, el número de negocios que establecieron franquicias, así como el número de los franquiciados existentes y las ventas totales por estos conceptos son una prueba del éxito de esta forma moderna de hacer negocios que comenzó en los Estados Unidos de América y se ha expandido por todo el mundo. (Gargollo, 2009). A este punto es importante reflexionar cómo han implementado muchas franquicias americanas en Colombia, dado que en el país no se tiene una voluntad expresa de regulación para este tipo de contrato (Camacho, 2016).

La falta de regulación legal no ha sido un problema para la creación de franquicias en Colombia. No es ningún secreto que la franquicia se ha convertido en un fenómeno creciente en el país. La Ley 1480 de 2011, que reglamenta todos los derechos de los consumidores y obligaciones, no prevé regulación alguna al respecto al contrato de franquicia, ni siquiera para cuando los derechos de los consumidores han sido violados por una franquicia (Camacho, 2016).

En Colombia es claro que los legisladores no han profundizado uno de los temas más urgentes de regular hoy en día, respecto a la franquicia acuerdo, que tiene que ver con la responsabilidad derivada del incumplimiento del contrato, creando múltiples peligros para las partes (Otero, 2013). La visión del contrato de franquicia por parte de los abogados y la jurisprudencia es por analogía; hay otras leyes que son aplicables en esta situación en el código de comercio. Bajo el ordenamiento jurídico nacional, cada caso particular tiene que ser analizado por separado y con cuidado por todas las partes involucradas (Camacho, 2016).

Con respecto al contrato comercial de franquicia en Colombia, asegura Vargas (s.f..) es un elemento aun en desarrollo, ya que este no se encuentra regulado por el Código de Comercio

(Decreto 410 de 1971), no tiene una definición otorgada por la ley, tomando entonces la forma de contrato atípico, su regulación está dada por la doctrina y la jurisprudencia (Gaitán et al, 2020). Se espera que en su desarrollo práctico se pacten una serie de condiciones de obligatorio cumplimiento, por las partes que intervienen siempre y cuando estas estén acordes a la Ley. Al no estar regulado este contrato genera demasiada flexibilidad, sin suficientes garantías, para que respalde al franquiciado en su actividad económica (Vargas, s.f..). Aun, así como cualquier tipo de actividad comercial, la franquicia debe tener normas que la regulen protegiendo los derechos y reciprocidad entre las partes (Vargas, s.f..).

También, la Superintendencia de Industria y Comercio -SIC citada por Gaitán et al (2020) autoridad colombiana encargada de la mayor parte de la regulación de contratos, estima que este es uno de los contratos más utilizados en materia empresarial y que suele suscitar conflictos en la práctica de la competencia.

2.3. Asociación de Franquicias en Colombia: Colfranquicias

Colfranquicias- Cámara colombiana de franquicias tiene por misión defender, representar y orientar la industria de franquicias y promoverla como una alternativa de emprendimiento eficaz para el bienestar de los colombianos (Colfranquicias, 2023). Esta actúa como un intermediario entre los franquiciadores y los franquiciados con el fin de asegurar los mejores términos y condiciones para ambas partes al mismo tiempo que su expansión en el exterior (Restrepo y Barrera, 2018).

En Colombia la implementación de sistemas de franquicias es relativamente nueva, tuvo su mayor auge entre los años 2003 y 2009, cuando entidades extranjeras como Carana Corporation en asociación con la Agencia de Estados Unidos para el Desarrollo Internacional -USAID, a través del programa Colombia Enterprise Development -CED Program (2003-2006) inyectó recursos económicos en el país con el fin de generar cerca de 14.000 empleos para impulsar a través de su programa el crecimiento de la pequeña y mediana empresa del país, fue así como después de un diagnóstico estas empresas podían acceder a recursos financieros para contratar a compañías consultoras previamente validadas para estructurar el sistema de franquicias de sus empresas siempre y cuando cumplieran con los requisitos para ser franquiciables. (Carana Corporation, 2015)

También hubo iniciativas nacionales y fue así como la Cámara de Comercio de Medellín para Antioquia (como operador), junto con el Banco Interamericano de Desarrollo- BID, FOMIN y las Cámaras de comercio: Aburrá Sur, Armenia, Barranquilla, Bogotá, Bucaramanga, Cali, Cartagena y Oriente Antioqueño, crearon un proyecto llamado Desarrollo de la franquicia para la expansión de las Mipymes en Colombia donde el principal objetivo fue contribuir al crecimiento sostenible de la Mipyme en Colombia (Aponte, 2015).

El proyecto da inicio en el mes de diciembre del año 2005 y finalizó en el mes de diciembre de 2009, tiempo durante el cual ofrecieron servicios empresariales tales como: Diagnóstico empresarial, acompañamiento en la realización de planes de estructuración de franquicias, capacitación empresarial y capacitación a consultores, el público objetivo eran todas las empresas legalmente constituidas y las metas cumplidas por el proyecto fueron: 115 empresas estructuradas bajo el sistema de franquicias, 576 franquiciantes con autodiagnóstico, 1260 franquiciados con autodiagnóstico y 167 consultores capacitados en un diplomado de franquicias, lo anterior con una inversión por parte del BID de US$ 1.4 millones y una inversión por parte de las Cámaras Colombianas de US$ 1 millón para un valor total invertido de US$ 2.4 millones (Cámara de Comercio de Medellín, 2015).

Todo este auge promovió que se crearan en Colombia por parte del Icontec los siguientes documentos: la Guía Técnica de Franquicias 175, y la Norma Técnica Colombiana NTC 5813, norma voluntaria que busca regular las etapas precontractual y contractual entre franquiciantes para facilitar la compraventa de las franquicias, a pesar de la existencia de estos documentos de buenas prácticas el contrato de franquicia sigue siendo un contrato atípico en Colombia debido a que no está regulada por ninguna entidad autorizada y reconocida para ello (Aponte, 2015).

Fenalco permitió la creación del Grupo Empresarial Fenalco Franquicias -GEFF, equipo de trabajo que permite la interacción de los representantes de las empresas consultoras en franquicias que operan en Colombia, las empresas franquiciantes y los franquiciados para compartir experiencias del sector y generar ideas para el desarrollo y crecimiento de este (Aponte, 2015).

Con empresas que contaban con su sistema de franquicias estructurado, en Colombia llegó el momento de la ansiada comercialización, pero hacía falta un medio para la exposición de estos conceptos exitosos y fue allí donde nació la Feria Andina de Negocios en Expansión y Franquicias -FANYF, la cual en el año 2015 llega a su novena edición de manera ininterrumpida (Leaders for Management, 2015), este escenario ha permitido que las empresas tengan un espacio en el cual se puedan dedicar a ofrecer al público en general, pero especialmente a inversionistas sus conceptos de negocios, igualmente es el escenario para que las personas interesadas en tener su propia empresa encuentren muchos conceptos de franquicias que se pueden replicar de manera exitosa y segura (Aponte, 2015).

3. LAS FRANQUICIAS EN COLOMBIA EN CIFRAS

De acuerdo con Plazas (2010) Colombia es el segundo país después de México con más alto desarrollo de franquicias en los últimos años, seguida de Argentina, Venezuela y Republica Dominicana. En el país existen más de 7000 negocios con este modelo y de acuerdo con Bernal (2018) cerca del 63% de los colombianos estaría dispuesto a adquirir una. Dentro de los casos de éxito se destacan; Juan Valdez, Bogotá Beer Company y proveniente de Brasil, Doctor Solución.

De acuerdo con Agudelo y Chung (2010), se estima que en Colombia las empresas franquiciantes tienen alrededor de 13.000 puntos de venta, de los cuales el 72% está representado por establecimientos de franquicias nacionales y el 28% restante son conceptos de negocios internacionales. Alrededor del 47% de las redes de franquicia cuentan en promedio con menos de 10 establecimientos entre propios y franquiciados. Los conceptos de Moda y Confección continúan liderando el sector de la franquicia en Colombia. El macro-sector retail representa el 45.2% del sector de la franquicia en Colombia, conformado por tiendas de ropa, tiendas de calzado y artículos de cuero, joyerías y bisuterías, farmacias, colchonerías, jugueterías, dulcerías, perfumerías, tiendas especializadas, entre otras. El macro-sector servicios está conformado por empresas que ofrecen servicios financieros, de consultoría, software, mensajería, salud y servicios para automóviles, además se incluyeron dentro de éste los centros de estética, centros de capacitación, centros de diversión y entretenimiento, lavanderías, agencias de viajes, agencias inmobiliarias, agencias de modelos, entre otros, representados en el 31.3%. El macro-sector comidas, incluye redes de restaurantes, bares, heladerías, panaderías, pastelerías, reposterías, fruteras y establecimientos de comidas rápidas, cuenta con una participación del 23.5% (Agudelo y Chung, 2010).

En la actualidad operan bajo el modelo de franquicia alrededor de 580 marcas en Colombia, de las cuales el cincuenta y dos por ciento (52%) aproximadamente. son extranjeras, cuyos países de mayor participación son EE. UU., España, México y Brasil. Se considera que en Colombia se encuentran establecidas más de 8900 unidades de franquicias, distribuidas en varios sectores y subsectores dentro de los que se destacan: Comercio al detal, el treinta y ocho por ciento (38%); Restaurantes, el treinta y seis por ciento (36%); Belleza, salud, educación y servicios, el otro veintiséis por ciento (26%), aproximadamente. Las franquicias en Colombia se han duplicado en los últimos diez años, gracias a la mayor comprensión y aceptación del concepto de franquicia, y la mejora en la percepción internacional del entorno empresarial debido a la entrada en vigor de los acuerdos de libre comercio.

Con respecto a las franquicias como generadoras de empleo en Colombia, se encuentra que estas generan alrededor de 65.000 empleos entre directos e indirectos. El 88.4% de las franquicias genera entre 1 y 10 empleos por punto de venta, siendo 5 el número promedio de empleados por establecimiento (Agudelo y Chung, 2010). Como dato curioso se encuentra que la inversión promedio en una franquicia en Colombia se encuentra entre los 50 y 100 millones promedio dependiendo del tipo de concepto y actividad comercial (Agudelo y Chung, 2010).

4. TENDENCIAS DEL MERCADO DE FRANQUICIAS EN COLOMBIA

La franquicia como sistema de comercialización se encuentra en constante expansión y se ha convertido en uno de los contratos de colaboración empresarial más utilizados en entonos globales contemporáneos, tal crecimiento se explica en palabras de Llain e Insignares (2016) por que esta permite duplicar la comercialización incluso a escala global como lo han hecho marcas reconocidas como: McDonald's, Burger King, Zara, Body Shop, entre otras.

Con respecto a Colombia, a pesar de que en el ecosistema emprendedor persiste el miedo al fracaso, la actividad emprendedora se realiza desde un conocimiento empírico, y existe ausencia de información clara, disponible, confiable y de calidad para el tomador de decisión, lo que genera dificultad de subsistencia para los nacientes emprendimientos (GEM, 2020; Nova, 2014; Socolovsky, 2005). Aparece la figura de la franquicia como una alternativa atractiva de inversión para emprendedores con intención de crear un negocio propio.

En este sentido, la franquicia es reconocida en Colombia como un sistema de comercialización cada vez más importantes en el mercado, dado que gran número de empresarios han encontrado una forma adecuada de estructurar cadenas de distribución que tengan un impacto en el corto plazo en sus clientes y por consiguiente en sus ventas (Lobo, 2016). En Colombia este sistema pasó de ser un intercambio de moda a una verdadera opción de crecimiento para las compañías locales.

Sin embargo, desde una perspectiva académica, la conceptualización y el entendimiento de la franquicia como un fenómeno social en Colombia aún se encuentra incipiente (Pérez, 2017). Por lo que resulta interesante la teorización de aspectos como el estudio del modelo de franquicia, su expansión, la relación entre las partes que acuerdan el contrato, así como en las características del franquiciador y franquiciado en Colombia (Baena, 2010; Gómez, 2022).

5. CASOS DE ÉXITO DE FRANQUICIAS EN COLOMBIA

Marcas como Centruy 21, Calvin Klein, Swarovski y Mango son entre otros ejemplos de la receptividad del modelo de franquicias en el mercado colombiano,

Dun kin' Donuts

Murphy, citado por Gómez (2014) asegura que Dun kin' Donuts es una empresa global que a 2014 vendía alrededor de 8 mil millones de dólares, con 2 mil millones de tazas de café al día, lo que los convertía en el número uno en ventas de café tazas diarias. Colombia ha sido la plataforma para Dun kin´ crezca en América Latina su relación directa con Dunkin Donuts en los Estados Unidos, ha permitido que el café colombiano tipo exportación también se venda en los Estados Unidos (Camacho, 2016). De acuerdo con Gómez (2014) la marca en su afán de seguirse expandiendo en Colombia pretende introducir una centena de establecimientos comerciales en diferentes ciudades del país con una inversión aproximada de cinco millones de dólares.

Starbucks

Es una cadena de más de 19.000 tiendas en 62 países, emplea 160.000 personas y genera ingresos anuales de aproximadamente 14.000 millones. Cuentan con una estrategia con la Federación Nacional de Cafeteros que tiene por objetivo dar mayor visibilidad del café colombiano en sus tiendas alrededor del mundo. Con ello un consumidor en una tienda Starbucks en la ciudad de Nueva York, Hong Kong o cualquier lugar identifique el origen del grano de café como colombiano (Revista Semana, 2013).

Pan Pa' Ya

La cadena de panaderías "Pan Pa' Ya" dedicada a la industria de la panadería y pastelería, reconoce como fortalezas la infraestructura y la tecnología, elementos que le han permitido convertirse en la cadena más grande del país, en parte gracias al modelo de franquicia que le permiten estar hoy presente en las principales ciudades del país (Plazas, 2010).

Juan Valdéz

A través de su modelo de franquicias la cadena hace presencia en diferentes países del mundo, a través de su reconocimiento en el mercado mundial del café por su estilo único y recordación de la marca.

6. REFLEXIONES FINALES

A partir de la revisión documental se pueden enumerar algunas conclusiones generales:

El crecimiento del modelo de franquicia se encuentra en auge y crece en términos positivos, este no solo ha permitido a los empresarios colombianos expandirse a nivel mundial, sino que ha generado un impacto positivo en el empleo formal e informal (Garcés et al, 2019). De este modo Colombia ocupa el cuarto lugar en generación de empleos y el quinto en número de establecimientos entre los países de América Latina (Agudelo y Chung, 2010).

Por otro lado, es importante reconocer que mercados emergentes como el colombiano exigen entornos desafiantes para establecer y operar dichos modelos de negocio, derivado de variables exógenas como el entorno histórico, económico, social y cultural que afecta la toma de decisiones de los directivos (Ayup-González et al., 2019; Dant y Grünhagen, 2014; Tournois y Forterre, 2019).

En este sentido, con relación al entorno legal, existen vacíos en la legislación colombiana que, aunque estipulan acuerdos básicos para las partes no recogen suficientes características para garantizar al franquiciado la protección de su patrimonio. Estas garantías permitirían preveer y reducir consecuencias negativas del contrato sin llegar a dificultar la creación y operación de estos sistemas comerciales.

Finalmente, luego de la revisión realizada se puede concluir que a pesar de que en Colombia existen una legislación aún incipiente, la economía colombiana por sus indicadores de crecimiento y estabilidad política se convierte en un destino atractivo para que marcas internacionales celebren acuerdos de franquicia con inversionistas colombianos (Camacho, 2016).

REFERENCIAS BIBLIOGRÁFICAS

Agudelo Cotes, K.J. y Bedoya Gómez, D. C. (2021). Riesgos de adaptación en franquicias: herramientas de contabilidad de gestión para mitigarlos. *Revista Venezolana de Gerencia* (RVG), 26(95), 832-851. https://doi.org/10.52080/rvgluz.27.95.24

Agudelo y Chung (2010). Estado actual de las franquicias en el sector servicios en Colombia y sus perspectivas de desarrollo (Tesis de Maestría, Escuela de Ingeniería de Antioquia). Repositorio Institucional. https://repository.eia.edu.co/handle/11190/1560

Alon, I. (2006). Executive insight: evaluating the market size for service franchising in emerging markets. *International Journal of Emerging Markets,* 1 (1), 9-20.

Alon, I. y McKee, D. (1999). Towards a macro environmental model of international franchising. *Multinational Business Review,* 7 (1), 76-82.

Alvarez, M. C. (1995). Can a U.S. merchandising franchise work In Colombia? [Master's thesis, Lynn University]. SPIRAL. https://spiral.lynn.edu/etds/45

Aponte Rodriguez, A. (2015). Fortalecimiento de la consultoría de franquicias en Colombia para ser considerada de clase mundial. (Tesis de Especialización, Universidad Militar Nueva Granada). Repositorio Digital.

Ayup, J. y Calderon, E. (2014). Señales de valor de marca de las franquicias en México. Su efecto en el crecimiento del sistema franquiciador. *Estudios Gerenciales,* 30(131), 134-144.

Baena, V. (2015). European franchise expansion into Latin America. *Management Research Review,* 38 (2), 149-165.

Baena, V. (2010). Teorías y líneas de investigación en el sistema de franquicia: una revisión desde los años 60 hasta 2009. *Cuadernos de Gestión 10*(2), 43-66.

Bernal, C.; Amaya, N.; Gaviria, A. y Zwerg, A. (2006). Knowledge and organizational performance in franchised restaurants in Colombia. *International Journal of Emerging Markets,* 1, 1-20.

Besedicheck Prieto, J. 2008. Hard Rock Café Colombia, ejemplo de una franquicia exitosa. *Turismo y Sociedad.* 9, 62–67.

Camacho Solana, M. (2016). Franchises in Colombia, legal regulations and features. *Revista de derecho,* 45, 327-345.

Cámara de Comercio de Medellín. (2015, 03 de Junio). *Cámara de Comercio de Medellín para Antioquia.* http://www.camaramedellin.com.co/site/Cluster-y-Competitividad/Buscador-de-proyectos/Franquicia-para-la-expansion-de-las-mipymes.aspx

Carana Corporation. (2015, 03 de Junio). *Carana Corporation.* http://www.carana.com/projects/projects-byregion-latinamericaathecarribean?id=159

Cardona, A. (2018). *Durante el último año, el número total de franquicias ascendió a 506 en Colombia.* https://www.larepublica.co/especiales/especial-pyme/cual-es-el-numerode-franquicias-en-colombia-2738298

Colorado, A.; Córdoba, L. y López, M. (2016). Diferencias y similitudes entre la franquicia y la concesión comercial como figuras contractuales atípicas en Colombia. (Biblioteca Institución Universitaria de Envigado).

http://bibliotecadigital.iue.edu.co/jspui/bitstream/20.500.12717/1285/1/iue_rep_pre_der_colorado_2016_diferencias_similitudes_art.pdf

Dant, R.P. y Grünhagen, M. (2014). International franchising research: some thoughts on the what, where, when, and how. *Journal of Marketing Channels,* 21 (3), 124-132.

Díaz, J. A. (2009). *Franquicia.* El Cid Editor.

European Franchise Federation. (2018). *European Franchise Report* (European Franchise Federation). https://eff-franchise.com/

Fadairo, M. y Lanchimba, C. (2017). Franchising in Latin America. En Hoy, F., Perrigot, R. y Terry, A. (Eds.) Handbook of Research on Franchising (pp. 482-509). Edward Elgar Publishing.

Gaitán Toro, M.; Zapata Amorocho, M.; Blanco Gómez, I.; Jaramillo Toro, G. y Ospina Ramírez, D. (2020). El contrato de franquicia en Colombia y su tensión con la libre competencia. *Universitas Estudiantes,* 22, 81-112. http://hdl.handle.net/10554/57712

Garcés, L.; Hoyos Estrada, S.; Argumedo Bossio, A. y Prieto Flórez, J. (2019). El papel del direccionamiento estratégico y el branding en las franquicias en Colombia. *Gerencia Libre,* 5, 66–78.

Gargollo, J. (2009). *El contrato de franquicia.* Porrúa.

Global Entrepreneurship Monitor–GEM. (2020). Global Entrepreneurship Monitor 2019/2020 Global Report. Global Entrepreneurship Research Association. London Business School. https://www.gemconsortium.org/report/gem-2019-2020-global-report

Gómez Miranda, O. (2022). Conocimiento del estudiante universitario emprendedor sobre la franquicia: el caso de una institución de educación superior en Colombia. Tendencias, 23 (1), 225-251.

Gómez, C. (2014, 10 de septiembre de). Colombia, modelo para crecer en A. Latina': Dunkin' Donuts (El Tiempo). http://www.eltiempo.com/archivo/documento-2013/DR-881671

Hoffman, R.C., Watson, S. y Preble, J.F. (2016). International expansion of United States franchisors: a status report and propositions for future research. *Journal of Marketing Channels,* 23 (4), 180-195.

Iddy, J.J. y Alon, I. (2019). Knowledge management in franchising: a research agenda. *Journal of Knowledge Management,* 23 (4), 763-765.

International Franchise Association. (2019). *Franchise Business Economic Outlook for 2020.* International Franchise Association.

Khan, Z., (2016). Determinants of a successful cross-border knowledge transfer in franchise networks. *Journal of Asia Business Studies,* 10 (2), 148-163.

Lanchimba, C. y Medina, D. (2018). Impacto del franquiciamiento. *Problemas del Desarrollo,* 49 (193), 95-118.

Leaders for Management. (2015, 03 de junio). *FANYF.* http://www.fanyf.com/fanyf.html

Llain-Arenilla, S. y Insignares-Cera, S. (2016). Efectos del Tratado de Libre Comercio entre Colombia y Estados Unidos en torno al contrato de franquicia internacional. *Vniversitas,* 132, 21-58 http://dx.doi.org/10.11144/Javeriana.vj132.etlc

Lobo, J. A. (2016). La fijación unilateral de precios bajo las reglas de la libre competencia en el contrato de franquicia en Colombia. *Rev. Derecho Competencia, 12(12), 237-287.*

Mejía Valencia R. (2014*). Las Franquicias: Impacto en la generación de empleo en Medellín 2004-2009.* Ediciones Unaula.

Melo, P.L.D.R., Borini, F.M. y Ogasavara, M.H. (2019). Latin American franchise internationalization: the impact of institutional environment. *Thunderbird International Business Review*, 61(2), 217-228.

Michael, S. C. (2014). Can franchising be an economic development strategy? An Empirical Investigation. *Small Business Economic*, 611- 620. https://www.researchgate.net/publication/263726499_Can_franchising_be_an_economic_d e v e l o p m e n t _ s t r a

Navarro, A., Rondan, F.J. y Rodríguez, C.J. (2014). Análisis clúster en las franquicias españolas internacionalizadas. Identificación mediante segmentación de clases latentes, *Revista Europea de Dirección y Economía de la Empresa*, 23 (2), 51-60.

Nova, J. A. B. (2014). Emprendimiento en Colombia. *Administración & Desarrollo*, 43(59), 7-21.

Olotu, O.A. y Awoseila, F. (2011). Reinventing business growth through franchising in developing economies: a study of the Nigerian fast-food sector. *International Journal of Marketing Studies*, 3(1), p. 162.

Otero, I. (2013). La responsabilidad del fraquiciante y franquiciado frente al consumidor. Universitas, 223-246.

Pérez, R. (2017). La Franquicia-Decodificando su ADN. *Revista Investigación y Negocios*, 10(15), 138-143

Plazas Estepa, R. (2010). El contrato de franquicia, su evolución y su injerencia en el desarrollo económico colombiano. *Revista Republicana*, 8, 81-92.

Plazas, R. (2013). El protocolo de Madrid y el régimen de las franquicias en Colombia. Revista Prolegómenos. *Derechos y Valores*, 16, 31, 155-172.

Pierre, S. y Rebolledo, C. (2003). *La franquicia en Colombia: teorías realidades y perspectivas*. Grupo Editorial Norma.

Restrepo, L. y Barrera, C. (2018). *Desarrollo de las franquicias en Colombia*. (Tesis de Pregrado, Tecnológico de Antioquia). Repositorio digital.

Revista Semana (1996, 12 de junio). Llegada triunfal.

http://www.semana.com/economia/articulo/llegada-triunfal/310 57-3

Rey, M.V. (2006). La Franquicia como medio estratégico para la generación de empleo. En Escuela Colombiana de Ingeniería (Ed.). La Franquicia un modelo de negocio estratégico (pp. 2-3). Editorial Escuela Colombiana de Ingeniería.

Ruiz, M. C. (2006). *Contratos atípicos en el Derecho Contemporáneo Colombiano*. Kimpres.

Sánchez, H. M. (2017). Análisis del modelo de franquicias como alternativa de inversión en Colombia. Seminario de Investigación. Especialización en Alta Gerencia Seminario de Investigación. Universidad Militar Nueva Granada.

Semana (2018). *Así va el mercado de las franquicias en Colombia este 2018. https://www.semana.com/franquicias-mas-importantes-de-colombia-2018/255585/*

Shane, S. A. (2005). *From ice cream to the Internet: Using franchising to drive the growth and profits of your company.*

Socolovsky, L. (2005). *100 maneras de fracasar en un emprendimiento y como evitar que vuelva a ocurrir.* Paraguas Club.

Tournois, L. y Forterre, D. (2019). The extremes of franchising in a post-communist country. *Journal of Business Strategy.* (No ahead of print).

Vargas Moreno, C. (s.f.). Derechos Proporcionados Mediante el Contrato de Franquicia al Franquiciado en Colombia (Repositorio Universidad Católica de Colombia). https://repository.ucatolica.edu.co/entities/publication/57c5ef63-8a3c-4d40-ab9e-f7aa86ef9776

Zuluaga Á., W. y Carmona C., H. (2008). *Evaluación financiera de las franquicias en Pereira bajo condición de incertidumbre.* Universidad Tecnológica de Pereira.

CAPÍTULO 9.

La franquicia en los países iberoamericanos: el caso de Costa Rica

RONY RODRÍGUEZ-BARQUERO
Tecnológico de Costa Rica (Costa Rica)

1. EL ORIGEN DEL SISTEMA DE FRANQUICIAS EN COSTA RICA

Costa Rica es un pequeño país centroamericano de solamente 51.100 km^2 terrestres, que se multiplican hasta 500.000 km^2 en el Mar Caribe y especialmente el Océano Pacífico, gracias a la Isla del Coco, que aumenta ostensiblemente su extensión marítima. Con respecto a su población, actualmente esta rebasa por poco los cinco millones de habitantes. Actualmente el país cuenta con un PIB per cápita cercano a los US$12.500, lo que lo clasifica como de renta media. "En muchos aspectos, Costa Rica es una historia de éxito en términos de desarrollo. Considerado un país de ingreso medio alto, Costa Rica experimentó un crecimiento económico sostenido en los últimos 25 años. Dicho progreso es el resultado de una estrategia de crecimiento orientada al exterior, basada en la apertura a la inversión extranjera, así como en una gradual liberalización comercial" (Banco Mundial, 2023).

Como cabe suponer, el inicio del uso del sistema de franquicias en Costa Rica se produjo por la incursión de empresas internacionales con este sistema comercial. Un detalle interesante es que McDonald´s fue la primera franquicia internacional en establecerse en el país, en diciembre de 1970, convirtiendo a Costa Rica en la primera nación latinoamericana en acoger a esta multinacional. Pizza Hut abrió en 1972, y fue el cuarto local de la cadena fuera de los Estados Unidos. La primera franquicia nacional nació en 1985, Musmanni, relacionada con la panificación (una mezcla de panadería y tienda de conveniencia).

El tema de las franquicias ha sido liderado en el país por la Cámara de Comercio de Costa Rica, fundada en 1915, en cuyo seno cuenta con el Observatorio de Comercio Ilícito, el Programa Mujer Empresaria, el Centro de Innovación, y, desde el 2013, el Centro Nacional de Franquicias (Cenaf). El Cenaf realiza anualmente el Estudio del Mercado de Franquicias, que para el año 2022 contó con la XII edición. También el Cenaf organiza anualmente la Expofranquicia, que se realizó dos veces virtualmente durante la pandemia, y cuenta con 13 ediciones hasta el 2022, que de hecho formalmente llevó por nombre "Feria Regional de Franquicias Centroamérica, Panamá y República Dominicana". Cenaf lanzó también organiza la Cumbre Centroamericana de Franquicias, que en el 2023 celebró su décima edición.

El Cenaf, como órgano descentralizado de la Cámara de Comercio, tiene por objetivo "promover el crecimiento del sector de franquicias en el país, a través del desarrollo de nuevas empresas costarricenses estructuradas bajo el modelo de franquicias, el impulso de nuevas franquicias formales internacionales, el crecimiento de nuevas unidades franquiciadas por medio de inversionistas capacitados, así como la promoción de un ambiente nacional propicio para la generación de nuevos negocios, para el financiamiento del sector comercial, el apoyo de políticas públicas y la capacitación a nivel nacional" (CENAF, 2023). Cenaf cuenta con un consejo directivo integrado por cinco personas, representantes de las franquicias afiliadas al Centro.

Entre las funciones del Cenaf se encuentran: representar a los franquiciadores y franquiciados con operaciones en Costa

Rica, generar actividades de sensibilización, realizar estudios específicos del sector, promover la elaboración de leyes y normativas técnicas, y crear espacios de encuentro para franquicias e inversionistas (CENAF, 2023).

En cuanto a negocios Costa Rica no es especialmente atractiva en cuanto a flexibilidad, pues se ubica en el puesto 74 de 190 países en el ranquin *Doing Business*, lo que indica poca facilidad relativa para hacer negocios. Esta situación implica que la atracción de inversiones para el país no es sencilla, y para los propios ciudadanos hay en general pocos incentivos para establecer negocios formales, incluyendo, por supuesto, franquicias. El país, eso sí, es reconocido como una de las democracias más antiguas y estables de América Latina, y ostenta junto a Chile y Uruguay los mejores indicadores de la región latinoamericana en cuanto a salud y educación.

En Costa Rica no existe una regulación legal específica en materia de franquicia. Cuando se establece una franquicia, por tanto, debe establecerse un contrato formal para regular la relación, lo que tipifica la franquicia en Costa Rica como un contrato atípico, bilateral y oneroso en su ejecución continuada. En ausencia de legislación específica le aplican a la franquicia los elementos relacionados de normativas generales, tales como el Código de Comercio, el Código Civil, doctrina, jurisprudencia y normas supletorias tales como la Ley de Información no Divulgada y la Ley de Marcas y otros Signos Distintivos, entre otras. La jurisprudencia costarricense ha establecido que si no se transmite el *know* how no hay franquicia. Como se aprecia, dada la complejidad legal del tema de franquicia en el país, el contrato debe regular especialmente lo relacionado con propiedad intelectual, el plan de negocio (incluyendo lo financiero y lo económico), y los mecanismos de operación de la red que se deriva de la franquicia, y necesariamente debe ser elaborado con el acompañamiento de un profesional en derecho.

Específicamente el marco legal que regula las franquicias en Costa Rica se presenta en la tabla 1.

Tabla 1. Normativa que regula las franquicias en Costa Rica.

LEY NÚMERO	NOMBRE DE LA LEY	MATERIA
Ley No. 8039 del 12 de octubre de 2000	Ley de Procedimientos de Observancia de los Derechos de Propiedad Intelectual	Propiedad intelectual
Ley No. 7978 de 22 de diciembre de 1999	Ley de Marcas y otros signos distintivos	Marcas
Ley No. 6683 del 14 de octubre de 1982	Ley sobre Derechos de Autor y Derechos Conexos	Propiedad intelectual
Ley No. 6867 de 25 de abril de 1983	Ley de Patentes de invención, dibujos y modelos industriales y modelos de utilidad	Propiedad industrial
Ley No. 2 del 27 de agosto de 1943	Código de Trabajo Artículo 71 inciso g).	Laboral
Ley No. 7472 de 20 de diciembre de 1994	Ley de promoción de la competencia y defensa efectiva del consumidor	Competencia y derechos del consumidor
Decreto No. 30 de 19 de abril de 1886	Código Civil	Incumplimiento contractual y responsabilidad
Ley No.6209	Ley de Protección al Representante de Casas Extranjeras	Contratos comerciales

Fuente: Modificado a partir de Acuña-Castro (2022, págs. 3-4).

2. SITUACIÓN ACTUAL DE LAS FRANQUICIAS EN COSTA RICA

Según datos del Cenaf, a diciembre de 2022, en Cota Rica existían 361 franquicias, con una aportación cercana a los

27.000 puestos de trabajo. Del total de franquicias, 81 son nacionales y 280 extranjeras. El sector de alimentos es el más importante, con un 40% de representatividad. Otros sectores con importante representación, aunque no al nivel de los alimentos son servicios especializados, comercio minorista, educación y moda. Para 2017 las franquicias de alimentos representaban el 49% del total de las franquicias costarricenses (Cámara de Comercio de Costa Rica, 2017), lo que denota un dinamismo creciente de otros sectores en años recientes, aunque el sector de alimentación, como se vio, continúa liderando en cuanto a volumen de casos.

Para iniciar una franquicia en Costa Rica, en el 91% de los casos se requiere una cuota inicial menor a US$50.000. También en el 68% de los casos se utiliza un porcentaje de las ventas como requerimiento de regalía. Además, el tiempo de retorno de la inversión inicial para franquicias nacionales es menor a los dos años en el 61% de los casos (Cámara de Comercio de Costa Rica, 2022).

La pandemia del COVID 19 redujo la cantidad de franquicias, plausible en el año 2021, y ya para 2022 se produjo una recuperación importante, aunque el volumen de franquicias no alcanzó el nivel existente prepandemia (CENAF, 2022). Esta disminución afectó tanto a las franquicias extranjeras como a las nacionales. En la Figura 1 se muestra la cantidad de franquicias nacionales para el periodo 2013-2021. Como se aprecia, la mayor cantidad de franquicias costarricenses fue de 90, en el año 2018, y luego hubo una reducción en 2019, justo antes de la pandemia, y la pandemia agudizó la caída hasta llegar a 66 franquicias en 2021.

Figura 1. Número de franquicias nacionales para el periodo 2013-2021

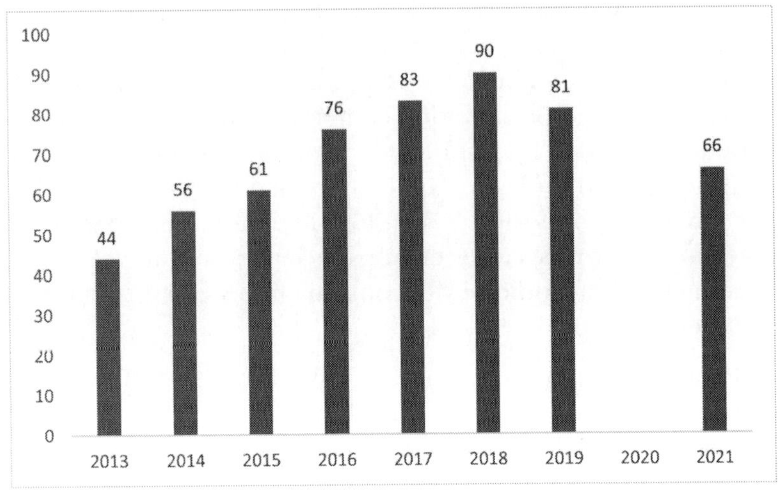

Fuente: Elaboración propia a partir de Cámara de Comercio de Costa Rica (2022).

Llama la atención la reducción en el número de franquicias costarricenses para el periodo 2019-2021, y que, como cabe suponer, no puede atribuirse completamente a la pandemia CIVD19. Costa Rica aprobó modificaciones importantes en su legislación fiscal, pasando de un impuesto de ventas (IV) a un impuesto al valor agregado (IVA), en donde el porcentaje de impuesto no varió, pero sí se gravaron los servicios, antes exentos, y este cambio, realizado en diciembre de 2018, puede haber tenido relación con la disminución en el número de franquicias nacionales experimentado en 2019, y luego se sumaron, presumiblemente, los efectos económicos de la pandemia.

Pese a lo anterior, algunas franquicias costarricenses han tenido éxito en su proceso de internacionalización. Lo anterior lo demuestran ocho franquicias nacionales operando internacionalmente, con presencia en Panamá, México, Honduras, Guatemala, Estados Unidos, Nicaragua, Colombia, El Salvador y Brasil (Cámara de Comercio de Costa Rica, 2022).

Rodríguez-Barquero et al. (2021) realizaron una investigación en Costa Rica para las franquicias como modelo de desarrollo de pymes en Latinoamérica. Presentan un análisis FODA que resumen de buena manera los elementos del entorno en forma de oportunidades y amenazas a los cuales suelen enfrentarse las personas interesadas en establecer franquicias, así como los elementos de fortaleza y debilidad que suelen presentar (ver Tabla 1). Algunos de estos elementos también se encuentran en el estudio de Sevilla-Bermúdez & Rodríguez-Barquero (2021), que se centra en factores para el éxito de franquicias a partir de una investigación específicamente para el sector de alimentos en Costa Rica y México. Factores que parecen tener un alto impacto en el éxito de las franquicias costarricenses de alimentación pasan por tener experiencia previa en el negocio, o *know how*, y que este pueda expresarse por medio de formatos operativos simples, es decir, que se cuente con manuales completos que contengan, eso sí, procedimientos sencillos de comprender por quienes deben aplicarlos.

Tabla 1. Análisis FODA de la franquicia como modelo de negocio

FORTALEZAS	**OPORTUNIDADES**
• Experiencia en el negocio • Diferenciación • Innovación constante • Compromiso con la mejora continua • Formato operativo simple	• Densidad de población (crecimiento del mercado) • Apoyo de política pública • Interés de inversionistas • Acceso a proveedores locales
Debilidades	**Amenazas**
• Escasos manuales detallados • Ausencia de estudios de mercado • Falta de recursos financieros • Ausencia del perfil del franquiciado • Falta de solidez en su modelo de negocio	• Incertidumbre macroeconómica • Acceso a financiamiento • Competencia de marcas extranjeras • Mitos relacionados con la figura • Acceso a información veraz

Fuente: Rodríguez-Barquero et al. (2021).

Con respecto a las franquicias internacionales, la mayoría de estas se encuentran en el rango de inversión inicial de US$100.001 a US$250.000 (29%). Obviamente hay diferencias con respecto a la inversión mínima para ingresar según el giro de negocio de interés y el tipo de licencia que se pretenda. Con respecto a la duración del contrato de franquicia, este oscila entre los cinco y diez años de manera frecuente. Con respecto al retorno de la inversión, el 67% de las franquicias internacionales, indican tener un retorno sobre la inversión inferior a los 4 años. Con respecto al sector de actividad, entre las franquicias internacionales predominan los sectores de servicio especializado (26% del total), *retail* comercial (25%) y *retail* de moda (25%) (CENAF, 2022).

Recientemente y dadas las condiciones fiscales y macroeconómicas del país, así como las consecuencias de la pandemia, se ha impulsado el concepto de microfranquicia, negocios en los cuales se puede ingresar con US$30.000 o menos, y que buscan convertirse en una opción de negocio que al mismo tiempo genera autoempleo para las personas que se vinculen a este modelo. Este formato apuesta a un mecanismo que permite generar ingresos con poca inversión, y este último punto es especialmente importante en lo relacionado con la reducción del riesgo relacionado con la incursión en el negocio.

3. CASO DE ÉXITO: FRANQUICIA SPOON

Siguiendo a Sevilla-Bermúdez & Rodríguez-Barquero (2021), la medición del éxito de una franquicia es un tema abierto a discusión, en el cual hay propuestas a partir de las ventas y utilidades conseguidas, la contribución a la generación de empleo, el número y calidad de relaciones comerciales establecidas, el nivel de internacionalización que se alcance y el nivel de posicionamiento de la marca como indicadores posibles del éxito. Los autores también proponen un modelo en el cual el éxito de la franquicia está determinado por la ubicación de los puntos de venta, el uso de tecnologías y el nivel de innovación que se promueva. Por lo anterior, en el caso que se propone, se considera que la permanencia de larga data en el mercado es un indicador de éxito.

Spoon es un negocio gastronómico que nació en 1977, como una pequeña repostería en la capital de Costa Rica (ver Figura 2), específicamente en Montes de Oca, municipio que se distingue por albergar la principal aglomeración de casas de enseñanza superior en el país, incluyendo el campus central de la Universidad de Costa Rica, la más importante de la nación.

Figura 2. Fotografía del primer local de Spoon

Fuente: Tomado de Méndez (2017).

En cuanto a cobertura geográfica de sus puntos de venta, la cadena cuenta con 30 locales en la Gran Área Metropitana (GAM) costarricense (ver Figura 3). GAM es un término para referirse a la principal aglomeración poblacional del país, que corresponde a varias provincias y varios municipios aledaños, que han ido configurando una gran ciudad, en la cual residen más de la mitad de los costarricenses. Es llamativo eso sí que la franquicia no haya logrado incursionar con ningún punto de venta fuera de la GAM, aunque justamente debido a los factores mencionados en la Tabla 1, se entiende que uno de elementos del éxito de la cadena obedece justamente a la aglomeración urbana de la GAM, lo que garantiza acceso a una gran cantidad de clientes en un área geográfica reducida, cuando en el resto del país ocurre justamente lo contrario: una gran dispersión de población en núcleos urbanos diseminados en todo el país.

Figura 3. Distribución geográfica de los locales de Spoon

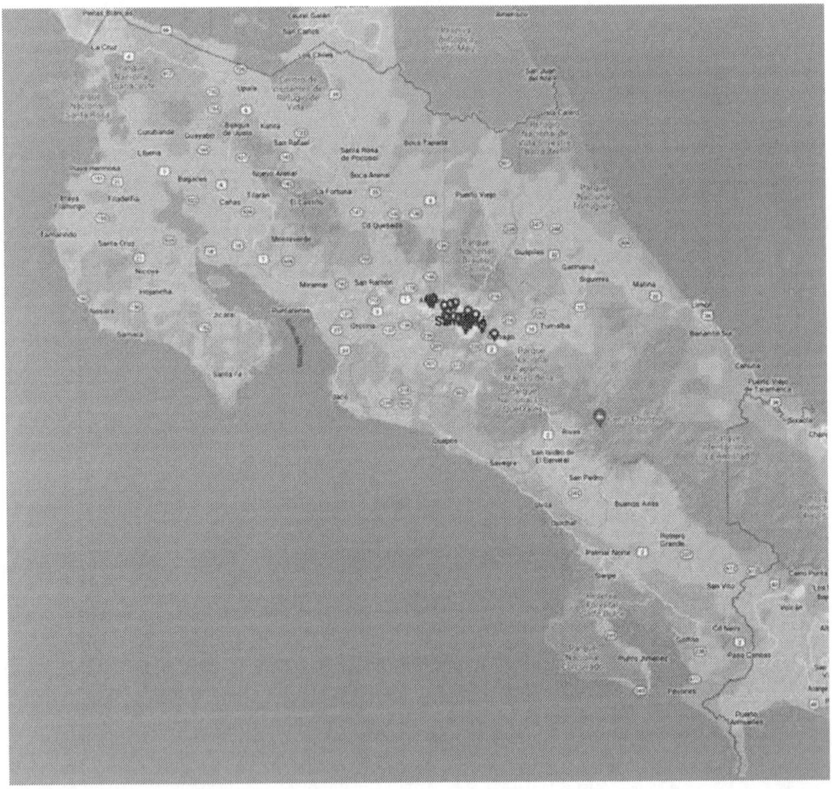

Fuente: Google Maps (2023).

Figura 4. Parte de la oferta gastronómica de Spoon

Fuente: Tomado de Spoon CR (2023).

Spoon además distribuye algunos de sus productos, especialmente repostería, por medio de importantes cadenas de supermercados en el país, de modo que estos productos seleccionados sí tienen presencia en todo Costa Rica. Es probablemente la marca comercial más reconocida en repostería con amplia distribución nacional. Spoon genera más de 800 empleos, y se caracteriza por ofrecer programas de desarrollo para sus colaboradores, en temas tales como estudio, finanzas personales y salud integral (Villalobos, 2022).

Con respecto al éxito de la cadena, "el proceso de transformación de Spoon comenzó en el momento en que dejó de ser un lugar exclusivo para comprar repostería para introducir también cafetería y el servicio de restaurante...Otro paso importante fue el refrescamiento de su imagen y ambientación de los lugares, así como la apertura hacia otros canales de venta; entre ellos, el servicio a domicilio y el ingreso a supermercados" (Méndez, 2017).

Recientemente " Spoon se ha enfocado en una renovación que comprende desde la experiencia en tienda, empaques, innovación en sus productos, relanzamiento del app/web buscando siempre sorprender en diferentes formas a los costarricenses e integrando a las nuevas generaciones que se suman como consumidores a la marca" (Villalobos, 2022).

La cadena ha venido en franco crecimiento, si se toma en cuenta que Costa Rica es un país pequeño con una población igualmente pequeña en comparación con gigantes latinoamericanos como Brasil y México. Para su 40 aniversario, en 2017, contaban con 25 locales, y como ya se anotó, para su 45 aniversario, en 2022, ya son 30 locales. Probablemente un desafío importante para la cadena será salir de la GAM y abrir locales en los principales centros urbanos de la periferia del país, que cuentan con características económicas, poblacionales y competitivas diferentes a los de la capital, y por qué no salir de las fronteras costarricenses, hacia otras capitales latinoamericanas, en las cuales su propuesta de negocio podría resultar también muy exitosa.

REFERENCIAS BIBLIOGRÁFICAS

Acuña-Castro, A. (2022). *Expediente N.º 23.448: Proyecto de Ley: Ley para la regulación y el impulso de las franquicias.*

Banco Mundial (2023). *Costa Rica: Panorama general* [Text/HTML]. World Bank. https://www.bancomundial.org/es/country/costarica/overview

Cámara de Comercio de Costa Rica (2017). *VII Estudio del Mercado de Franquicias de Costa Rica* (p. 18). Cámara de Comercio de Costa Rica.

Cámara de Comercio de Costa Rica (2022). *XII Estudio del Mercado de Franquicias.*

CENAF (2022). Franquicias siguen creciendo tras el impacto de la pandemia. *Cámara de Comercio de Costa Rica.* https://camara-comercio.com/franquicias-siguen-creciendo-tras-el-impacto-de-la-pandemia/

CENAF (2023). *Centro Nacional de Franquicias.* https://www.franquiciascostarricenses.cr/Pages/nosotros

Méndez, M. (2017). *Spoon celebra su 40 aniversario.* La Nación. https://www.nacion.com/somos-celebres/en-el-entorno/spoon-celebra-su-40-aniversario/J5EV6KHZEVG73FPES2XSDT36QQ/story/

Rodríguez-Barquero, R., Martínez-Villavicencio, J., y Faith-Vargas, M. (2021). *El modelo de negocio de franquicia como estrategia de desarrollo en la micro, pequeña y mediana empresa: El caso latinoamericano* [Informe final de proyecto de investigación].

Sevilla-Bermúdez, C., y Rodríguez-Barquero, R. M. (2021). Diseño de instrumento para la medición de factores de éxito en franquicias de alimentos y bebidas: Caso de estudio. *Revista CEA*, *7*(14).

Spoon CR (2023). *Spoon CR | Restaurante.* https://www.spooncr.com

Villalobos, G. (2022). Spoon celebra 45 años en el corazón de los costarricenses. *El Corporativo.* https://elcorporativocr.com/negocios/spoon-celebra-45-anos-en-el-corazon-de-los-costarricenses/

CAPÍTULO 10.

La franquicia en los países iberoamericanos: el caso de Ecuador

ZLATA D. BORSIC LABORDE
Universidad de las Fuerzas Armadas ESPE (Ecuador)

1. INTRODUCCIÓN

Las franquicias en Latinoamérica han experimentado un crecimiento significativo en los últimos años. Según la Asociación Mexicana de Franquicias, México es el país con mayor número de franquicias en Latinoamérica, seguido por Brasil, Argentina y Colombia, siendo que, las franquicias más populares en Latinoamérica son aquellas relacionadas con la comida rápida, como McDonald's y Subway, así como las tiendas de conveniencia, como Oxxo en México y Tiendas D1 en Colombia, de igual manera, también hay una creciente presencia de franquicias en sectores como la educación, la salud y la belleza; todo esto se atribuye al hecho de que las franquicias ofrecen una oportunidad para que los empresarios locales adopten un modelo de negocio exitoso, con el respaldo y el apoyo de una empresa matriz y al mismo tiempo pueden ayudar a impulsar la economía local al generar fuentes de empleo, así como, contribuir a la formación de emprendedores (Guerrero, El empleo directo e indirecto que generan las franquicias nacionales en la ciudad de Quito, 2015).

Pero, a pesar de que existen muchas ventajas en la inversión en una franquicia, también hay riesgos asociados, como el costo inicial y las regalías continuas que deben pagarse a la empresa matriz, por lo tanto, es importante que los inversores investiguen cuidadosamente antes de tomar una decisión de inversión en una franquicia específica (Llain-Arenilla y Insignares-Cera, 2016). Sin embargo, las franquicias se han convertido en una forma popular de inversión en todo el mundo y Ecuador no es una excepción. A medida que el país continúa creciendo económicamente, el mercado de las franquicias también ha crecido. En este artículo, se analizaron las franquicias exitosas en Ecuador y se determinaron los factores que han contribuido a su éxito.

Las franquicias se han convertido en una alternativa para aquellos emprendedores que buscan establecer un negocio bajo un modelo ya probado y exitoso, por lo que, en Ecuador, este modelo de negocio ha ido en aumento en los últimos años. En este capítulo, se presentan los datos más relevantes sobre las franquicias en el país.

2. LA FRANQUICIA EN ECUADOR

Las franquicias son una opción cada vez más popular para los empresarios que buscan expandir sus negocios en Ecuador. Según un informe de la Asociación Ecuatoriana de Franquicias (AEFRAN), el sector de la franquicia en Ecuador ha tenido un crecimiento sostenido en los últimos años, con un aumento del 10% en el número de franquicias en el país entre 2018 y 2019 (Prom Perú, 2011).

Las franquicias en Ecuador se concentran principalmente en los sectores de alimentos y bebidas, servicios y venta al detalle o *retail.* Según la AEFRAN, estos tres sectores representan el 83% de todas las franquicias en el país. Entre las marcas de franquicias más populares en Ecuador se encuentran Subway, McDonald's, KFC, Burger King, Papa John's, entre otras. Dado que, el modelo de la franquicia es una forma de negocio mediante la cual una parte -el franquiciador- cede sus derechos y know-how a otra parte -el franquiciado- a cambio de una serie de contraprestaciones económicas. Dentro del comercio minorista la franquicia cobra una gran importancia en las economías de muchos países (El Comercio, 2019).

Este modelo de negocio se ha convertido en una herramienta atractiva para los emprendedores o para expandir los negocios existentes, gracias a que las franquicias ofrecen una fórmula probada de éxito, así como, una marca ya consolidada y reconocida en el mercado, lo que reduce el riesgo para los inversionistas. Sin embargo, se debe considerar que el éxito de una franquicia en Ecuador depende en gran medida de la adaptación al mercado local y al entorno económico y legal del país.

Existen algunas particularidades en el mercado ecuatoriano, tales como: la preferencia por productos y servicios locales, la regulación laboral y tributaria, y el uso de tecnologías en línea con las necesidades del país. Asimismo, los franquiciados pueden verse obligados a enfrentar desafíos relacionados con la posibilidad de acceso a fuentes de financiamiento o a la capacitación ofrecida de parte de los dueños de las franquicias; en este sentido se ha identificado que solamente el 45% de los franquiciadores en Ecuador cumple con ofrecer la respectiva capacitación y asesoramiento a sus franquiciados y solo un 16% ofrece financiamiento. Pero, a pesar de estos desafíos, el potencial de crecimiento de las franquicias en el país es significativo, ya que se cuenta no solo con un mercado interno importante, sino que, es de gran ventaja la posición geográfica estratégica para el comercio regional y global (El Comercio, 2019).

De acuerdo con la AEFRAN (2023), la franquicia es un método de expansión comercial en el cual, el dueño de un concepto de negocio (franquiciante) permite, apoya y asesora a otra persona (franquiciado) para que replique su concepto de negocio de éxito y comercialice productos o servicios bajo su nombre comercial y marcas registradas, acorde con lo que sea convenido en un contrato de franquicia.

Es la norma que el franquiciado debe pagar un derecho de entrada al momento de firmar el contrato y de manera posterior pagará regalías periódicas, usualmente un porcentaje de las ventas. Por lo que, es recomendable que antes de tomar la decisión de invertir en una franquicia, el potencial inversor realice de manera previa un análisis que permita verificar los pros y contras del desarrollo de la franquicia que desee instaurar, para que, luego de tomar una decisión se inicie el proceso de desarrollar una franquicia, el mismo que presenta tres etapas: la licencia de uso de marca, la transferencia de tecnología mediante la capacitación inicial y el otorgar asistencia técnica continua.

Dado que, los consumidores actuales son cada vez más exigentes y al mismo tiempo, gracias a la presencia de diversos aspectos, tales como: la globalización, el uso intensivo de las nuevas tecnologías y a la existencia del internet, pueden acceder a información sobre otras culturas, así como, a los distintos estilos de vida que existen alrededor de todo el mundo, por lo que, las barreras culturales que podrían haber existido entre las diferentes naciones del mundo han ido desapareciendo poco a poco, al mismo tiempo que se presenta una homogenización de los gustos de los consumidores y un cambio en su forma de consumo, puesto que, hoy en día los consumidores tienen la facilidad de obtener nuevos productos y/o servicios ofertados en otros países, sea porque en la actualidad es más fácil viajar o por la facilidad de acceso a la información, en todo caso, estos cambios han propiciado el deseo de los consumidores por asimilar las culturas de otros países e incorporar nuevos productos a su estilo de vida, de manera que, es en este punto donde las franquicias asumen un rol fundamental al cubrir estas necesidades emergentes (Giménez Gironda, 2020).

3. ORIGEN DEL SISTEMA DE FRANQUICIAS EN ECUADOR

A pesar de que el origen de las franquicias no es un concepto nuevo, puesto que este tipo de actividad se ha realizado desde la Edad Media, el tomar el concepto de las franquicias como un modelo de negocio de éxito se ha aplicado desde el siglo XX en Estados Unidos o en Europa, y, en el caso puntual de Latinoamérica (LATAM), este constructo tardó más en desarrollarse y aplicarse; es así que, en los años 90, cuando la sociedad latinoamericana estuvo lista para aplicar este sistema de negocio, gracias a los vertiginosos cambios que se presentaron, tanto en lo político, como en lo social y en lo tecnológico, las franquicias LATAM, que también fueron sujeto de innovaciones con el transcurso del tiempo, comenzaron a consolidarse no solo en sus países de origen, sino que, dieron el salto hacia la internacionalización (Latam Networks, 2020).

Se ha identificado que, a nivel mundial, los países con mayor desarrollo en términos de franquicias son Estados Unidos y Francia. En cambio, los países latinoamericanos que poseen un mayor número de establecimientos franquiciados son Brasil (114.409) y México (73.000), bajo un modelo en el que los franquiciados obtienen la oportunidad de ser empresarios (Medina, 2016).

Esto se consigue gracias al respaldo de todo el saber hacer (know how) con el que contribuye el franquiciador, mediante la entrega de todo el conocimiento para manejar un negocio de éxito comprobado, sea a través de: asistencia técnica, administrativa, récord financiero que respalda el acceso a créditos, el hecho de no requerir experiencia previa y en algunos casos formación continua, por lo que, las franquicias, debido a sus características representan un negocio en el cual, el riesgo a fracasar es menor que crear un negocio propio, situación que se atribuye al apego por los procedimientos establecidos por el franquiciador y al cumplimiento de las obligaciones del franquiciado (Pavón-Villegas y Vargas-Hernández, 2016).

Al momento de hablar de las Franquicias ecuatorianas, la Cámara de Comercio Ecuatoriano–Americana y Prom-Perú (2011) enfatizan que el mercado ecuatoriano está dominado por las franquicias procedentes de los Estados Unidos (80%), también existen franquicias procedentes de Colombia, Venezuela y otros países (10%), y finalmente, en un menor porcentaje (10%), están las franquicias locales. Este modelo de negocios en Ecuador empezó específicamente en 1967, con la llegada de las franquicias provenientes de los Estados Unidos. Tanto la Cámara de Comercio Ecuatoriano–Americana, como Prom-Perú (2011) han identificado que el crecimiento de las franquicias en Ecuador es pequeño (4%), sin embargo, en la última década este tipo de negocios ha presentado un desarrollo progresivo, lo que se refleja en el incremento del número de establecimientos (25%) que poseen las franquicias.

Las franquicias son una opción cada vez más popular para los empresarios que buscan expandir sus negocios en Ecuador, el sector de las franquicias en Ecuador mantuvo un crecimiento sostenido en los últimos años, con un aumento del 10% en el número de franquicias en el país entre 2018 y 2019, antes de la pandemia por la COVID-19 (Asociación Ecuatoriana de Franquicias – AEFRAN, 2018).

En 1992 empezaron a surgir las franquicias de capital ecuatoriano, tales como: Yogurt Persa, Farmacias Cruz Azul, Docucentro Xerox, Restaurante PIM´S y Cellshop, aunque, el mayor repunte de las franquicias en ecuatorianas se dio a partir del año 2000, cuando este país adoptó el dólar americano como moneda nacional, no obstante, el esfuerzo de varios empresarios del país para expandir sus empresas mediante el modelo de negocios basado en franquicias se tuvo su mayor repunte a partir del 2005, año en el que se llegó a contabilizar no menos de 35 franquicias ecuatorianas, entre las que se destacaron: Los

Cebiches de la Rumiñahui, Churrín–Churrón, Frutanga, Pañaleras Pototín, Expocolor, Bopan, Disensa, entre otras (Borsic Laborde, Maya, y Aigaje, 2017).

Muchos empresarios ecuatorianos, especialmente del sector de restauración y alimentos, que contaban con establecimientos en pleno funcionamiento en las principales ciudades urbanas del país, tales como: Quito, Guayaquil, Cuenca, Machala y Ambato, tomaron la decisión de franquiciar su negocio a nivel nacional, debido a que el nivel de ingresos de la población ecuatoriana es mayor en dichas áreas (Instituto Nacional de Estadística y Censos-INEC, 2016).

4. LA ASOCIACIÓN ECUATORIANA DE FRANQUICIAS-AEFRAN

En Ecuador existe la *Asociación Ecuatoriana de Franquicias* (AEFRAN), la cual, tiene como misión el ser una entidad sin fines de lucro destinada a promover, proteger y desarrollar el sistema de franquicias en Ecuador. Para ello agrupa a franquiciantes, franquiciados, consultores de franquicias y proveedores de productos y servicios destinados al uso durante las operaciones de las franquicias. AEFRAN forma parte de la Federación Iberoamericana de Franquicias FIAF (Asociación Ecuatoriana de Franquicias-AEFRAN, 2023).

Sus principales lineamientos estratégicos se enfocan en el lograr establecer contacto con diferentes entidades tanto públicas como privadas con el fin de promocionar el sistema de franquicias en Ecuador; también buscan promover la realización de conferencias y/o eventos de franquicias de manera conjunta con las Cámaras de la Producción, Universidades e instituciones financieras, con el fin de difundir el sistema de franquicias en Ecuador.

De igual manera, buscan promover la creación de nuevas franquicias ecuatorianas como motor de impulso de la economía del país, mediante la creación de nuevas empresas y generar nuevas fuentes de empleo; también se ocupa de promocionar entre los franquiciados y franquiciadores, el que participen en ferias y eventos internacionales de franquicias, con el fin de apoyar la exportación de franquicias ecuatorianas; y por último, pero no menos importante, promueve la creación de micro franquicias como un mecanismo para generar microempresas y reducir la pobreza (Asociación Ecuatoriana de Franquicias-AEFRAN, 2023).

5. PARTICULARIDADES DE LAS FRANQUICIAS ECUATORIANAS

Empresarios de nacionalidad ecuatoriana o extranjeros radicados en el país, han abierto negocios de origen extranjero, con el distintivo de que, para hacerlo, han obtenido un permiso del dueño del concepto, pero, con ciertas particularidades, dicho permiso se conoce como franquicia. Las particularidades consisten no solo en el uso del nombre comercial de un establecimiento o marca, o de patentes industriales, secretos comerciales o industriales, manuales de procedimientos o de operación, softwares, diseños industriales o música, sino, que el franquiciado puede utilizar todo el *modelo* o *formato del negocio*, éste último se refiere a la manera en la que, en términos jurídicos, los abogados se refieren a este modelo de negocio que se basa en el respeto a la propiedad intelectual.

Es decir, que, bajo esta premisa el franquiciador se encuentra en el deber de proveer asistencia técnica al franquiciado, de otorgarle todo el know how del manejo del negocio. Cabe destacar que la franquicia puede incluir la obligación del *franquiciado* de distribuir productos que produce el *franquiciador* o que provengan de determinados proveedores designados por éste, so pena de incurrir en violación contractual.

Cabe destacar que en Ecuador no existe una legislación explícita para las franquicias, por lo tanto, la principal fuente de obligaciones proviene de manera directa del convenio que suscriban las partes. Sin embargo, dado que, lo que se permite utilizar en este tipo de negocios, es justo lo que se conoce como los derechos de propiedad intelectual[1], en los convenios de franquicias, es mandatorio el tener en consideración todas aquellas normas establecidas en la Ley de Propiedad Intelectual y su respectivo Reglamento, así como, las disposiciones pertinentes del Instituto Ecuatoriano de Propiedad Intelectual- IEPI, además de las normas jurídicas procedentes del Código Civil y del Código de Comercio.

Además, se presenta una controversia en relación con el tema laboral, debido a que en las disposiciones del Mandato N. 8 de la Constitución del Ecuador se prohíbe la tercerización en las actividades a las que se dediquen las empresas, dicho Mandato señala que "Se elimina y prohíbe la tercerización e intermediación laboral y cualquier forma de precarización de las relaciones de trabajo en las actividades a las que se dedique la empresa o empleador. La relación laboral será directa y bilateral entre trabajador y empleador", además, se prohíbe la contratación laboral por horas (Organización Internacional del Trabajo-OIT, 2008, pág. 1). De manera que, los franquiciados

---

1 Según la Universidad Nacional de Ucayali (2018) se conoce como *propiedad intelectual* al ordenamiento legal que protege a las producciones científicas, tecnológicas, literarias o artísticas, que son desarrolladas por la mente humana por el tiempo establecido en la ley, siempre y cuando éstas sean susceptibles de plasmarse en cualquier tipo de soporte, medio de producción, reproducción o divulgación conocido o por conocer, lo que comprende: los derechos de autor, la propiedad industrial y derechos conexos.

podrían perder tiempo de gestión para dedicarse a actividades relativas al manejo de licencias de marcas, de propiedad intelectual y no a la operación del negocio propiamente dicho, por lo tanto, los empresarios se ven en la obligación de contratar asesoría legal especializada, de manera que, aquellos empresarios que adquieran franquicias extranjeras para Ecuador, podrían encontrar en sus contratos algunas cláusulas en las que se señala de manera expresa que en caso de controversias entre el franquiciador y el franquiciado, se someterán a las leyes, tribunales y procedimientos del país de origen de la franquicia.

6. ELEMENTOS DE UN CONTRATO DE FRANQUICIA EN ECUADOR

A diferencia de otros países donde sí cuentan con un marco jurídico creado de manera específica para aplicar en las franquicias, en Ecuador no existe ningún tipo de legislación específica para este fin, sin embargo, sí existen disposiciones generales en el Código Civil, Código de Comercio, motivo por el cual, las franquicias son establecidas mediante un acuerdo entre las partes. Por otro lado, cuando se lleva a cabo una negociación con una franquicia internacional, dichas organizaciones ya cuentan con un modelo de contrato denominado *contrato master* (Romero Ponce, 2013).

En todo contrato de franquicia siempre intervienen dos partes con capacidad jurídica, por un lado, está el franquiciante, el cual tiene el compromiso de otorgar la licencia de uso de una marca, así como, facilitar la formación a través de la transmisión de conocimientos de la gestión de un modelo de negocio exitoso, por otro lado, está el franquiciado, quien tiene la obligación de cumplir con los sistemas y métodos establecidos por el franquiciante, con el fin de que pueda aprovechar de manera eficiente un modelo de negocio que ya tiene el éxito comprobado. De acuerdo con el Ministerio de Comercio Exterior e Inversiones (2019), un contrato de licencia de franquicia contiene algunos elementos, pero los que no pueden faltar se detallan a continuación.

El primer elemento es la descripción del objeto del contrato, que incluye la marca, la transferencia de un know-how, el modelo de negocio, la confidencialidad, entre otros. El contrato debe ser lo más específico posible para evitar confusiones entre las partes contratantes. Además, es necesario establecer la duración del contrato y las condiciones para su renovación o rescisión, generalmente de largo plazo para así poder permitir al franquiciado que pueda recuperar la inversión inicial ejecutada. Este elemento indica que el franquiciante es el titular de una marca de producto, servicio el cual promueve la atracción de los clientes y a su vez el franquiciado pueda usar la marca y sus respectivos elementos. Sin embargo, se debe detallar la no competencia y/o las posibilidades de subfranquiciar, esta parte se enfoca en impedir que el franquiciante desarrolle negocios competitivos.

El segundo elemento es la obligación del franquiciador de proporcionar al franquiciado el know-how necesario para la explotación del negocio. El know-how puede incluir desde manuales de operaciones hasta la formación del personal del franquiciado. Asimismo, se establecerá la obligación del franquiciador de proporcionar al franquiciado asistencia técnica y comercial durante la vigencia del contrato, es decir, que el franquiciador tiene la responsabilidad de transmitir todo el conocimiento sobre la conducción, estructura y organización del negocio para poder asegurar su adecuado funcionamiento.

El tercer elemento es el pago de la remuneración económica por parte del franquiciado al franquiciador, esta remuneración puede ser en forma de regalías, canon de entrada, así como la tarifa inicial de franquicia (derecho de entrada) y las condiciones para su reembolso. El contrato deberá establecer claramente la forma y periodicidad de los pagos, así como las consecuencias en caso de incumplimiento.

El cuarto elemento es la exclusividad territorial del franquiciado. El contrato deberá establecer el territorio exclusivo en el que el franquiciado podrá explotar el negocio, así como las condiciones en caso de que se permita la apertura de nuevos establecimientos en el mismo territorio. Consiste en la delimitación del sector territorial para el franquiciado en el cual se va a ejecutar el contrato, es considerado como uno de los elementos esenciales para el éxito de la operación.

El quinto elemento es la protección de la propiedad intelectual del franquiciador. El contrato deberá establecer las obligaciones del franquiciado en cuanto a la protección de la marca y otros derechos de propiedad intelectual del franquiciador. Además, se deberán establecer las consecuencias en caso de infracción por parte del franquiciado.

En definitiva, los elementos de un contrato de franquicia en Ecuador son la descripción del objeto del contrato, la obligación del franquiciador de proporcionar al franquiciado el know-how necesario, el pago de la remuneración económica por parte del franquiciado al franquiciador, la exclusividad territorial del franquiciado, y la protección de la propiedad intelectual del franquiciador. Es importante que el contrato sea redactado de manera clara y detallada para evitar confusiones y conflictos entre las partes contratantes (Ministerio de Comercio Exterior e Inversiones, 2019).

7. INDICADORES MACROECONÓMICOS

Dado que, los indicadores macroeconómicos son herramientas que permiten medir el estado de la economía de un país, se consideró que es importante realizar un comparativo sobre la evolución histórica de las tasas de inflación de Ecuador, la Unión Europea, Estados Unidos y el resto del mundo, desde el año 2015 hasta el 2021, los detalles se exhiben en la Tabla 1.

Tabla 1. Comparativo de las tasas de inflación históricas de Ecuador y el mundo

Año	Ecuador	UE	EE. UU	Mundo
2021	0,13%	2,55%	4,70%	3,50%
2020	-0,34%	0,50%	1,23%	1,92%
2019	0,27%	1,63%	1,81%	2,19%
2018	-0,22%	1,74%	2,44%	2,44%
2017	0,42%	1,43%	2,13%	2,19%
2016	1,73%	0,18%	1,26%	1,55%
2015	3,97%	-0,06%	0,12%	1,43%

Fuente: elaboración propia con base en Datos Mundial.com (2022).

En la Tabla 1 se identifica que en Ecuador la tasa de inflación ha presentado una tendencia a la baja, incluso con períodos de inflación negativa, de manera especial en el año 2020, lo que coincide con el inicio de la pandemia por la COVID-19, y, se denota que, durante ese año, también bajó la inflación en la Unión Europea, Estados Unidos y el resto del mundo.

Ecuador es un país situado en América del Sur, con una población de aproximadamente 17,6 millones de habitantes y un Producto Interno Bruto (PIB) de 104,2 mil millones de dólares en el año 2021 y para el 2022 registró una variación de 4,3% respecto al 2021 (Banco Mundial, 2021). La economía del país se basa en la producción de petróleo, agricultura, turismo y servicios.

En el caso de Ecuador, estos indicadores son importantes para evaluar el crecimiento económico, la estabilidad financiera, el empleo y la inflación. En este capítulo se analizan algunos de los principales indicadores macroeconómicos de este país y su evolución en los últimos años.

Crecimiento económico

Uno de los principales indicadores macroeconómicos de un país es su tasa de crecimiento económico. En el caso de Ecuador, esta tasa ha sido volátil en los últimos años. Según el Banco Central del Ecuador (BCE), en 2019 la economía ecuatoriana creció un 0,1%, mientras que en 2020 se contrajo un 7,8% debido a la pandemia de COVID-19. A pesar de la pandemia, al cierre del 2021 el país presentó mejores resultados que lo esperado, debido a diversos factores, tales como: comportamiento del crédito, la aplicación oportuna de un plan de vacunación, las exportaciones petroleras y remesas (Asobanca, 2022) y para el 2022 se registró un crecimiento del 2,9% a precios constantes, equivalente a USD 71.125 millones (BCE, Estadísticas Macroeconómicas, 2022).

Estabilidad financiera

Otro indicador macroeconómico importante es la estabilidad financiera, en Ecuador, el sistema financiero ha experimentado algunos problemas en los últimos años, por ejemplo, en 2019 el BCE tuvo que intervenir en el Banco de Guayaquil debido a problemas de liquidez (El Comercio, 2019). Sin embargo, en términos generales el sistema financiero ecuatoriano ha sido estable, es sólido y ha resistido de buena manera la recesión (FMI, 2021). Ecuador es un país en el cual durante mucho tiempo se enviaron señales equivocadas al mundo, lo que ahuyentó la inversión extranjera y también se incumplió con el pago de las deudas; sin embargo, en la actualidad se ofrece un panorama diferente, encaminado a recuperar la credibilidad nacional e internacional, por lo que, el Gobierno trabaja para generar un marco que posibilite el realizar transformaciones en aspectos estratégicos, tales como: lo social, lo económico y lo financiero (Asobanca, 2022).

Empleo

El empleo es otro indicador macroeconómico importante. En Ecuador, la tasa de desempleo ha sido relativamente estable en los últimos años. Según el Instituto Nacional de Estadística y Censos (INEC) la tasa de desempleo a diciembre de 2019 fue de 3,8% (Instituto Nacional de Estadísticas y Censos–INEC, 2019), para diciembre de 2020, la tasa de desempleo alcanzó un 5% a nivel nacional, en este caso, es importante tener en cuenta que la pandemia de COVID-19 afectó negativamente al mercado laboral en Ecuador, especialmente en sectores como el turismo y la construcción (Instituto Nacional de Estadísticas y Censos–INEC, 2020). Para diciembre de 2021 la tasa de desempleo fue de 4,1% (Instituto Nacional de Estadísticas y Censos–INEC, 2021). En el año 2022, la tasa de desempleo a nivel nacional fue de 4,4% (Instituto Nacional de Estadísticas y Censos–INEC, 2022).

Inflación

La inflación es otro indicador macroeconómico importante. En Ecuador, la inflación ha sido relativamente baja en los últimos años, sin embargo, es importante tener en cuenta que la inflación puede ser afectada por factores externos, como, por ejemplo, la fluctuación del precio del barril de petróleo, que es uno de los principales productos de exportación de Ecuador, así como, la presencia de la pandemia de la COVID-19. La inflación anual para diciembre de 2019 fue de -0,07%, para diciembre de 2020, la inflación acumulada se ubicó en -0,93%, mientras que la de diciembre de 2021 se fue de 1,94% (Instituto Nacional de Estadísticas y Censos–INEC, 2021), mientras que, la inflación anual a diciembre de 2022 cerró en 3,74% (Instituto Nacional de Estadísticas y Censos – INEC, 2022).

En resumen, los indicadores macroeconómicos son herramientas importantes para evaluar el estado de la economía de un país. En el caso de Ecuador, estos indicadores muestran que su economía ha sido volátil en los últimos años, de manera especial por causa de la presencia de la pandemia de COVID-19. Sin embargo, a pesar de ello, el país ha logrado mantener una tasa de inflación baja y un sistema financiero sólido. En el futuro, será importante seguir monitoreando estos indicadores para evaluar el desempeño de las franquicias en la economía ecuatoriana.

8. DATOS DE LAS FRANQUICIAS DE ECUADOR

Considerando que el modelo de las franquicias se ha convertido en una forma popular de hacer negocios en todo el mundo, es lógico suponer que en Ecuador también se presenta ese fenómeno y el número de cadenas franquiciadoras ha aumentado en los últimos años. En este capítulo, se analiza la evolución del número de franquiciados, los sectores en los que operan, el empleo directo/indirecto, los datos económicos de la franquicia y la internacionalización de las cadenas. El número de franquiciados en Ecuador ha aumentado significativamente en los últimos años. Según un informe publicado por la Cámara de Comercio de Quito (2020), el número de franquiciados aumentó en un 30% entre 2016 y 2019, además, el informe señala que el 80% de las nuevas franquicias son de origen nacional. Siendo que, los sectores más populares para las franquicias son los relacionados con la alimentación, la moda y los servicios de belleza y cuidado personal, en estos sectores se pueden encontrar marcas internacionales y nacionales (El Universo, 2021).

Las franquicias son una fuente importante de empleo en Ecuador. Según la Asociación Ecuatoriana de Franquicias (2021), las franquicias emplean directamente a más de 50.000 personas en el país. Además, se estima que cada puesto de trabajo directo en una franquicia crea dos puestos de trabajo indirectos. De acuerdo con el Artículo 79 del *Código del Trabajo,* en Ecuador, todo trabajo debe ser remunerado, por lo que, antes de iniciar las labores se debe realizar un *contrato individual*[2] entre el empleador y el empleado, donde se refleje que los derechos de los trabajadores son irrenunciables, de manera general, en dicho contrato se señala que el contratante tiene la facultad de acordar libremente el monto del sueldo, pero en ningún caso éste podrá ser menor a un salario mínimo vital. Existen diferentes tipos de contratos que un empleador puede establecer con sus empleados, de acuerdo con lo señalado en el mismo *Código del Trabajo,* tales como: por su forma de elaboración: *expreso* o *tácito*; por la forma de remuneración: *a sueldo*[3], a *jornal,* en *participación* y *mixto*; por el tiempo de suscripción: por *tiempo indefinido,* de *temporada, eventual* y *ocasional*; por el tipo de trabajo: por *obra cierta,* por *obra* o *servicio* determinado dentro del giro del negocio, por *tarea* y *a destajo*; por el número de contratados: *individual,* de *grupo* o por *equipo* (Ecuador Legal, 2017).

Por otro lado, la Cámara de Comercio Ecuatoriano–Americana; Prom-Perú (2011) señala que la empresa consultora Deloitte realizó un estudio en el que ha identificado que existen áreas en las que las franquicias demandan más personal, tales como: operaciones, mercadeo y ventas, finanzas y talento humano. El Gerente en Ecuador de la Asociación Ecuatoriana de Franquicias (2018), señala que el modelo de las franquicias es una manera segura de invertir, tanto para el emprendedor que

---

2 Contrato individual de trabajo: es un acuerdo escrito a través del cual una persona se compromete con otra u otras a prestar sus servicios de una manera lícita, bajo relación de dependencia a cambio de una remuneración establecida en dicho convenio (Ecuador Legal, 2017).

3 El *contrato a sueldo* es un contrato en el que se define la remuneración con base en un día de trabajo o de estar a disposición del jefe; no se considera la cantidad de trabajo realizado para estipular el pago (Ecuador Legal, 2017).

desea montar un negocio, como para el dueño de un negocio de éxito que desea crecer; de manera que muchos inversionistas han ingresado a nuevos conceptos de negocio bajo el formato de las franquicias; sin embargo, los emprendedores ecuatorianos muestran mayor interés por las franquicias cuyas licencias oscilen entre $10000 y $25000 USD. Esta situación ha generado el incremento en la oferta de empleo, lo que ha permitido la dinamización de la economía.

Al tomar en consideración los datos económicos de las franquicias, se destaca que, la inversión en una franquicia puede variar según el sector y la marca. Por lo general, las franquicias extranjeras suelen requerir una inversión inicial más alta que las franquicias de origen nacional. En cualquier caso, es importante investigar y evaluar cuidadosamente los costos y beneficios de la inversión antes de tomar una decisión. De acuerdo con datos de la Cámara de Comercio de Quito (2020), la inversión inicial para abrir una franquicia puede oscilar entre $10.000 y $500.000, mientras que la rentabilidad de una franquicia puede alcanzar el 20% anual (El Comercio, 2019). Según la Asociación Ecuatoriana de Franquicias (2021), se estima que en la actualidad existen alrededor de 200 marcas de franquicias operando en Ecuador, tanto de origen nacional como extranjero, de éstas, aproximadamente el 30% son de origen ecuatoriano, mientras que el 70% restante son franquicias extranjeras.

En este sentido, según Romero Ponce (2013), la primera franquicia extranjera en ingresar a Ecuador fue la lavandería en seco denominada Martinizing en 1967, de manera posterior, ingresaron al país otras franquicias, tales como: Kentucky Fried Chicken (KFC) en 1975, Pizza Hut en 1982, Burger King en 1986, McDonald's en 1997; un segundo hito en el desarrollo de las franquicias en Ecuador comenzó en 1997 con la creación de las franquicias nacionales. Entre las franquicias de origen ecuatoriano más destacadas se encuentran empresas como Helados de Paila, Supermaxi, Mi Juguetería, y Café Tostado, por mencionar algunas. Por otro lado, entre las franquicias extranjeras que operan en Ecuador se encuentran marcas como McDonald's, Subway, KFC, Pizza Hut, Dunkin' Donuts, entre otras. En general, las franquicias extranjeras tienen una presencia más amplia y reconocida en el mercado ecuatoriano debido a su experiencia y capacidad de expansión global. Por otro lado, las franquicias de origen nacional tienen una ventaja en términos de conocimiento del mercado local y una mayor capacidad de adaptación a las necesidades del consumidor local.

Además, es importante destacar que las franquicias en Ecuador se encuentran en sectores diversos, desde alimentación hasta servicios y comercio minorista. Según la Cámara de Comercio de Quito, algunas de las franquicias más populares en Ecuador son en el sector de alimentos y bebidas, incluyendo marcas como KFC, McDonald's, y Subway. En el sector de servicios, destacan franquicias como Nails Factory, MoneyGram y PuntoMio. Y en el sector de comercio minorista, se encuentran marcas como Nike, Adidas, y The Body Shop (Asociación Ecuatoriana de Franquicias–ASOFRAN, 2021). La información sobre la distribución porcentual de las franquicias en Ecuador por tipo de industria proviene de la Asociación Ecuatoriana de Franquicias (2021), según un informe publicado en su sitio web, la distribución actual de las franquicias, se exhibe en la Tabla 2.

Tabla 2. Distribución de las franquicias según el tipo de industria

Industria	NF	%	Nombre de la franquicia
Alimentos	50	20%	McDonald's, Subway, KFC, Pizza Hut, Burger King, Domino's Pizza, Mr. Donut, La Parrilla de Homero, La Tablita del Tártaro, Los Ceviches de la Rumiñahui, Los Hot Dogs de la González Suárez, Panadería Arenas, Panificadora Ambato, Pim´s, Sport Planet, Sweet & Coffee, Yogurt de la Amazonas, Yogurt Persa, entre otros.
Retail	88	35%	Supermaxi, Tía, Fybeca, Etafashion, Kywi, Disensa, Cruz Azul, Edimca, Expocolor, Farmacias Económicas, Medicity, entre otros.
Servicios	113	45%	La Casa del Electrodoméstico, Elite International School, BodyBrite, Enova, Lavanderías Max, The Cleaning Authority, Chem-Dry, Massage Envy y Anytime Fitness, entre otros.

Nota. Número de franquicias = NF, Porcentaje = %. Fuente: Elaboración propia con base en la Asociación Ecuatoriana de Franquicias (2021).

Es importante mencionar que, aunque los sectores de servicios y retail son los más representativos en términos de cantidad de franquicias, la industria de alimentos tiene una gran importancia en el mercado ecuatoriano debido al alto consumo de alimentos dentro del país. De igual manera, se debe tener en cuenta que estas son solo algunas de las principales industrias de franquicias en Ecuador, y que también existen otras opciones en sectores como el turismo, la tecnología y los servicios empresariales; por lo que, la elección de una franquicia dependerá de los intereses y habilidades, así como de la capacidad financiera del potencial inversionista, así como de la demanda del mercado en Ecuador.

En cuanto a la inversión requerida para adquirir una franquicia en Ecuador, el costo varía según la marca y el sector en el que opera; por lo general, las franquicias extranjeras suelen requerir una inversión inicial más alta que las franquicias de origen nacional. En cualquier caso, es importante investigar y evaluar cuidadosamente los costos y beneficios de la inversión antes de tomar una decisión. Incluso, existen algunas cadenas nacionales que han logrado expandirse a otros países de la región, como Colombia y Perú. Un aspecto destacable de la evolución de las franquicias en Ecuador es el aumento de la participación de mujeres como franquiciadas, según la Asociación Ecuatoriana de Franquicias (2021), el 52% de las personas que han invertido en una franquicia en los últimos años son mujeres, además, cada vez son más las marcas que ofrecen oportunidades de franquicias enfocadas exclusivamente para mujeres.

En relación con la internacionalización de las cadenas de franquicias, en Ecuador, hay varias cadenas franquiciadoras internacionales que han establecido operaciones en el país. Se ha identificado que entre las franquicias extranjeras más populares que actualmente operan en Ecuador, se encuentran:

- McDonald's: La famosa cadena de comida rápida estadounidense tiene una fuerte presencia en Ecuador, con múltiples ubicaciones en varias ciudades. Su sitio web es www.mcdonalds.com.ec.
- Subway: La franquicia de sándwiches estadounidense también tiene varias ubicaciones en Ecuador y se ha expandido en los últimos años. Su sitio web es www.subway.com.ec.
- KFC: La cadena de comida rápida de pollo frito estadounidense también tiene múltiples ubicaciones en Ecuador. Su sitio web es www.kfc.com.ec.
- Pizza Hut: La franquicia de pizza estadounidense tiene varias ubicaciones en Ecuador y ha estado en el mercado ecuatoriano durante muchos años. Su sitio web es www.pizzahut.com.ec.
- Dunkin' Donuts: La cadena estadounidense de café y donas también tiene algunas ubicaciones en Ecuador. Su sitio web es www.dunkindonuts.com.ec.
- Burger King: La cadena de comida rápida estadounidense tiene algunas ubicaciones en Ecuador. Su sitio web es www.burgerking.com.ec.

- Papa John's: La franquicia de pizza estadounidense también tiene varias ubicaciones en Ecuador. Su sitio web es www.papajohns.com.ec.
- Domino's Pizza: La cadena de pizza estadounidense tiene algunas ubicaciones en Ecuador. Su sitio web es www.dominos.com.ec.
- Wendy's: La cadena de comida rápida estadounidense tiene una presencia limitada en Ecuador, con solo una ubicación en la ciudad de Quito. Su sitio web es www.wendys.com.ec.
- Carl's Jr.: La cadena de hamburguesas estadounidense tiene una presencia limitada en Ecuador con solo una ubicación en la ciudad de Quito. Su sitio web es www.carlsjr.com.ec.

Estas son solo algunas de las franquicias extranjeras que actualmente operan en Ecuador. Cada franquicia tendrá sus propios términos y condiciones de contrato, así como requisitos de inversión y otros detalles financieros (FranquiciasEcuador.com , (s.f)).

En cuanto a casos de éxito de las franquicias ecuatorianas, se presenta un detalle de las principales franquicias ecuatorianas que coinciden en ofrecer un modelo de negocio de llave en mano[4], y, que en la actualidad son un referente de éxito, los detalles se exhiben en la Tabla 3.

---

4 Las franquicias llave en mano son aquellas franquicias en las que, la propia central o franquiciador, se encargan de llevar a cabo todas las gestiones a realizar para la apertura de una franquicia, de este modo, se le entrega el local preparado al franquiciado, con todo lo necesario para poder abrir de inmediato su negocio (Franquiciashoy.com , 2023).

Tabla 3. Franquicias de origen ecuatoriano que son referentes de éxito

Marca	Giro del negocio	Número de franquicias en Ecuador	Matriz en Ecuador	Venta mensual promedio	Utilidad mensual aproximada	Página Web	Inversión desde:	Modelo de negocio	Tiempo recuperación de la inversión	Tiempo de contrato en años
King Fries–Belgium Fries	Comida rápida estilo belga	2	Quito	$ 4.480	34%	https://m.facebook.com/kingfries.ec/	$ 24.930,00	Llave en mano	16 meses	3
Gato Grill House–Fast Food	Desde comida rápida hasta cortes premium de carnes	9	Quito	$ 15.000	27%	www.gatogril.com	$ 42.000,00	Llave en mano	12 a 18 meses	5
Super Ferretería Bravo	Ferretería	10	Quito	$ 30.000	7%	http://superferreteriabravo.com/	$ 54.800,00	Llave en mano	21 meses	4,5
Camino del Sol	Gastro Pub–Cervecería Artesanal	8	Quito	$ 12.500	22%	https://www.caminodelsol.ec/	$ 44.500,00	Llave en mano	16 meses	4
Delicias de verde	Restaurante	3	Quito	$ 6.300	19%	https://deliciasdeverde.com/	$ 20.990,00	Llave en mano	18 meses	4
Los Helados Fritos de la Cuero y Caicedo	Heladería	7	Quito	$ 4.500	22%	https://franquiciaecuador.com/portfolio-item/helados-fritos-de-la-cuero-y-caicedo/	$ 17.000,00	Llave en mano	16 meses	4,5
Maqanakuy	Entretenimiento	2	Quito	$ 5.400	30%	https://www.facebook.com/maqanakuy.ec/	$ 39.460,00	Llave en mano	24 meses	5
Milos	Heladería Soft	26	Ambato	$ 6.000	22%	https://www.facebook.com/milosheladerias/?locale=es_LA	$ 27.256,00	Llave en mano	24 meses	5
Los Pollos de la Poli	Asadero de Pollos	7	Valle de los Chillos	$ 8.000	25%	https://lospollosdelapoli.com/	$ 20.900,00	Llave en mano	17 meses	3,5
Miss Lashes	Diseño de mirada	5	Quito	$ 10.000	33%	https://www.misslashes.ec/	$ 31.999,00	Llave en mano	16 meses	5

Marca	Giro del negocio	Número de franquicias en Ecuador	Matriz en Ecuador	Venta mensual promedio	Utilidad mensual aproximada	Página Web	Inversión desde:	Modelo de negocio	Tiempo recuperación de la inversión	Tiempo de contrato en años
Western Pizzería	Bar Pizzería	6	Quito	$ 20.000	27%	https://franquiciaecuador.com/portfolio-item/franquicia-western-pizzeria-disponible-en-ecuador/	$ 80.000,00	Llave en mano	15 meses	5
Drink Team	Bartenders–Barras Móviles	6	Quito	$ 5.500	45%	https://franquiciaecuador.com/portfolio-item/drink-team/	$ 31.900,00	Llave en mano	15 meses	4
Casa Ingco	Herramientas Ferreteras Ingco	8	Ambato	$ 8.000	14%	https://franquiciaecuador.com/portfolio-item/casa-ingco/	$ 20.000,00	Llave en mano	13 meses	Indefinida
Vacunorte	Centro de Vacunación	6	Quito	$ 1.500	14%	https://franquiciaecuador.com/portfolio-item/vacunorte/	$ 18.270,00	Llave en mano	17 meses	5
Viko	Restaurante–Asadero	4	Cuenca	$ 14.700	14,60%	https://franquiciaecuador.com/portfolio-item/viko-restaurante/	$ 41.481,00	Llave en mano	20 meses	5
Planeta Slime	Slime Shop	4	Guayaquil	$ 5.000	32%	https://franquiciaecuador.com/portfolio-item/planeta-slime-franquicia/	$ 16.845,00	Llave en mano	12 meses	3,5
Curly World	Estética especializada	2	Valle de los Chillos	$ 2.700	33%	https://franquiciaecuador.com/portfolio-item/curly-world/	$ 15.290,00	Llave en mano	17 meses	4
Coctiki	Gastro Bar	8	Ibarra	$ 8.000	34%	https://franquiciaecuador.com/portfolio-item/coctiki/	$ 28.000,00	Llave en mano	12 meses	4
Cedemil	Escuela de formación	7	Quito	$ 6.000	46,66%	https://franquiciaecuador.com/portfolio-item/cedemil/	$ 12.700,00	Llave en mano	7 meses	3

Fuente: Elaboración propia con base en Franquicias Ecuador (2023).

En la Tabla 3 se denota que el modelo de negocio utilizado por todas estas franquicias de origen ecuatoriano que son un referente de éxito coincide en utilizar el modelo de negocio de llave en mano, a pesar de pertenecer a diferentes sectores o industrias.

9. CONCLUSIONES

El mercado de franquicias en Ecuador es diverso y en constante crecimiento. Aunque las franquicias extranjeras tienen una mayor presencia en el mercado, las franquicias de origen nacional también tienen un papel importante en la economía del país, sin embargo, se recomienda a los potenciales inversores el evaluar cuidadosamente las opciones y hacer una investigación exhaustiva antes de tomar una decisión de inversión.

La presencia de marcas internacionales en el país y la participación creciente de mujeres como franquiciadas son aspectos destacables que demuestran el potencial de las franquicias en Ecuador.

La evolución del número de cadenas franquiciadoras en Ecuador ha sido significativa en los últimos años debido a que constituyen una fuente importante de empleo y una oportunidad para emprendedores que buscan invertir en un negocio probado.

La economía ecuatoriana ha presentado variaciones importantes durante los últimos años, sin embargo, ha mantenido una tasa de inflación baja y un sistema financiero sólido, lo que influye en el desarrollo y crecimiento de las franquicias en el país.

El desarrollo de las franquicias en Ecuador ha sido positivo en los últimos años, generando empleo directo e indirecto y aportando a la economía del país. Los sectores más representativos de las franquicias son el de alimentos y bebidas, servicios y moda y accesorios. Además, el retorno de inversión en las franquicias en Ecuador es relativamente corto, lo que puede ser atractivo para los inversionistas.

Es importante destacar que la mayoría de las cadenas franquiciadoras en Ecuador son de origen nacional, lo que muestra un buen nivel de desarrollo del emprendimiento local. Además, algunas franquicias ecuatorianas han comenzado a expandirse a otros países de la región, lo que demuestra la capacidad de las empresas locales para competir en un mercado globalizado.

En resumen, el desarrollo de las franquicias en Ecuador muestra una oportunidad interesante para el crecimiento empresarial y económico del país, tanto para los emprendedores locales como para las empresas extranjeras interesadas en expandirse en la región.

REFERENCIAS BIBLIOGRÁFICAS

Asobanca, A. d. (2022). Perspectivas favorables en entornos inciertos para 2022. Obtenido de https://asobanca.org.ec/analisis-economico/perspectivas-favorables-en-entornos-inciertos-para-2022/#:~:text=Seg%C3%BAn%20el%20Banco%20Central%20del,las%20exportaciones%20petroleras%20y%

Asociación Ecuatoriana de Franquicias – AEFRAN (2018). *Creación de Franquicias en Ecuador*. Obtenido de Guido Santillán Mancero : https://aefran.org/franquicie-su-negocio/

Asociación Ecuatoriana de Franquicias–ASOFRAN (2021). Obtenido de ¿Qué es una franquicia?: https://www.franquiciasecuador.com/que-es-una-franquicia/

Asociación Ecuatoriana de Franquicias-AEFRAN (2023). Obtenido de https://aefran.org/about-us/

Banco Mundial (2021). Datos sobre Ecuador. Obtenido de https://datos.bancomundial.org/pais/ecuador

BCE, B. C. (2022). Estadísticas Macroeconómicas. Obtenido de https://contenido.bce.fin.ec/documentos/PublicacionesNotas/Estadisticas_Macroeconomicas/2022/Informacion_economica_anual_2021.pdf

BCE, B. C. (2022). Estadísticas Macroeconómicas. Recuperado de. Obtenido de https://contenido.bce.fin.ec/documentos/PublicacionesNotas/Estadisticas_Macroeconomicas/2022/Informacion_economica_anual_2021.pdf

Borsic Laborde, Z., Maya, A. M., & Aigaje, W. M. (2017). Las franquicias ecuatorianas y su contribución en la generación de empleo. *Revista Economía Y Política, (26)*, 81-102. doi:https://doi.org/10.25097/rep.n26.2017.03

Cámara de Comercio de Quito (2020). *Informe de franquicias Ecuador 2020.* Obtenido de https://www.caciqueconnect.com/biblioteca/Informe%20Franquicias%202020%20-%20C%C3%A1mara%20de%20Comercio%20de%20Quito.pdf

Cámara de Comercio Ecuatoriano–Americana; Prom-Perú (2011). *Perfil de mercado de franquicias en Ecuador.* Obtenido de Servicios al exportador. Informes especializados: http://www.siicex.gob.pe/siicex/documentosportal/alertas/documento/doc/1025350155rad0586F

Cámara de Industrias y Producción (2023). Obtenido de Contexto Macroeconómico Ecuador 2021 – 2023. Principales indicadores por sector: https://camaraindustriayproduccion-my.sharepoint.com/personal/camara cip_org_ec/_layouts/15/onedrive.aspx?id=%2Fpersonal%2Fcamara%5Fcip%5Forg%5Fec%2FDocuments%2FCIRCULARES%2FDICIEMBRE%202022%2FDT%2FCONTEXTO%20MACROECON%C3%93MICO%20ECUADOR%202021%20%2D%202

Datos Mundial.com (2022). *Desarrollo de las tasas de inflación en Ecuador.* Obtenido de Resumen Ecuador: https://www.datosmundial.com/america/ecuador/inflacion.php

Diario El Comercio (2013). *El subempleo no bajó del 50% en siete años.* Obtenido de http://www.elcomercio.com/actualidad/negocios/subempleo-no-del-50-siete.html

Diario La Hora (31 de octubre de 2013). Un negocio donde todos ganan. *La micro franquicia social 'Al pasito sabrosito' deja buenos resultados en sus primeros cinco meses.* Obtenido de https://lahora.com.ec/noticia/1101585121/noticia

Ecuador Legal (2017). *Ecuador Legal on line. Código del Trabajo.* Obtenido de http://www.ecuadorlegalonline.com/laboral/codigo-de-trabajo/

El Comercio (27 de Septiembre de 2019). Franquicias en Ecuador: sector crece a ritmo del 10% anual. pág. 1. Obtenido de https://www.elcomercio.com/negocios/franquicias-ecuador-sector-crecimiento-aef.html

El Comercio (21 de Mayo de 2019). *Franquicias: ¿Cómo elegir la mejor opción de inversión?* Obtenido de https://www.elcomercio.com/negocios/inversion-franquicias-opcion-economia-negocios.html

El Universo (04 de Enero de 2021). *Redacción Negocios.* Obtenido de Crecen las oportunidades para franquicias en Ecuador: https://www.eluniverso.com/noticias/economia/crecen-las-oportunidades-para-franquicias-en-ecuador-nota/

FranquiciasEcuador.com ((s.f)). *Las 100 mejores franquicias en Ecuador.* Obtenido de https://www.100franquicias.com.ec/

Giménez Gironda, A. (Julio de 2020). Análisis de las principales franquicias mundiales y sus contraprestaciones económicas. Valencia, España: Universitat Politécnica de Valéncia. Obtenido de https://riunet.upv.es/bitstream/handle/10251/149240/Gim%C3%A9nez%20-%20An%C3%A1lisis%20de%20las%20principales%20franquicias%20mundiales%20y%20sus%20contraprestaciones%20econ%C3%B3micas.pdf?sequence=2

Guerrero, M. (8 de Diciembre de 2015). El empleo directo e indirecto que generan las franquicias nacionales en la ciudad de Quito. *Tesis previa a la obtención del Grado de Master en Gerencia de la Calidad y Productividad con normas ISO.* Quito, Pichincha, Ecuador: Pontificia Universidad Católica del Ecuador. Obtenido de http://repositorio.puce.edu.ec/handle/22000/9213?show=full

Guerrero, M. (2015). El empleo directo e indirecto que generan las franquicias nacionales en la ciudad de Quito. *Tesis previa a la obtención del Grado de Master en Gerencia de la Calidad y Productividad con normas ISO* . Quito, Pichincha, Ecuador: Pontificia Universidad Católica del Ecuador.

Instituto Nacional de Estadística y Censos (INEC). (julio de 2016). *INEC publica cifras del mercado laboral de junio 2016.* Obtenido de Encuesta Nacional de Empleo, Desempleo y Subempleo Resultados Junio 2016: Recuperado de http://www.ecuadorencifras.gob.ec/inec-publica-cifras-del-mercado-laboral-de-junio-2016/

Instituto Nacional de Estadística y Censos-INEC. (julio de 2016). *INEC publica cifras del mercado laboral de junio 2016.* Obtenido de Encuesta Nacional de Empleo, Desempleo y Subempleo Resultados Junio 2016: Recuperado de http://www.ecuadorencifras.gob.ec/inec-publica-cifras-del-mercado-laboral-de-junio-2016/

Instituto Nacional de Estadísticas y Censos–INEC. (Diciembre de 2019). *ENEMDU–Diciembre 2019.* Obtenido de https://www.ecuadorencifras.gob.ec/enemdu-diciembre-2019/

Instituto Nacional de Estadísticas y Censos–INEC. (Diciembre de 2020). *Encuesta Nacional de Empleo, Desempleo y Subempleo (ENEMDU).* Obtenido de Indicadores Laborales Diciembre, 2020: chrome-extension://efaidnbmnnnibpcajpcglclefindmkaj/https://www.ecuadorencifras.gob.ec/documentos/web-inec/EMPLEO/2020/Diciembre-2020/202012_Mercado_Laboral.pdf

Instituto Nacional de Estadísticas y Censos–INEC (2020). *Encuesta Nacional de Empleo, Desempleo y Subempleo (ENEMDU) Indicadores Laborales Diciembre, 2020 chrome-extension://efaidnbmnnnibpcajpcglclefindmkaj/https://www.ecuadorencifras.gob.ec/documentos/web-inec/EMPLEO/2020/Diciembre-2020/202012_Mercado_Laboral.*

Instituto Nacional de Estadísticas y Censos–INEC (Diciembre de 2021). *Boletín Técnico N°12-2021-IPC Base: 2014.* Obtenido de Estadísticas Económicas: chrome-extension://efaidnbmnnnibpcajpcglclefindmkaj/https://www.ecuadorencifras.gob.ec/documentos/web-inec/Inflacion/2021/Diciembre-2021/Bolet%C3%ADn_t%C3%A9cnico_12-2021-IPC.pdf

Instituto Nacional de Estadísticas y Censos–INEC (2022). *Encuesta Nacional de Empleo, Desempleo y Subempleo (ENEMDU), anual 2022.* Obtenido de Boletín Técnico Anual enero – diciembre 2022: chrome-extension://efaidnbmnnnibpcajpcglclefindmkaj/https://www.ecuadorencifras.gob.ec/documentos/web-inec/EMPLEO/2022/Anual/Bolet%C3%ADn%20t%C3%A9cnico%20anual%20enero-diciembre%202022.pdf

Latam Networks (6 de Agosto de 2020). *Franquicias en los países de América Latina.* Obtenido de https://latamnetworks.es/desarrollo-de-la-franquicia-en-latam/#:~:text=La%20franquicia%20en%20los%20pa%C3%ADses%20que%20conforman%20el%20mercado%20de,para%20este%20sistema%20de%20negocio.

Llain-Arenilla, S., y Insignares-Cera, S. (2016). Efectos del Tratado de Libre Comercio entre Colombia y Estados Unidos en torno al Contrato de Franquicia Internacional. *Vniversitas*, 21-57. Obtenido de https://www.redalyc.org/articulo.oa?id=82546585002

Medina, D. (2016). Impacto económico de la franquicia a nivel mundial y su presencia local en latinoamérica. Quito, Pichincha, Ecuador: Escuela Politécnica Nacional.

Ministerio de Comercio Exterior e Inversiones (2019). *Franquicias.* Obtenido de https://www.comercio.gob.ec/franquicias/

Organización Internacional del Trabajo-OIT (30 de Abril de 2008). *Ecuador Política de empleo y promoción del empleo, servicios del empleo.* Montecristi, Ecuador: Ministerio de Trabajo y Empleo. doi:CU-2008-C-79927

Prom Perú (2011). *Perfil de producto-mercado: Perfil de mercado de franquicias en Ecuador.* Lima: Prom Perú. Obtenido de chrome-extension://efaidnbmnnnibpcajpcglclefindmkaj/https://boletines.exportemos.pe/recursos/boletin/119494388radE33AF.pdf

Radio Quito (Marzo de 2013). *Franquicias en el Ecuador.* Obtenido de Franquicias en el Ecuador preparado para Entrevista en Radio Quito, por: Diego Romero Ponce. Socio de Romero Arteta Ponce Abogados: https://docplayer.es/24125914-Franquicias-en-el-ecuador-preparado-para-entrevista-en-radio-quito-marzo-por-diego-romero-ponce-socio-de-romero-arteta-ponce-abogados.html

Universidad Nacional de Ucayali (2018). *Reglamento de Propiedad Intelectual.* Obtenido de Adaptado a la Ley N. 30220: chrome-extension://efaidnbmnnnibpcajpcglclefindmkaj/https://www.unu.edu.pe/portal/pdf/investigacion/RegPropiedadIntelectual.pdf

CAPÍTULO 11.

La franquicia en los países iberoamericanos: el caso de El Salvador

JOSÉ MANUEL SOTO
Front Consulting International (El Salvador)

1. EL MERCADO DE FRANQUICIAS EN EL SALVADOR

Durante los últimos años se ha venido impulsando el desarrollo del ecosistema de franquicias en El Salvador. Desde el 2019 a la fecha, el establecimiento de consultoras de franquicias como Front Consulting Group origen Venezuela- con sede en seis países, y de la mano de la Red Iberoamericana de Franquicias, se han desarrollado 40 marcas salvadoreñas que ya han iniciado, algunas de ellas su expansión bajo este formato.

La cooperación internacional (EE.UU.) y la alianza con la asociación de exportadores COEXPORT resultaron ser un gran aliciente para esta expansión, que incluso atrajo a otras consultoras internacionales a este país que ha venido desarrollándose manera importante en los últimos años. En especial a partir de haber resuelto el grave problema de inseguridad ciudadana que padecía. Algunos aspectos a destacar son:

1.-El mercado de franquicias en El Salvador se encuentra en pleno proceso de desarrollo y expansión.

2.-Está abierto a las franquicias españolas y latinoamericanas consolidadas y con experiencia probada en este modelo. Hay ventajas-en el mercado salvadoreño- para aquellas franquicias que muestren mayor recorrido y experiencia

3.- La pandemia del COVID activó planes gubernamentales de reactivación económica, con fondos de asistencia financiera y técnica -algunos no reembolsables- parte de los cuales fueron dirigidos a emprendedores e inversionistas dispuestos a asumir riesgos, y para personas que hayan perdido su empleo formal.

4.- Son unas 175 las franquicias en El Salvador; de las cuales 40 son locales y 135 extranjeras, mayoritariamente de EE.UU, también algunas de México y unas 15 franquicias españolas.

5.- Son cuatro los principales grupos operadores de franquicias en El Salvador: grupo Siman con Inditex; la Corporación Pirámide con su grupo de franquicias americanas; el grupo Poma y el Grupo Poma-Panamá.

6.- Las franquicias low cost y la microfranquicias son las que más han venido creciente y se espera que sean las predominantes en el corto plazo; por la crisis derivada de la pandemia del Covid 19.

7.- COEXPORT, la gremial exportadora salvadoreña, en alianza con Front Consulting desarrolló un primer programa de consultoría en el año 2019 para hacer crecer la oferta de franquicias salvadoreñas, para el mercado local y regional, apuntando también hacia EE.UU. Un total de doce empresas salvadoreñas se incorporaron a la oferta de franquicias disponibles en el mercado, a partir del 2020.

8.- Entre 2019 y 2023 fueron tres los programas de estructuración de franquicias salvadoreñas, desarrollados, y se ha iniciado este 2024 un cuarto programa para seguir construyendo el ecosistema de franquicias.

9.- La banca pública comercial local también se ha sumado con una línea especial para el sector franquicia, denominada EXPANDETE; Similar a los modelos que la banca comercial ha venido desarrollando para el mercado español

10.- Y COEXPORT con la creación del Comité de Franquicias, ha dado el punto de partida para la creación de la futura Asociación Salvadoreña de Franquicias, la cual contará con la asistencia técnica de la Asociación Española de Franquiciadores (AEF).

11.- Se está por institucionalizar una Feria Salvadoreña de franquicias que sirva de plataforma para la promoción nacional e internacional de las marcas.

2. FRONT CONSULTING GROUP/ CORPOSUR EXPRIENCIA EN EL ÁMBITO DE LA CONSULTORÍA DE FRANQUICIAS. PRESENCIA Y APORTES EN EL SALVADOR

CORPOSUR SA DE CV es la firma salvadoreña representante comercial en El Salvador de la empresa consultora en franquicias Front Consulting Group, con más de 22 años de presencia empresarial en el mundo de las franquicias y una de las firmas latinoamericanas líderes en consultoría y comercialización de franquicias y otras vías asociativas. Con más de tres años ya de presencia en El Salvador ha avanzado en un proceso de promoción e impulso al modelo franquicia de expansión de negocios.

Son trece las empresas salvadoreñas que con la metodología FCG, desarrollada para ellas en el marco del Primer Programa de Franquicias, se encuentran ahora en capacidad de desarrollar su expansión bajo este formato virtuoso de expansión de negocios. Ello, desarrollado en el marco de nuestra alianza con COEXPORT, la gremial de exportadores de El Salvador, pues hay un fin ulterior, cual es el de exportar marcas salvadoreñas al mundo.

Producto de las acciones de promoción, realizadas en el año 2020 en conjunto con COEXPORT, actualmente existen más de 15 empresas ya perfiladas que podrán estar listas para iniciar su proceso de franquiciamiento en el marco de una II Edición del Programa Franquicias, esta vez apostándole y priorizando en el formato microfranquicia (aquellas cuya inversión total resulte menor a los US$ 30.000 dólares)

Presencia internacional/alianzas

Front Consulting Group (FCG) con sede central en Caracas, Venezuela, cuenta con oficinas de representación en Puerto Rico, República Dominicana, Ecuador y Perú, además de El Salvador. https://www.frontconsulting.com/ y ha desarrollado a lo largo de sus años de existencia, más de 900 consultorías en franquicias a marcas de Venezuela, Puerto Rico, República Dominicana, Ecuador, Panamá y Perú.

FCG son fundadores y miembros activos de la Red Iberoamericana de Consultores y de comercialización de Franquicias que abarca a 24 países: Front Consulting International (FCI) (https://www.franquiciasfci.com/) que a su vez forma parte de la Asociación Estadounidense de Franquicias, la International Franchise Association (IFA) https://www.franchise.org/.

En abril de 2019 en Madrid, España, en el marco del Consejo Mundial de Franquicias, se selló una alianza con la más grande Red de Consultores de Franquicias de Asia (https://www.asiawidefranchise.com.sg/), lo que generó un crecimiento territorial de influencia para procesos de internacionalización, que servirá y será de utilidad para todos nuestros clientes

En febrero de 2020 y, en función de seguir contribuyendo activamente a la maduración del modelo franquicia en El Salvador, y a los fines de contar con el respaldo de una de las asociaciones de franquiciantes (franquiciadores) más importantes del mundo, la oficina de Font Consulting en El Salvador suscribió en Madrid, España, un Convenio de Alianza Comercial y colaboración con la Asociación Española de Franquiciadores (AEF) (http://www.franquiciadores.com/la-aef-firma-acuerdo-front-consulting-salvador/).

Este convenio facilitará la internacionalización de las franquicias salvadoreñas en España y países europeos; y se contará con el apoyo institucional de dicha Cámara española para que el actual Comité de Franquicias de COEXPORT (del que Corposur es miembro fundador) se convierta en la futura Asociación Salvadoreña de Franquicias, que asumirá la representatividad del país -dimensionándolo- ante el Consejo Mundial de Franquicias (https://worldfranchisecouncil.net/).

Para ello se cuenta con la experiencia de haber sido fundadores-impulsores de tres Cámaras de Franquicias en América Latina (Perú, Venezuela y República Dominicana) y miembros fundadores de la Federación Iberoamericana de Franquicias (FIAF), experiencia que también se ha puesto a disposición de esta alianza con COEXPORT para El Salvador. Y sumar la reconfortante experiencia de haber desarrollado junto a la Cámara de Comercio de Santiago en República Dominicana, el ya mencionado programa de franquicias financiado por el BID/FOMIN, además de haber sido la firma consultora responsable de la ejecución del Primer Programa de Franquicias y Otras Vías Asociativas en El Salvador (2019).

La oficina aliada en Colombia tuvo una muy activa participación en un Programa similar del BID para impulso a la microfranquicia, que dio lugar a la creación de PROPAIS, acciones que llenan de orgullo por ser demostrativas del nivel alcanzado a lo largo de dos décadas de "apostolado" a favor de este esquema de crecimiento empresarial (https://propais.org.co/).

En el plano académico, la Red FCI y, concretamente, Front Consulting Group han formalizado alianzas con universidades y centros de capacitación empresarial en varios países de América Latina en los que se han dictado diplomados, seminarios y cursos sobre el modelo franquicia de expansión de negocios, experiencia que se espera poder trasladar a El Salvador en breve plazo.

En el año 2020 pese a lo difícil y complejo que ha resultado para el mundo y sus economías la situación derivada de la pandemia, FCI ha seguido creciendo en la región centroamericana -que estaba quedando rezagada en cuanto al crecimiento de marcas locales-, con la incorporación de Franquician Honduras a la Red FCI (https://www.franquician.com/noticias_franquicias/honduras-se-suma-a-fci).

Presencia en El Salvador

La organización de un Congreso y un Pabellón de franquicias en el marco de la XXVI Feria Internacional de El Salvador (noviembre 2018), dio inicio formal a las actividades de Front Consulting en El Salvador y al mes siguiente, se suscribe la alianza con COEXPORT, para el desarrollo, consolidación y expansión de marcas-franquiciales salvadoreñas, nacional e internacionalmente.

La alianza facilitó y motivó el interés oficial y de la cooperación internacional en apoyar a las PYMES interesadas en convertir su modelo de negocio en franquicia, lo que permitió desarrollar, gracias al apoyo de MINEC/Fondepro y de USAID/Palladium un Primer Programa de Franquicias y las posibilidades de darle una continuidad estratégica a estas iniciativas (https://www.eleconomista.net/economia/-El-Salvador-CO-

EXPORT-USAID-y-FONDEPRO-buscan-crear-100-franquicias-en-4-anos-20200312-0005.html).

El punto de partida del Primer Programa tuvo lugar con la realización en febrero de 2019 del Seminario Internacional: "La Franquicia como un modelo de Negocio para Exportar", organizado por COEXPORT, con la colaboración del MINEC/ FONDEPRO y USAID/Palladium, cuyo conferencista central fue el Director de Front Consulting Group Alfonso Riera, junto al miembro de FCI Guatemala, David Rivera.

Haber transitado el Primer Programa, facilitó a las empresas participantes, la visión, empuje e interés de sus respectivas casa matriz en seguir creciendo, bien con unidades propias, en asocio con terceros o por la vía franquicia. De hecho, varias de ellas, lejos de detenerse durante la pandemia, pudieron concretar sus primeras expansiones como: Visanto's, China In, Los Quesos de Oriente, Restaurante Acajutla, entre otras.

A nivel mundial, el formato franquicia se puso a prueba el año 2020, y dado su carácter esencialmente asociativo y colaborativo, logró mostrar -en general- una mayor dosis de efectividad y resiliencia frente a la crisis derivada de la pandemia, al permitir a las empresas que se manejan en red, un mejor perfomance cuando el modelo franquicia es aplicado.

Ello garantiza que las proyecciones de triplicar en unos años el número actual de franquicias en el mundo es un proceso en marcha e indetenible. Y El Salvador no puede ni debe quedarse atrás en esta tendencia global; y la meta de cien franquicias salvadoreñas en cinco años, una meta totalmente factible de lograr.

De hecho, el interés de empresas salvadoreñas por apostarle y crecer bajo este formato tuvo durante el año 2020, por efecto de la pandemia del covid- 19, un inusitado interés, lo que permitió a Front Consulting -bajo la coordinación y liderazgo de COEXPORT- acercarse mediante seminarios informativos virtuales -webinar- y reuniones complementarias, a más de 30 empresas salvadoreñas interesadas en participar en una II Edición del Programa de Franquicias.

La alianza COEXPORT-FCG viene adelantando gestiones en firme con BANDESAL (banca de desarrollo de El Salvador) para establecer prontamente una línea especial de financiamiento para el desarrollo del formato franquicia para las MIPYME en El Salvador, que se espera desarrollar y poner en marcha pronto.

El componente *financiamiento y capacitación*, facilitará enormemente la concreción de las ventas de franquicias en el país y el crecimiento exponencial del interés de potenciales franquiciantes y franquiciados en el tema, la consolidación del círculo virtuoso de crecimiento del empleo y las ventas, y la ampliación de la oferta exportable de marcas salvadoreñas al mundo. Ello, en concordancia y comunión de propósitos con los Indicadores número 3, 4, 10 y 11 del Proyecto ECP.

Esta fórmula -captación de aliados financieros- es similar en lo fundamental, a lo que en su momento Front Consulting (hace unos diez años) estableció con el Banco Popular Dominicano, lo que facilitó enormemente el crecimiento de la franquicia en la República Dominicana, una vez concluido el programa patrocinado por el BID/ FOMIN del que Front Consulting fue su principal desarrollador y ejecutor (https://www.popularenlinea.com/pyme/paginas/Impulsa/Franquicia-Impulsa-Popular.aspx)

En la pasada Convención de FCI, de febrero 2020, en Orlando USA, se acordó que durante el año 2021, el Salvador y Guatemala compartirían la sede de la IX Convención Anual de FCI, donde se desarrolló una agenda de contactos de nuestros expertos con las franquicias salvadoreñas en un evento formativo, informativo y de identificación de oportunidades de expansión internacional.

La IX Convención FCI realizada en El Salvador representa un espaldarazo de toda la Red Iberoamericana de expertos en franquicias, al conjunto de iniciativas que la oficina local de FCI viene desarrollando.

Publicaciones

En materia de publicaciones, FCG cuenta con varias publicaciones, entre ellas el libro intitulado: “Lo elemental de las Franquicias” y desde el 2001 edita el Directorio de Franquiguía en Perú y Venezuela:

https://www.facebook.com/franquiguiaperu/

Son variados los títulos editados por las diferentes oficinas de FCI a lo largo de los años, donde se destacan las publicaciones de los hermanos Alcázar (México); Paulo Mauro de

Global Franchise (Brasil) y Carlos Canudas (Argentina), autor de: "FRANQUICIAS: Todo lo que debe saber" y "El ABC de la franquicia", entre otros.

La reciente alianza con la revista salvadoreña "Economía y Desarrollo" facilita también la acción "evangelizadora" y divulgativa de las bondades del modelo franquicia y se convierte, además, en una vitrina informativa para seguir difundiendo, tanto en El Salvador -principalmente- como en otros países de la región, aspectos relevantes del formato franquicia de expansión de negocios, los programas con Coexport y dar a conocer las nuevas franquicias salvadoreñas en el ámbito empresarial, de inversionistas y emprendedores. La reciente Edición 28 de la revista Economía y Desarrollo, inicia el ciclo de difusión de formato franquicia en dicho medio.

Nuevo Directorio Centroamericano de Franquicias

En el año 2021, el grupo regional centroamericano de FCI decidió poner en marcha una nueva iniciativa de difusión para la comercialización de las franquicias-clientes, por medio del Primer Directorio Centroamericano de Franquicias 2021, donde todas las empresas salvadoreñas que pasasen por los Programas desarrollados en la alianza con COEXPORT estarían presentes y anunciadas sin costo, como un aporte de FCI a sus clientes.

Una tarea necesaria en la que FCI está dispuesto a poner toda su experiencia e inclusive copatrocinar en El Salvador, es el desarrollo del Primer Censo Nacional de Franquicias, cuya actualización periódica estará brindando cifras interesantes en cuanto al comportamiento y tamaño del crecimiento del modelo franquicia en el tiempo de utilidad para el desarrollo de políticas públicas pro empresariales, pro emprendimientos, pro formalización económica, y para la generación de empleos y autoempleo en función del fortalecimiento y sostenibilidad del formato franquicia y microfranquicia.

El desarrollo local de microfranquicias y modelos de expansión de negocios consustanciados con la AGENDA 2030 de desarrollo sustentable y eco-amigables, serán la principal prioridad en este proceso iniciado hace ya varios años por FCG en El Salvador.

En resumen, Front Consulting Group, en sus casi 23 años de desarrollo de consultorías y comercialización de franquicias y merced a la sinergia alcanzada con el aliado gremial COEXPORT, contando con la decisiva participación de la cooperación internacional y el respaldo de instituciones gubernamentales, sumado todo ello a la reconocida capacidad de respuesta, de resiliencia, al empuje y carácter emprendedor del salvadoreño, puede augurar que en muy pocos años El Salvador liderará la participación regional de marcas (franquicias).

Se visualiza, además, que la diáspora salvadoreña encuentre en la franquicia un formato fácil para emprender, un modelo de negocios bueno para invertir en donde estén viviendo -contribuyendo así con la exportación de marcas salvadoreñas- y también que la adquisición de franquicias le facilite eventualmente su retorno al país como empresarios (inversionistas) dueños de sus propios negocios (franquiciados), y/o sirva como apoyo a sus familiares en El Salvador para que se conviertan en empresarios de la economía formal, transformando la vida y condiciones socio económicas de muchas personas.

REFERENCIAS BIBLIOGRÁFICAS

https://www.frontconsulting.com/

https://frontconsultingrd.com/catalogo-franquicias/

https://www.franquiciasfci.com/

https://www.franquiciasfci.com/noticias/fci-firma-alianza-estrategica-con-franquicia-directa/418

https://www.franquiciadirecta.com/

https://www.facebook.com/franquiguiaperu/

https://www.franquiciadores.com/la-aef-firma-acuerdo-front-consulting-salvador/

https://www.facebook.com/FrontConsultingElSavador/

https://www.eleconomista.net/economia/-El-Salvador-COEXPORT-USAID-y-FONDEPRO-buscan-crear-100-franquicias-en-4-anos-20200312-0005.html

https://franquiciasfci.com/noticias/fci-y-asiawide-franchise-consultants-crean-la-red-de-consultoria-de-franquicias-mas-grande-del-mundo/353

https://www.franquiciadores.com/fci-la-red-mas-importante-franquicias-iberoamerica-celebrara-encuentro-anual-marco-la-2020-ifa-convention/

https://www.laprensagrafica.com/economia/Capacitan-a-empresas-salvadorenas-para-que-creen-franquicias-y-puedan-exportar-20191004-0516.html

https://www.elsalvador.com/eldiariodehoy/marcas-locales-se-preparan-para-franquiciarse/640674/2019/

https://www.popularenlinea.com/pyme/paginas/Impulsa/Franquicia-Impulsa-Popular.aspx

https://www.youtube.com/watch?v=jkjMF3IXRp4

https://www.franquician.com/noticias_franquicias/honduras-se-suma-a-fci

https://www.gaf-franquicias.com/noticia/fci-celebra-diez-anos-trabajando-por-las-franquicias-en-iberoamerica

https://franquiciasfci.com/noticias/el-impulso-al-modelo-franquicia-en-el-salvador/376

https://mail.google.com/mail/u/1/#search/fportillo%40frontconsulting.com/FMfcgxwKjBSNRnXClzjsCPLwLmvDjlzl

CAPÍTULO 12.
La franquicia en los países iberoamericanos: el caso de España

JOSÉ M. RAMÍREZ-HURTADO
Universidad Pablo de Olavide (España)

1. INTRODUCCIÓN

El origen de la franquicia en España se remonta a finales de la década de los 50 o principios de los 60, cuando algunos conceptos franceses como Pingouin, Esmeralda, Descamps o Rodier introdujeron sus cadenas de establecimientos para lanas de labores, ropa de hogar y moda. Al mismo tiempo, también surgieron algunos conceptos 100% nacionales, como Pronovias o Santiveri, convirtiéndose en las primeras empresas de franquicias que se desarrollaron en España.

A mediados de los 70 el sistema en España experimenta el despegue definitivo con la llegada de otras franquicias europeas y, sobre todo, con el establecimiento de importantes enseñas procedentes de Estados Unidos, como Burger King o McDonald's.

Durante los años 80 y 90, el modelo de franquicia experimentó un crecimiento significativo en España, impulsado por una combinación de factores económicos y culturales, entre los que destacan la integración de España en la Unión Europea en 1986 y la celebración de eventos internacionales como las Olimpiadas de Barcelona en 1992. Estos eventos permitieron que muchas marcas extranjeras se introdujeran en el mercado español y también facilitaron la expansión de las marcas españolas en el extranjero. En estas décadas la franquicia experimenta un elevado crecimiento, lo que provoca la consolidación definitiva del sistema de franquicias en España a finales de los años 80 y principios de los 90.

La década inicial de los 90 evidencia la etapa de consolidación de la franquicia en España, en términos tanto de calidad como de cantidad, al obtener resultados comparables a los de otras naciones europeas. Los dos sectores de mayor relevancia en los que se inició la actividad franquiciadora fueron la hostelería y la moda, los cuales propiciaron el progreso y la adopción de este modelo de negocio en el entorno empresarial.

Este crecimiento de la franquicia en España también se vio acompañado de la celebración de ferias de franquicias, de la difusión de información en los medios especializados en el sector y de una mayor inquietud por informarse sobre este modelo de negocios. Desde entonces el sistema de franquicias no ha parado de crecer, abarcando una amplia gama de sectores y convirtiéndose en un exitoso modelo de negocio para la expansión de empresas tanto a nivel nacional como internacional.

2. LA JUSTIFICACIÓN DEL FUNCIONAMIENTO Y DESARROLLO DE LAS FRANQUICIAS

Hoy día la franquicia es posiblemente el método más utilizado y avanzado para expandir un negocio en las economías modernas, especialmente en sectores como el comercio minorista y la hostelería (Baena, 2010). Por ello, muchas empresas que tengan unas estructuras adecuadas, con un posicionamiento óptimo y que tienen implementada una estrategia de crecimiento, deberían ver a la franquicia como una opción rentable y eficaz para alcanzar mayores cuotas de mercado. Por otro lado, muchas personas que estén buscando un primer empleo o tengan capacidad de emprendimiento pueden encontrar en la franquicia una solución viable al autoempleo. Incluso muchos inversores tienen la posibilidad de adherirse a una cadena de franquicias mediante la inversión en una determinada marca.

En este sentido, hay que tener presente que existen numerosas investigaciones que señalan que la tasa de supervivencia de los comercios minoristas bajo el sistema de franquicia es superior a la de cualquier otro tipo de negocio.

La franquicia proporciona innumerables ventajas tanto para el franquiciador como para el franquiciado. Estas ventajas y las peculiaridades de este sistema de negocio están basadas principalmente en dos teorías científicas como son la teoría de la agencia y la teoría de los recursos escasos.

La teoría de la agencia es posiblemente la teoría más utilizada para explicar el funcionamiento de la franquicia y la evolución y desarrollo de este sistema de distribución. Esta teoría se basa en la existencia de dos partes (principal y agente, que en el caso de la franquicia serían el franquiciador y el franquiciado, respectivamente). El principal delega en el agente algunas tareas porque éste último no tiene las capacidades, recursos o tiempo necesarios para llevarlas a cabo en primera persona. No obstante, esto no implica que el agente llevará a cabo su labor de la forma que más convenga al principal, sino que, al contrario, es posible que lo haga en función de sus propios intereses.

Asimismo, la teoría de la agencia asume que el agente puede verse tentado a ocultar información al principal acerca de su desempeño en el trabajo que le han asignado. Este escenario obliga al principal a invertir una considerable cantidad de recursos para llevar a cabo la supervisión y control de las actividades llevadas a cabo por el agente después de la firma del acuerdo. A pesar de estos costes, la teoría de la agencia defiende la franquicia como modelo de negocio, ya que evita la actuación de manera oportunista del franquiciado (Baena, 2010). En el sistema de franquicias el franquiciado tiene más incentivos para realizar su trabajo de forma adecuada que en otras formas de negocio, ya que los intereses del franquiciador y del franquiciado se encuentran alineados.

Otra teoría que ha sido ampliamente utilizada para estudiar el funcionamiento de la franquicia es la teoría de la escasez de recursos o teoría de los recursos escasos. Según esta teoría los franquiciadores adoptan el sistema de franquicia como modelo de desarrollo empresarial porque no disponen de suficientes recursos propios y quieren aprovechar la aportación de los franquiciados (Sigué y Rebolledo, 2004). Estos recursos permiten a los franquiciadores alcanzar un rápido crecimiento para la obtención de economías de escala y para el establecimiento de una buena imagen de marca. Además, estos recursos son de bajo riesgo para el franquiciador.

Los recursos que disponen los franquiciados puede ser de tres tipos: financieros, capital humano y conocimiento del mercado local (Ketchen et al., 2006). En relación a los recursos financieros hay que señalar que los franquiciadores no tienen suficiente capital para expandirse a través de la apertura de tiendas propias. En el caso de la franquicia el franquiciado aporta el capital necesario para la apertura de nuevos puntos de venta a través del pago del canon de entrada y los royalties. Por su parte, la escasez de recursos humanos se refiere a la escasez de habilidades directivas que pueden limitar el crecimiento de la empresa. El tiempo requerido para evaluar y contratar a directivos experimentados y competentes puede suponer un freno al crecimiento de la empresa. Además, cuando una empresa se expande rápidamente, el tiempo de evaluación de los nuevos empleados se reduce, lo que puede resultar una mala praxis en la política de selección de personal. Sin embargo, los franquiciados deben invertir su propio capital, por lo que están más motivados para desarrollar su desempeño de forma adecuada y para encontrar y retener a buenos empleados (Carsi Lluch, 2017).

Por último, la expansión geográfica de empresas requiere identificar localizaciones adecuadas y evaluar las condiciones del mercado, tales como acceso a proveedores, análisis de la competencia y preferencias de los consumidores. La adquisición de este conocimiento puede resultar muy costosa para las empresas. Los franquiciados generalmente proceden del mercado local y tienen información muy valiosa sobre óptimas ubicaciones y sobre las necesidades, demanda y tendencia del mercado local. Por ello, los franquiciados constituyen para los franquiciadores una fuente de muy significativa de información, adaptación e innovación a los mercados locales.

Así pues, estas dos teorías han sido predominantes para explicar el funcionamiento y el desarrollo de las franquicias. Sin embargo, también hay otras teorías que han tratado de explicar este fenómeno, como pueden ser la teoría de los costes de transacción, la teoría contractual o la teoría de las señales. En cualquier caso, todas estas teorías han dado lugar al estudio de la franquicia desde diversas perspectivas, constituyendo hoy día un modelo de negocio con grandes ventajas tanto para el franquiciador como para los franquiciados, y con elevadas tasas de penetración en los mercados de muchos países a lo largo del planeta.

3. DATOS DE LA FRANQUICIA EN ESPAÑA

El sistema de franquicias en España se encuentra actualmente perfectamente consolidado, tal como lo atestiguan las cifras que lo caracterizan. La aparición de anuarios y revistas especializadas en franquicias, portales de internet, consultoras sobre la franquicia, la celebración de ferias de franquicia, así como las investigaciones realizadas en este ámbito son algunos de los indicadores de crecimiento de este sistema de negocio (Ramírez y Contreras, 2017). El sistema ha sabido sobreponerse a las dificultades económicas de los últimos años tras la pandemia de la Covid. A pesar de los cambios en el comportamiento de los consumidores, el aumento de los costes, la elevada inflación y la subida de los tipos de interés, el sistema ha sabido adaptarse alcanzando cifras importantes.

Según datos del informe de la Asociación Española de Franquiciadores (AEF, 2023), relativos al cierre del año 2022, la franquicia española ha hecho frente a la crisis provocada por factores tales como la pandemia, la guerra de Ucrania o la subida de la luz, del gas o de los carburantes, tal como lo demuestra el hecho de haber crecido un 2,9% en la cifra de facturación con respecto a la última estadística del año 2020 (datos referentes a finales del año 2019).

Según datos de la AEF, a finales del año 2022 existían en España 1.375 cadenas de franquicias, las cuales eran en su mayoría de origen nacional (82,6%). En el gráfico 1 podemos ver como el número de establecimientos franquiciadores ha ido creciendo en las últimas décadas, si bien en los tres últimos años se ha mantenido en niveles muy elevados a pesar de las dificultades económicas de estos años.

Gráfico 1. Evolución del número de franquiciadores en España.

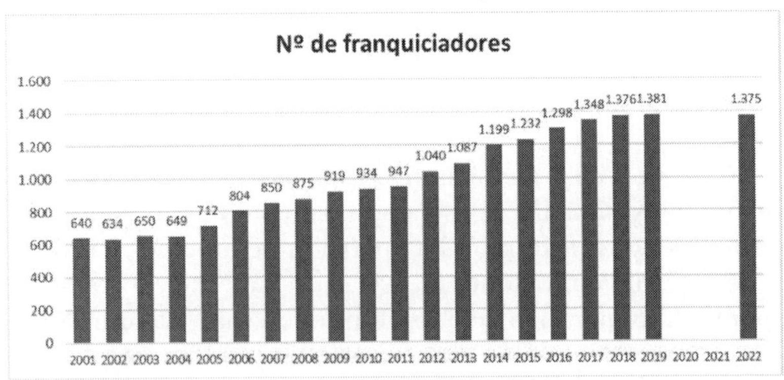

Fuente: elaboración propia a partir de los datos de la AEF (2023).

Con respecto al número de establecimientos, a finales del año 2022 había 77.246 locales funcionando, de los cuales 56.247 eran establecimientos franquiciados y 20.999 eran propios. Se observa que la evolución del número de establecimientos franquiciados ha tenido una evolución creciente desde el año 2001, salvo a partir del año 2008 en el que hubo un período de unos cinco años en los que el número de establecimientos franquiciados disminuyó. La causa principal de este decrecimiento posiblemente esté en la época de crisis económica que sufrió España debido a la burbuja inmobiliaria de los años anteriores. Por su parte, el número de establecimientos propios sí se ha mantenido creciente a lo largo de todo el período analizado. En muchos de estos casos y de estos años de crisis es posible que los franquiciadores adquiriesen algunos establecimientos franquiciados como propios. Este efecto es lo que se conoce como terminación. Hay que saber diferenciar la terminología de lo que es descontinuación y terminación. La descontinuación implica el cierre del punto de venta, mientras que la terminación no supone el cierre, sino que la relación de franquicia no se renueva. En este último caso, el franquiciador u otro inversor/emprendedor puede adquirir el punto de venta.

Gráfico 2. Evolución del número de establecimientos en España.

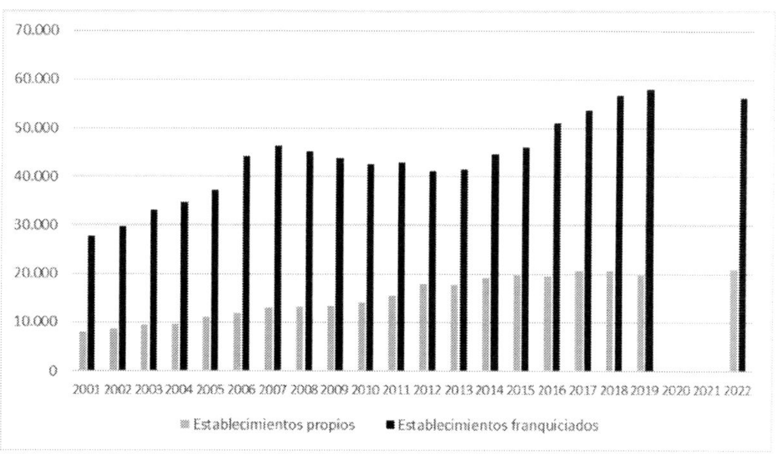

Fuente: elaboración propia a partir de los datos de la AEF (2023).

Si nos centramos en la facturación, según los datos de la AEF a finales el año 2019 el conjunto del sistema facturó 26.929 millones de euros, por los 26.154,3 millones alcanzados en 2019, lo que significó un aumento de 2,9 % y que demuestra la eficacia y adaptación del sistema para superar la situación económica de los últimos años tras la pandemia. En el gráfico 2 podemos ver que la fracturación se ha mantenido equilibrada a lo largo de los años, sobre todo a partir del año 2011. A partir del año 2008 hubo durante algunos años un decrecimiento de la facturación, posiblemente por la crisis económica sufrida en España como consecuencia de la burbuja inmobiliaria, tal como se ha comentado en el caso de los establecimientos.

Gráfico 3. Evolución de la facturación de la franquicia (miles de €).

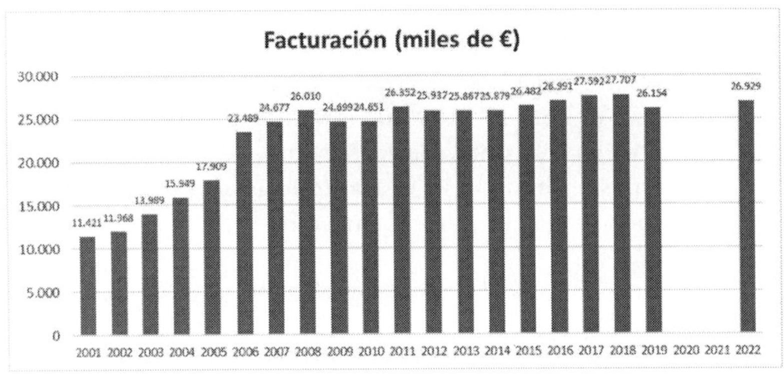

Fuente: elaboración propia a partir de los datos de la AEF (2023).

El empleo es otro de los aspectos significativos del sistema de franquicias. En el gráfico 4 podemos observar que el empleo generado por la franquicia ha ido creciendo a lo largo de los años, superando adversidades tales como la crisis de la burbuja inmobiliaria o la pandemia de la Covid. Tan sólo se observa un ligero descenso en el número de empleados en los establecimientos franquiciados a partir del año 2008 y durante varios años. Por tanto, la franquicia se puede considerar como un sistema robusto para la creación y mantenimiento de empleo.

Gráfico 4. Evolución del número de empleados en la franquicia en España.

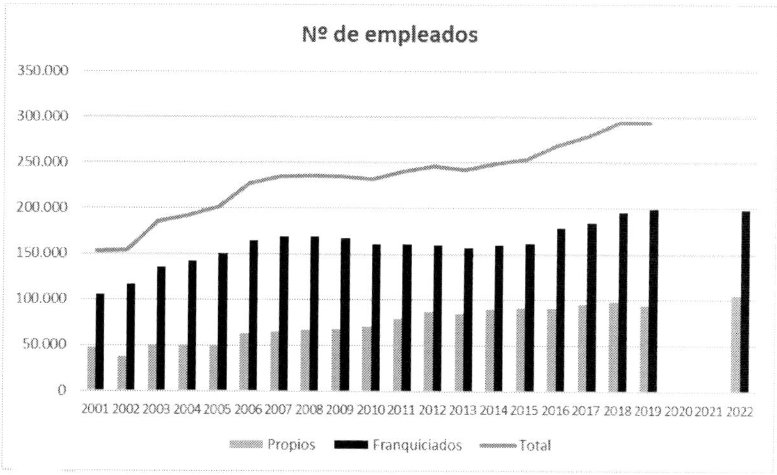

Fuente: elaboración propia a partir de los datos de la AEF (2023).

Si analizamos los datos de la franquicia en España podemos observar que los sectores con un mayor número de redes de franquicias son el de belleza-estética, tiendas especializadas y alimentación, si bien, existe dos macrosectores que son los que muestran unas cifras más elevadas, como son el sector de hostelería-restauración y el sector de la moda. Ambos son los grandes impulsores de la franquicia en España, si bien, la franquicia ha penetrado en sectores muy diversos y en una gran cantidad de actividades, lo cual muestra que la franquicia es un sistema con un gran dinamismo que es capaz de estar presente en una gran cantidad de actividades que se realizan tanto cotidianamente como esporádicamente.

Tabla 1. Datos de la franquicia en España por sectores de actividad.

SECTORES	Marcas	Est. Propios	Est. Franquicia	Total establecimientos
Administración Fincas	14	32	362	394
Agencias de Viajes	20	1.205	2.892	4.097
Agencias Inmobiliarias	44	162	2.263	2.425
Alimentación	69	6.112	7.361	13.473
Belleza-Estética	107	897	3.452	4.349
Centro de Salud	35	339	778	1.117
Centros de Ocio	21	35	207	242
Deportes	20	314	387	701
Dietética-Parafarmacia	15	210	837	1.047
Energías Renovables	12	27	303	330
Enseñanza-Formación	43	140	2.256	2.396
Gimnasios	33	125	587	712
Hostelería / Cafeterías / Chocolaterías	28	298	373	671
Hostelería / Cervecerías / Sidrerías	11	24	361	385
Hostelería / Fast Food	66	1.593	3.043	4.636
Hostelería / Heladerías / Yogurterías	30	145	529	674
Hostelería / Restaurantes / Hoteles	69	799	2.275	3.074
Hostelería / Tapas	20	50	707	757
Informática / Rotulación / Imprenta	48	174	2.771	2.945
Joyería / Bisutería	21	483	395	878
Lavanderías / Tintorerías	26	279	1.554	1.833
Mobiliario / Hogar	63	431	1.644	2.075
Moda / Arreglos	7	55	97	152
Moda / Complementos	46	586	807	1.393
Moda / Femenina	52	713	947	1.660
Moda / Infantil Juvenil	30	502	761	1.263
Moda / Íntima	21	650	677	1.327
Moda / Masculina	20	134	359	493
Moda / Nupcial	7	18	123	141
Moda Genérica Mixta	30	652	942	1.594
Oficina / Papelería / Librería	21	111	1.103	1.214
Óptica / Fotografía / Audiometría	20	1.218	1.072	2.290
Panadería / Pastelería	40	318	1030	1.348
Servicios / Automoción	53	397	2.034	2.431
Servicios / Financieros	14	86	437	523
Servicios / Limpieza-Reformas-Mantenimiento	16	31	420	451
Servicios / Transportes	14	339	2.764	3.103
Servicios / Varios	31	305	1.049	1.354
Servicios a Empresas	40	148	1.413	1.561
Telecomunicaciones	27	233	3.483	3.716
Tiendas Especializadas	71	629	1.392	2.021
TOTALES 2022	**1.375**	**20.999**	**56.247**	**77.246**

Fuente: elaboración propia a partir de los datos de la AEF (2023).

Si analizamos las redes extranjeras que presentan actividad en el sistema de franquicias de España, podemos observar que Francia es el país con un mayor peso, seguido de EE.UU., Italia, Reino Unido y Portugal. De estos datos se deduce que la cercanía geográfica es un factor seguido por muchas redes que deciden actuar en España, salvo el caso de EE.UU. Hay que tener presente que EE.UU. es el país del mundo donde la franquicia alcanza u mayor grado de desarrollo, no solamente en términos cuantitativos, sino también en términos cualitativos (Ramírez et al., 2022). No obstante, por las condiciones económicas, sociales y culturales, el mercado español constituye una zona receptiva para la implantación de marcas propias como marcas extranjeras, lo que supone un importante nicho de mercado para negocios originales e innovadores.

Gráfico 5. Redes extranjeras presentes en el sistema de franquicias de España.

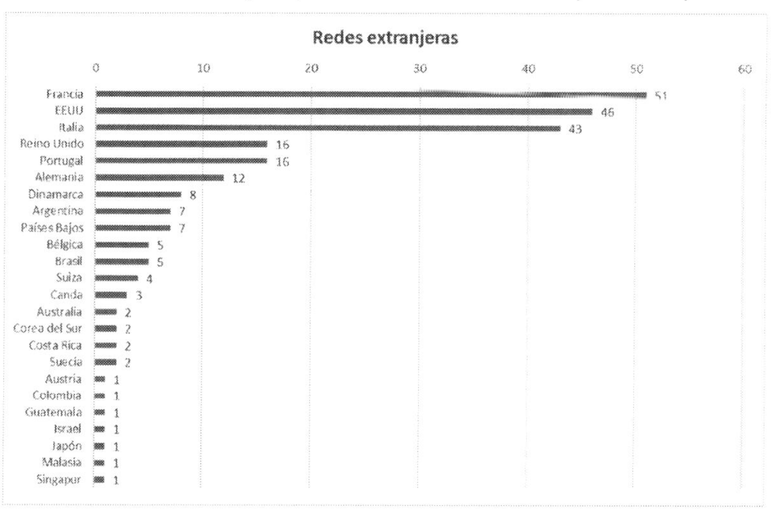

Fuente: elaboración propia a partir de los datos de la AEF (2023).

En cuanto a la presencia de las franquicias españolas en el extranjero hay que señalar que en el año 2022 el número de países donde hay presencia de redes españolas es de 139 (AEF, 2022).

Esta cifra supone un descenso del 6,19% con respecto al año 2021. El número total de establecimientos en el extranjero en el año 2022 es de 18.808, lo que supone un descenso del 9,59% con respecto al año 2021. Este descenso en las cifras del número de redes y del número de establecimiento se debe fundamentalmente a varios aspectos. Por un lado, desde el punto de vista social los efectos de la Covid-19 han tenido una gran influencia en todos los sectores y la franquicia no ha sido ajena a ello, debido sobre todo a las restricciones de movilidad. Desde el punto de vista económico, la guerra entre Rusia y Ucrania ha traído graves consecuencias para el comercio internacional. Hay que tener presente que, en el caso de Rusia, el número de establecimientos de marcas españolas en 2021 era de 856, pasando a 104 en 2022, lo que supone un descenso muy significativo. Finalmente, desde el punto de vista estratégico, muchos sectores como el de la moda han tomado la decisión de cerrar muchos establecimientos en el extranjero y potenciar a su vez la venta online.

Según datos de la Asociación Española de Franquiciadores (AEF; 2022), en relación a los países con más presencia de redes españolas hay que destacar Portugal (158), México (101), Andorra (84), Francia (61), Italia (58), Colombia (48), Chile (38), EE.UU. (38), Guatemala (38) y Ecuador (35). Hay algunos factores a destacar como es la cercanía geográfica, la cultura y las oportunidades en mercados emergentes.

Gráfico 6. Principales países con presencia de redes españolas.

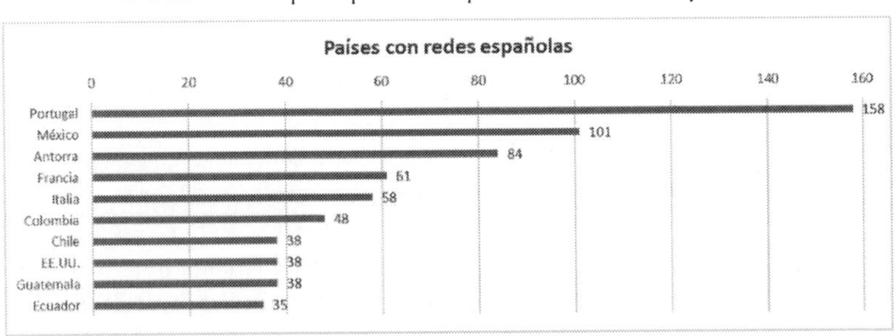

Fuente: elaboración propia a partir de los datos de la AEF (2023).

Si analizamos los países con presencia de las franquicias españolas en función del número de establecimientos, el primer puesto lo ocupa Portugal (2.419), seguida por Italia (2.261), México (1.521), Francia (1.254), Argentina (1.061), Brasil (1.018), China (569), Polonia (520). Alemania (459) y Chile (408). Así pues, las marcas españolas están presentes en una gran cantidad de países, mostrando la fortaleza de este tipo de negocios.

4. FERIAS DE FRANQUICIA EN ESPAÑA

Las ferias de franquicias son eventos cruciales en el mundo empresarial que reúnen a franquiciadores y potenciales franquiciados en un mismo espacio, facilitando la difusión de conceptos y oportunidades de negocio. Estas ferias no solo ofrecen a los emprendedores una ventana a las tendencias emergentes y las marcas más prometedoras, sino que también proporcionan una plataforma para la formación, el networking y el intercambio de conocimientos. La importancia de estos eventos radica en su capacidad para catalizar relaciones comerciales, fomentar la innovación y proporcionar una comprensión más profunda de las dinámicas del mercado de franquicias. Para aquellos que buscan ingresar al mundo de las franquicias, las ferias representan una oportunidad inigualable para evaluar múltiples opciones, comparar propuestas y tomar decisiones informadas sobre el camino a seguir en su viaje empresarial. En el caso de España, las principales ferias de franquicias que se celebran actualmente son las siguientes:

- SALÓN INTERNACIONAL DE LA FRANQUICIA. La Feria Internacional de la Franquicia (SIF) es la feria de referencia dentro del sector de la franquicia en España. Es un certamen de prestigio internacional reconocido como la mejor puerta de entrada al mercado español y europeo. Una feria líder en la que se cierran acuerdos que destaca por la elevada calidad y profesionalización de sus visitantes, nacional e internacional. La feria se celebra en Valencia.

- EXPOFRANQUICIA. Es la feria de franquicias organizada por IFEMA MADRID, en la que se muestran las últimas novedades y oportunidades en franquicia. Los profesionales y público en general pueden encontrar el negocio a su medida, con distintos niveles para invertir en franquicia, y toda la información sobre cánones, royalties, características del local a franquiciar, financiación y asesoramiento. Tiene una larga trayectoria.
- FRANQUISHOP. Es un concepto particular de feria de franquicia para facilitar el contacto entre cadenas franquiciadoras y asistentes, en base a reuniones de treinta minutos fijadas a través de la web www.franquishop.com los días previos al evento. El objetivo fundamental de este modelo de feria es agilizar el proceso de selección entre franquicias y emprendedores. El emprendedor podrá consultar a través de la página web de la feria la ficha informativa de las diferentes cadenas que participan en dicha feria, antes de realizar su entrevista con las mismas el día de la feria. Por su parte, el franquiciador puede llevar a cabo un seguimiento de sus contactos para valorar el perfil de los candidatos y mantener una primera toma de contacto con anterioridad al evento. En definitiva, se trata de una oportunidad para valorar el interés mutuo previamente, para luego personalizarlo a través de reuniones de media hora el día del evento. La feria se realiza a lo largo del año en diversas ciudades españolas.
- ASTURFRANQUICIA. Es el referente de la franquicia en el norte de España. Se lleva celebrando desde el año 2020, con una afluencia cada vez mayor de franquicias y de potenciales franquiciados.

5. CASOS DE ÉXITO DE FRANQUICIAS EN ESPAÑA

La franquicia en España presenta una serie de ventajas y características que han consolidado su posición como una de las formas preferidas de expansión empresarial. Entre las principales ventajas está la reducción del riesgo empresarial, ya que las franquicias se basan en un modelo de negocio ya probado y exitoso. Además, para el franquiciado, significa acceder a una marca reconocida, formación inicial y continua, y apoyo en áreas como marketing y logística. En cuanto a las características actuales, la digitalización y adaptabilidad han emergido como claves, con muchas franquicias adoptando tecnologías avanzadas para mejorar la experiencia del cliente y optimizar operaciones. La sostenibilidad es otra tendencia creciente, con un énfasis en prácticas comerciales más ecológicas. Además, la diversificación en sectores, más allá de la tradicional moda o restauración, muestra un mercado en constante evolución, adaptándose a las cambiantes demandas de los consumidores. La situación postpandemia también ha impulsado una mayor flexibilidad en términos de modelos operativos, con un énfasis en soluciones omnicanal que combinan presencia física y digital. A continuación, se presentan algunos claros ejemplos de éxito de las franquicias españolas, dentro de un amplio panorama de casos de buen funcionamiento.

100 Montaditos

100 Montaditos es una de las franquicias más reconocidas y exitosas de España que ha sabido reinventar y popularizar el concepto de "montadito", un pequeño bocadillo que es tradicional en la gastronomía española. Fundada en el año 2000 en Huelva, esta franquicia rápidamente captó la atención del público gracias a su propuesta única: un menú variado de 100 diferentes montaditos a precios muy asequibles.

La clave de su éxito reside en varios factores. En primer lugar, su modelo de negocio se centra en la eficiencia y la simplicidad, lo que permite ofrecer productos de alta calidad a precios reducidos. Además, su enfoque en un menú limitado pero altamente variado atrae a un amplio espectro de clientes, desde aquellos que buscan una comida rápida y económica hasta aquellos que desean disfrutar de una experiencia gastronómica tradicional española en un ambiente moderno y relajado.

Otro factor distintivo es su estrategia de marketing y promociones. La "Euromanía" es una de sus campañas más populares, en la que todos los montaditos se ofrecen a un euro, convirtiéndose en un imán para multitudes, especialmente entre el público joven.

En menos de dos décadas, 100 Montaditos no solo se expandió por todo el territorio español, sino que también cruzó fronteras internacionales, estableciendo presencia en países de Europa, América y Asia. Esta rápida expansión internacional demuestra la universalidad de su propuesta y la habilidad de la franquicia para adaptarse a diferentes mercados y culturas. Actualmente 100 Montaditos tiene más de 350 unidades de negocio en España y más de 50 fuera de nuestras fronteras.

100 Montaditos es un ejemplo palpable de cómo un concepto tradicional puede ser reinventado y adaptado a las necesidades y gustos contemporáneos. Su éxito en España y en el extranjero subraya la importancia de tener una visión clara, mantener la calidad y ser flexible y receptivo a las demandas cambiantes del mercado. En el panorama de las franquicias en España, es un caso de estudio que ilustra el poder de la innovación y el emprendimiento.

Rodilla

Rodilla, una marca icónica en el panorama gastronómico español, representa uno de los más notables éxitos en el mundo de las franquicias en España. Fundada en 1939 en el corazón de Madrid por Antonio Rodilla, esta cadena ha consolidado su posición como líder en el segmento de sandwiches y comida rápida de calidad.

Lo que comenzó como un pequeño establecimiento dedicado a la elaboración de sándwiches, con el tiempo se transformó en un emporio que ha extendido su influencia más allá de las fronteras de la capital. La clave del éxito de Rodilla reside en su capacidad para combinar tradición y modernidad. Aunque se mantiene fiel a sus recetas originales, la marca ha sabido adaptarse a los nuevos tiempos, incorporando propuestas gastronómicas actuales y renovando constantemente su imagen y locales.

Su expansión a través de un modelo de franquicias ha permitido que la marca esté presente en múltiples puntos del territorio español. Esta estrategia ha sido fundamental para acercar Rodilla a diferentes públicos y regiones, manteniendo siempre una estandarización en la calidad y servicio. En 2019 Rodilla celebró su 80 aniversario, contando con más de 150 restaurantes en 14 comunidades autónomas. Durante 2019 inició la expansión internacional, abriendo tres restaurantes en Miami.

Un aspecto crucial del éxito de Rodilla es su compromiso con la calidad. A pesar de su crecimiento y expansión, la firma ha mantenido un estricto control sobre sus ingredientes y su proceso de elaboración, garantizando que cada sándwich ofrezca una experiencia auténtica y deliciosa. Este compromiso se extiende también a su enfoque hacia los franquiciados, proporcionando formación, apoyo y garantizando que cada establecimiento respete los estándares de la marca.

El legado de Rodilla, con más de 80 años de historia, ilustra la potencia de una idea sencilla, ejecutada con pasión y dedicación. Su capacidad para adaptarse, su visión estratégica y su compromiso inquebrantable con la calidad y la satisfacción del cliente lo convierten en un caso de estudio imprescindible en el universo de las franquicias españolas.

Llaollao

Llaollao, fundada en 2009 por Pedro Espinosa en Murcia, es un ejemplo excepcional de cómo una idea innovadora en el mundo de la gastronomía puede convertirse en un fenómeno internacional a través del modelo de franquicia. Especializados en yogur helado, Llaollao revolucionó el mercado español con su propuesta fresca, saludable y personalizable.

Desde sus inicios, la marca estableció claramente su diferenciación: ofrecer un producto natural, sin conservantes ni aditivos, complementado con una amplia variedad de toppings que van desde frutas frescas hasta cereales y salsas. Esta combinación de sabor y salud, presentada en un ambiente moderno y atractivo, atrajo rápidamente a un amplio público, especialmente a los jóvenes.

La rapidez con la que Llaollao se expandió en España es testimonio de su éxito. En solo unos años, la marca abrió numerosos establecimientos en todo el país, consolidándose como líder en el segmento de yogur helado. Pero el ambicioso proyecto no se detuvo ahí: Llaollao se aventuró en mercados internacionales, y hoy cuenta con presencia en decenas de países en Europa, Asia y América.

Una clave del triunfo de Llaollao ha sido su estrategia de franquicias. Ofreciendo un modelo de negocio probado, formación exhaustiva y apoyo continuo, atrajo a emprendedores dispuestos a formar parte de este éxito. A esto se suma una identidad visual y una imagen de marca fuertemente definida, que se ha mantenido coherente a pesar de su expansión global.

El caso de Llaollao demuestra cómo un producto bien pensado, que responde a las demandas actuales de consumo y que está respaldado por una estrategia de marca sólida, puede conquistar no solo un mercado local, sino también posicionarse en el panorama internacional. Es un brillante ejemplo del poder de la franquicia y la globalización en el siglo XXI.

MRW

MRW, especializada en transporte urgente de paquetería y documentación, es uno de los pilares del mundo de las franquicias españolas y uno de los líderes indiscutibles en el sector del transporte y la logística. Fundada en 1977 en Barcelona, MRW se ha consolidado como una de las marcas más reconocibles y confiables en su campo.

Desde sus inicios, MRW tuvo la visión de desarrollar un servicio de mensajería rápido y efectivo, respondiendo a las crecientes necesidades de un mercado en plena expansión. Con el auge del comercio electrónico en las últimas décadas, esta visión se ha reafirmado, ya que el servicio de entrega ha tomado un papel central en la experiencia del cliente online.

Uno de los principales factores del éxito de MRW ha sido su modelo de franquicias. La compañía optó por esta estrategia para expandirse rápidamente y poder ofrecer un servicio local adaptado a las particularidades de cada región. Los franquiciados de MRW, al contar con el respaldo de una marca consolidada y una estructura de apoyo robusta, han podido garantizar un servicio uniforme y de alta calidad en todo el territorio nacional.

Además, MRW ha demostrado un firme compromiso con la innovación. Con la implementación de sistemas tecnológicos avanzados, la marca ha optimizado sus operaciones, facilitando la trazabilidad de los envíos y mejorando la eficiencia de sus entregas. Asimismo, ha desarrollado soluciones específicas para adaptarse a las necesidades cambiantes del mercado, como puntos de recogida flexibles o entregas sostenibles.

En el panorama de las franquicias españolas, MRW es un referente de cómo una marca puede combinar eficazmente una expansión nacional con un servicio de alta calidad. Su éxito no solo se refleja en su extensa red de oficinas y colaboradores, sino también en la confianza que millones de clientes depositan en ella día tras día. En la actualidad MRW da trabajo a más de 10.000 personas que están vinculadas a la marca en más de 550 franquicias y 58 Plataformas Logísticas en Andorra, España, Gibraltar y Portugal.

DIA

La cadena de supermercados DIA se ha establecido como uno de los grandes ejemplos de éxito en el modelo de franquicia de origen español. Aunque actualmente opera en el sector de alimentación, su estrategia y expansión en otros ámbitos, como productos para el hogar y cuidado personal, le confieren una presencia más amplia.

Fundada en 1979, DIA nació con el objetivo de ofrecer productos a precios competitivos en locales cercanos a los consumidores. Rápidamente, su modelo de negocio basado en la eficiencia, la logística y el compromiso con los precios bajos la posicionó como una alternativa fuerte frente a otras cadenas de supermercados más tradicionales.

La decisión de DIA de adoptar un modelo de franquicias fue crucial para su rápida expansión. Esto permitió que emprendedores locales pudieran abrir su propio establecimiento bajo el respaldo y la marca de DIA, beneficiándose de una imagen corporativa ya consolidada, un sistema logístico eficiente y una selección de productos que ya gozaban de la confianza del consumidor.

Uno de los aspectos más notables del modelo de franquicia de DIA es su adaptabilidad. A lo largo de los años, la cadena ha mostrado una gran capacidad para ajustarse a las diferentes necesidades y características de cada mercado. En España, por ejemplo, no es raro encontrar tiendas DIA en zonas rurales, en el corazón de las ciudades y en barrios periféricos.

El éxito de DIA también radica en su constante búsqueda de innovación. A pesar de ser conocida principalmente por sus productos de alimentación, ha ampliado su catálogo incluyendo otros productos esenciales, lo que ha permitido captar una base de clientes más amplia. En la actualidad cuenta con más de 1.400 franquicias en España. Su modelo de gestión de franquicia se basa en una reducida inversión, que mejora notablemente la rentabilidad de los franquiciados. Tiene presencia en cuatro países, con más de 2.600 establecimientos franquiciados en total.

En conclusión, DIA es un claro ejemplo de cómo una empresa puede, a través de un modelo de franquicia bien ejecutado y una estrategia adaptativa, lograr una presencia dominante en el mercado nacional e internacional. Su éxito demuestra el poder de combinar una visión clara con una ejecución efectiva en el mundo de las franquicias.

REFERENCIAS BIBLIOGRÁFICAS

AEF (2023). *La franquicia en España*. Servicio Estadístico de la Asociación Española de Franquiciadores.

AEF (2022). *La franquicia española en el mundo*. Servicio Estadístico de la Asociación Española de Franquiciadores.

Baena Graciá, V. (2010). Teorías y líneas de investigación en el sistema de la franquicia: una revisión desde los años 60 hasta 2009. *Cuadernos de Gestión*, 10(2), pp. 43-66.

Carsi Lluch, Á. (2017). ¿Por qué franquician las empresas? La teoría de recursos y capacidades aplicada al sistema de franquicia. *Revista De Contabilidad Y Tributación. CEF*, 411, pp. 131-156.

Ketchen, D.; Combs, J. y Upson, J. (2006). When Does Franchising Help Restaurant Chain Performance? *Cornell Hotel and Restaurant Administration Quarterly*, 47(1), pp. 14-26.

Ramírez-Hurtado, J.M. y Contreras, I. (2017). Efficiency of travel agency franchises: a study in Spain. *Service Business*, 11(4), pp. 717-739.

Ramírez-Hurtado, J.M., Quattrociocchi, B. y Berbel-Pineda, J.M. (2022). Factors affecting the decision and the degree of the internationalisation of franchises. *European Journal of International Management*, 17(4), pp. 583-610

Sigué, S. P. y Rebolledo, C. (2004). La franquicia en Colombia: ¿una alternativa a la escasez de recursos o una opción para aumentar la eficiencia?, *Management International*, 8(2), pp. 15- 24.

CAPÍTULO 13.

La franquicia en los países iberoamericanos: el caso de Guatemala

DAVID SIKAFFY RIVERA
Chevalier Asesores-Front Consulting International (Guatemala)

1. INTRODUCCIÓN

La historia y el desarrollo de las franquicias en Guatemala es un relato de adaptación, crecimiento y éxito que refleja tanto la dinámica económica del país como la capacidad de empresarios y marcas para captar y satisfacer las necesidades del mercado local.

Las franquicias hicieron su entrada en Guatemala durante la segunda mitad del siglo XX, marcando un hito en la forma de hacer negocios en el país. La introducción de marcas internacionales fue un primer paso, atrayendo la atención tanto de empresarios locales como de consumidores guatemaltecos. Este modelo de negocio les ofreció una fórmula atractiva para el emprendimiento, permitiendo a los inversores locales operar bajo marcas ya establecidas y beneficiarse de sistemas probados, capacitación y soporte continuo.

La primera franquicia internacional de la que se tiene registro en Guatemala fue la cadena de pizzerías "Pizza Hut", quien entró en el país en el año 1969, rompiendo paradigmas en una sociedad relativamente conservadora. Poco después, en año 1974, abre también el primer restaurante franquiciado de McDonald´s, marca que ha sido sumamente exitosa en el país, y luego empezaron a venir una serie de franquicias estadounidenses, especialmente en el ámbito de la comida rápida.

Motivados en buena parte por el éxito percibido de estas marcas internacionales, algunos empresarios guatemaltecos empezaron a evaluar la posibilidad de implementar el modelo de negocios, especialmente alrededor de la década de los noventa, en lo que se percibía como una buena época económica en Guatemala a raíz del fin del conflicto armado que duró treinta y seis años en el país, con la firma de los Acuerdos de Paz en el año 1996.

A raíz de este movimiento, surgen las primeras marcas nacionales, de la mano de consultores internacionales trabajando en el país, dándole un sentido de formalismo y pertenencia a las empresas franquiciantes.

De hecho, entre los años 2002 al 2007 hubo un crecimiento del 150% en la industria nacional de franquicias, con 10 empresas locales exportando sus conceptos hacia otros países, especialmente de la región centroamericana.

2. MOVIMIENTO GREMIAL EN GUATEMALA

Durante ese "boom" de franquicias en el país, un grupo de franquiciadores locales decidieron agremiarse, creando legalmente la Asociación Guatemalteca de Franquicias (AGF), como un ente no lucrativo y apolítico cuyo objetivo como gremio es representar y apoyar los intereses de la industria de franquicias en Guatemala.

Este movimiento gremial ha permitido que el sistema de franquicias en Guatemala sea sumamente maduro y pujante, siguiendo muy buenas prácticas a nivel nacional, buscando evitar las denominadas "franquicias chatarra" o "piratas", además de organizar a los franquiciantes en distintos esfuerzos en pro del desarrollo de negocios en el país.

Es importante destacar que la Asociación Guatemalteca de Franquicias (AGF), a través de sus buenas prácticas locales, ha logrado ser aceptada y reconocida como miembro de pleno derecho tanto de la Federación Iberoamericana de Franquicias (FIAF) como del Consejo Mundial de la Franquicia (WFC por sus siglas en inglés), pasando por una serie de procesos legales y administrativos complejos.

3. NÚMEROS DE LAS FRANQUICIAS EN GUATEMALA

Si bien, es importante destacar el rol de la Asociación Guatemalteca de Franquicias en el desarrollo exitoso de un ecosistema de franquicias maduro y estable en el país, ha hecho falta realizar un censo reciente sobre las estadísticas más relevantes del sector en Guatemala.

Sin embargo, de acuerdo a datos brindados por la Asociación Guatemalteca de Franquicias, en el año 2023 se **estima** que existen aproximadamente quinientas (500) franquicias, de las cuales un veinte por ciento (20%) son nacionales, siendo el restante franquicias extranjeras operando en el país.

De estas franquicias, de las cuales, sin embargo, no todas están activas, se estima el funcionamiento de cerca de cinco mil (5.000) establecimientos franquiciados, generando aproximadamente cuarenta mil (40.000) empleos formales.

No existen datos formales que avalen la facturación del sector, siendo información normalmente resguardada de forma celosa por parte de los empresarios locales.

De estas franquicias activas, tampoco existe información real y actualizada sobre los rubros más relevantes.

Sin embargo, con datos del directorio de franquicias denominado www.franquicias502.com, las categorías más consultadas por interés y por porcentaje de participación en la página son restaurantes, tiendas de venta al detalle, y servicios, en ese orden.

El valor promedio de las franquicias guatemaltecas, en cuánto a su inversión completa, empiezan desde los US$13,000.00, hasta US$381,000.00, dependiendo obviamente del concepto, de la complejidad y del esquema de negocios.

4. EVOLUCIÓN DE LAS FRANQUICIAS EN GUATEMALA

A lo largo de la última década, el sector de franquicias en Guatemala ha experimentado un crecimiento notable, evidenciado no solo por el aumento en el número de marcas internacionales presentes en el país sino también por el surgimiento y expansión de franquicias guatemaltecas. Este crecimiento ha sido impulsado por factores como la estabilidad económica, la apertura de mercados y una creciente clase media con poder adquisitivo.

Las franquicias locales han logrado expandirse no solo dentro de Guatemala sino también internacionalmente, demostrando la capacidad de las marcas guatemaltecas para competir en el mercado global.

Varios factores han contribuido al éxito y desarrollo de las franquicias en Guatemala. Entre estos, la adaptación cultural de los productos y servicios ofrecidos ha sido crucial para resonar con los consumidores locales.

Además, la formación y el soporte continuo a los franquiciatarios han asegurado la calidad y consistencia en la operación de las franquicias, elementos fundamentales para mantener la confianza y fidelidad de los clientes.

La innovación constante y la adopción de nuevas tecnologías han permitido a las franquicias guatemaltecas mantenerse competitivas y responder eficazmente a las cambiantes demandas del mercado.

La integración de plataformas digitales para la gestión, marketing y ventas ha sido particularmente relevante en la era actual, donde la experiencia omnicanal se ha vuelto una expectativa estándar entre los consumidores.

5. FRANQUICIAS DE ÉXITO EN GUATEMALA

Pollo Campero, la franquicia guatemalteca más reconocida

Pollo Campero es quizás el ejemplo más emblemático de una franquicia guatemalteca que ha trascendido fronteras, convirtiéndose en un referente de éxito internacional, habiendo incursionado en mercados maduros, como Europa, Asia y Estados Unidos, a través del sistema de la franquicia.

Además, es un referente de éxito y calidad local, también, con diversos esquemas de negocio, bajo distintas marcas, operando de manera exitosa.

Es importante recalcar que esta marca no otorga franquicias localmente, ya que cuentan con una enorme infraestructura corporativa que les permite crecer, y únicamente otorga franquicias a nivel internacional.

Nacida en 1970, hace parte de una corporación familiar multilatina con más de 100 años, la marca ha logrado expandirse hasta estar presente en 12 países alrededor del mundo con una red de más de 300 restaurantes.

La inversión total en una franquicia de Pollo Campero está entre el millón 287 mil dólares y los dos millones 491 mil dólares.

Helados Sarita, conquistando la región centroamericana

Helados Sarita es otra de las marcas guatemaltecas franquiciadas más emblemáticas en el mercado, puesto que poseen un aproximado de 875 franquicias y más de 225 en el extranjero en países como El Salvador, Honduras, Costa Rica y República Dominicana.

Nació en 1948, convirtiéndose en la primera heladería de este país. Con el paso de los años, aquel negocio que nació en el barrio del Cerrito del Carmen hoy es una de las heladerías con mayores franquicias en Guatemala, El Salvador, Honduras, Costa Rica y República Dominicana.

Citymax Real Estate. Más allá de franquicias de alimentos

CityMax® REAL ESTATE es una franquicia de negocios inmobiliarios, nacida en Guatemala, pensada específicamente para Latinoamericanos, en el Año 2007.

Surge en la mente de dos compañeros de trabajo uno dominicano y otro guatemalteco, quienes después de años de experiencia en marketing estratégico, marketing operacional y ventas, deciden independizarse y aplicar sus conocimientos en el mercado de bienes raíces, habiendo encontrado una necesidad, puesto que las franquicias inmobiliarias estaban realizadas pensando en el mercado estadounidense, con distintas necesidades al mercado latino.

Es así como Citymax Real Estate abre sus puertas al mercado de Ciudad de Guatemala en marzo del 2007, y desde entonces, han logrado una exitosa expansión a través del sistema de franquicias, habiéndose instalado en República Dominicana, Guatemala, El Salvador, México y Costa Rica, contando con 17 oficinas funcionando bajo el esquema.

A través de una filosofía organizacional fuerte y seria, de una imagen sumamente atractiva y profesional, apostándole a la capacitación permanente, y a un sistema tecnológico integral, Citymax ha demostrado ser una franquicia de servicios exitosa y madura, con potencial de una internacionalización mayor en un futuro cercano.

Franquiciados Exitosos: McDonald´s Mesoamérica

Además de ser la segunda franquicia instalada en el país, la familia Cofiño ha demostrado ser un grupo empresarial franquiciado sumamente exitoso y activo en el mercado guatemalteco, dando pie a no solo buenos franquiciantes en Guatemala, sino también a franquiciados extraordinarios, tanto, que merecen una mención especial.

Debido a la excelente trayectoria en Guatemala, en donde operan de forma directa más de cien restaurantes de McDonald's en distintos formatos, en el año 2006 fueron adquiridas las operaciones de McDonald's Honduras y Nicaragua y en 2009 las de El Salvador, convirtiéndose en McDonald's Mesoamérica.

A nivel mundial, han recibido reconocimiento entregado en dos ocasiones por considerar sus restaurantes como Triple "A" en los estándares de Calidad, Servicio y Limpieza, además de haber sido reconocidos por parte de la Corporación por la creación de las fiestas infantiles, las cuales se celebran actualmente en todo el mundo y otro por crear el concepto de la Cajita Feliz.

6. LAS MICROFRANQUICIAS EN GUATEMALA

Atendiendo a la realidad socioeconómica del país, desde el 2018 en Guatemala surgió una interesante tendencia en cuánto a la proliferación de las denominadas microfranquicias, es decir, franquicias con una inversión total inferior a los US$15.000 o US$20.000, empatando con los términos de las microfinanzas.

Opciones muy diversas, desde lo tradicional como heladerías y pequeños locales de hamburguesas, pasando por comida típica centroamericana, farmacias y tiendas de barrio, han surgido conceptos sumamente exitosos, y no necesariamente de parte de empresas pequeñas, sino como una forma para grandes grupos empresariales de conquistar otros nichos de mercado.

Dentro de los ejemplos más exitosos podemos mencionar Tiendas Mass, un concepto de tiendas de barrio con más de ciento cincuenta franquicias en funcionamiento, y cuyo fundador fungió como Presidente de la Asociación Guatemalteca de Franquicias en el último período, Las Cheritas, una cadena de pupuserías, comida típica salvadoreña consistente en tortillas rellenas de queso y otros ingredientes, que llegó a contar con hasta doce sucursales antes de la pandemia, y que mantiene siete en operación, entre una gran diversidad de opciones similares han abierto el mercado de las franquicias a todo tipo de empresarios y emprendedores locales que buscan invertir con mayor posibilidad de éxito.

7. FERIAS DE FRANQUICIA EN GUATEMALA

En Guatemala, la Asociación Guatemalteca de Franquicias es el ente encargado de la Feria de Franquicias, la cual se realizaba cada dos años, bajo el nombre de Expo Franquicias.

La última Expo Franquicias que se celebró en Guatemala, sin embargo, fue en el año 2019, con un estimado de 2,500 visitantes de acuerdo a datos provistos por la Asociación.

Desde la pandemia, sin embargo, no se ha celebrado ningún evento masivo organizado por parte de la Asociación, quienes sin embargo manifiestan su interés en celebrar un evento durante el año 2024.

Se han realizado eventos concretos, sin embargo, habiéndose celebrado con éxito una edición de la rueda de negocios española llamada Franquishop durante 2020, y habiéndose realizado ruedas de negocio virtuales a través del único directorio de franquicias en el país www.franquicias502.com.

8. DESAFÍOS Y OPORTUNIDADES

A pesar del éxito, el camino no ha estado exento de desafíos. La competencia creciente, tanto de nuevas franquicias como de negocios independientes, requiere una constante reinvención y búsqueda de diferenciación.

Asimismo, aspectos como la regulación y la burocracia pueden representar obstáculos significativos para el desarrollo y expansión de franquicias en el país.

Sin embargo, las oportunidades para el sector de franquicias en Guatemala continúan siendo prometedoras.

El creciente interés por marcas que promuevan prácticas sostenibles y responsables, junto con la expansión de segmentos de mercado como salud, educación y tecnología, abre nuevas avenidas para la innovación y el crecimiento de franquicias en Guatemala

REFERENCIAS BIBLIOGRÁFICAS

https://muchosnegociosrentables.com/franquicias-en-guatemala/

https://www.revistaeyn.com/lasclavesdeldia/centroamerica-territorio-franquiciado-AQEN1294037

https://guatefranquicias.org/quienes-somos/

https://www.bloomberglinea.com/2023/01/23/franquicias-en-centroamerica-cuales-son-las-mas-populares-y-como-adquirirlas/

https://www.linkedin.com/company/mcdonalds-mesoam%C3%A9rica/?originalSubdomain=gt

https://www.citymax-la.com/

https://www.franquicias502.com/tendencias-en-franquicias-para-guatemala-en-el-2023/

CAPÍTULO 14.

La franquicia en los países iberoamericanos: el caso de México

ELIZABETH LIZETH MAYER GRANADOS
Universidad Autónoma de Tamaulipas (México)

1. INTRODUCCIÓN

La expansión y el crecimiento empresarial son objetivos fundamentales de cualquier empresario. Existen diferentes estrategias empresariales para alcanzar estos objetivos, y una de las más efectivas y exitosas es el modelo de franquicias (Spinelli y Rosenberg, 2012). La franquicia es un modelo de negocio que, concede un privilegio, el cual se centra en el permiso para el uso de marca y la comercialización de ciertos productos. Es decir, se considera franquicia aquel negocio establecido que opera bajo una autorización (mediante acuerdo contractual o convenio) que otorga el franquiciador a sus franquiciados para producir (mediante el saber hacer)[1], vender y/o distribuir productos (bienes y/o servicios) de una marca de empresa en una localización geográfica específica y por un tiempo determinado (Dicke, 1992). De este modo, la franquicia es un acuerdo o relación entre dos partes legales independientes: el franquiciador, que posee un modelo de negocio exitoso, y el franquiciado, quien obtiene el derecho de operar un negocio bajo ese modelo a cambio de ciertas tarifas y cumplimiento de especificaciones (Spinelli y Rosenberg, 2012). La esencia de este sistema radica en el hecho de que un empresario exitoso

---

[1] También conocido por su palabra en inglés como *Know How*

puede replicar su modelo de negocio en diferentes ubicaciones, ofreciendo la oportunidad a otros empresarios de tener su propio negocio con un riesgo reducido.

Al analizar los antecedentes de la franquicia, encontramos que se cree que la palabra franquicia proviene del verbo francés *francher*, asociada a los derechos y libertad. Tiene su origen en la edad media, cuando en el continente europeo se concedía ciertos permisos para realizar determinadas actividades económicas. Sin embargo, la mayoría de la literatura coincide en que el sistema de franquicia tal como se concibe en la actualidad, tiene su origen en América, siendo el pionero Estados Unidos (EE.UU.), país considerado como uno de los principales generadores de franquicias.

El desarrollo de las franquicias en América del Norte ha crecido de forma importante en las últimas décadas. EE.UU es considerado uno de los principales impulsores de las marcas más reconocidas y su desarrollo ha sido exponencial, crecimiento que se ha extendido por todo el continente. Es precisamente en los años 80 cuando el *boom* de las franquicias se extendió hacia América Latina, y a mediados de esa década llegó a México McDonald´s ubicandose como la primera franquicia extranjera en penetrar mercado mexicano. Asimismo, a finales de los 80 y principios de los 90, empresas mexicanas deciden franquiciar sus marcas, siendo Dorminundo la empresa pionera en vender una franquicia mexicana (AMF, 2014).

En México, este modelo ha demostrado ser un motor significativo de crecimiento económico del país, ofreciendo oportunidades para el emprendimiento y la generación de empleos (Secretaría de Economía, 2021). La figura de la franquicia en México ha ganado cada vez más fuerza, esto se puede deber a su proximidad con el mercado anglosajón y a las ventajas adquiridas a través del acuerdo comercial entre Estados Unidos,

México y Canadá (USMCA)[2], y previamente, con el Tratado de Libre Comercio de América de Norte (TLCAN)[3]. Al respecto, Rodríguez, Caballer y Guadalajara, (2011) afirman que México posee el 42% de las redes de franquicias y establecimientos en América Latina y según la Asociación Mexicana de Franquicias (AMF, 2023), las franquicias en México generan más de 900 mil empleos. En ese tenor, se puede afirmar que el modelo de franquicias no solo aporta en la generación y el mantenimiento de empleos, sino que también contribuyen a la generación de riqueza mediante el crecimiento y expansión de las empresas.

Ahora bien, el impacto de las franquicias no solo se centra en su contribución al crecimiento económico de un país, sino que tanto el franquiciatario como el franquiciante suelen tener beneficios importantes derivados de un modelo de franquicia, es decir, suele ser un modelo de ganar con beneficios a largo plazo (Mosquera, 2010; Medina, 2015).

Los beneficios de desarrollar una franquiciar incluye el crecimiento exponencial de una marca; mayor participación en el mercado; ampliación de ingresos; acceso a economías de escala y una mayor cuota de mercado entre otros. En cuanto a los beneficios del emprendedor al adquirir una franquicia, existen los siguientes: Se minimiza el riego; adquisición de un negocio acreditado; la curva de aprendizaje es menos costosa y más acelerada; acceso a plataformas de publicidad y marketing de la marca; asistencia técnica y capacitación del personal, y acceso a economías de escala.

Sin embargo, también existen riesgos y desafíos asociados con el modelo de franquicias. Uno de los más importantes es

---

2 Por sus siglas en inglés North America Free Trade Agreement, que entró en vigor en Julio del 2020.

3 A partir de enero de 1994 y también conocido como NAFTA, por sus siglas en inglés: North American Free Trade Agreement

mantener la consistencia y la calidad a través de todas las ubicaciones de la franquicia. Esto es fundamental para proteger la reputación de la marca, pero puede ser un desafío dada la independencia operativa de cada franquiciado (Spinelli y Rosenberg, 2012). Asimismo, las franquicias a menudo tienen una base geográfica muy focalizada y son percibidas como empresas que no tienen restricciones y no hay claridad en sus regulaciones legales que pueden ser muy específicas o nulas, dependiendo del país o región donde ésta se desarrolle. Otro desafío es el de la gestión de las relaciones entre franquiciadores y franquiciados, que pueden verse tensadas por las expectativas y responsabilidades mutuas. Estos desafíos subrayan la importancia de una planificación y preparación cuidadosas antes de emprender el camino de la franquicia. Esto incluye la realización de una investigación exhaustiva, la consulta con expertos en franquicias y la obtención de asesoramiento legal adecuado.

Por último, es fundamental entender el marco legal que rige las franquicias en México. Esto incluye las obligaciones de ambas partes, los procesos para el registro de marcas y los requisitos para la divulgación de información (Ley de la Propiedad Industrial, 2018). Comprender y cumplir con estas regulaciones legales es esencial para el éxito de cualquier franquicia.

A lo largo de este capítulo, se proporcionará una visión en profundidad de cada uno de estos aspectos, con el objetivo de ofrecer una guía completa y comprensiva para aquellos interesados en el mundo de las franquicias en México.

2. RELEVANCIA DE LAS FRANQUICIAS EN LA ECONOMÍA MEXICANA

Las franquicias han tenido un impacto significativo en la economía mexicana en las últimas décadas. De acuerdo con la Asociación Mexicana de Franquicias (AMF), el sector de las franquicias ha demostrado ser un motor robusto y resistente en la economía mexicana, mostrando un crecimiento constante a pesar de los desafíos económicos generales (Asociación Mexicana de Franquicias, 2022). Según datos recientes, las franquicias en México representan más del 6% del Producto Interno Bruto (PIB), una contribución considerable que ilustra su importancia para la economía del país (INEGI, 2022).

Una de las principales razones de este impacto positivo es que las franquicias proporcionan un camino para el emprendimiento y la creación de empleo. Al ofrecer una estructura y soporte empresarial listo para usarse, las franquicias permiten a los emprendedores comenzar su propio negocio con una base sólida y un riesgo reducido (Combs, Ketchen Jr, y Short, 2011). Este aspecto de las franquicias es especialmente valioso en México, donde el espíritu emprendedor es fuerte, pero a menudo se encuentra con obstáculos como la falta de acceso a capital y la incertidumbre del mercado (Lafuente, Vaillant, y Serarols, 2010). Además, las franquicias generan empleo directo e indirecto. Por un lado, cada unidad de franquicia crea una serie de puestos de trabajo que van desde los empleados de nivel básico hasta los gerentes de la tienda. Por otro lado, las franquicias también generan empleo indirecto a través de sus necesidades de suministro, ya que a menudo requieren de una red de proveedores locales para abastecer sus operaciones (Dant, Grünhagen, y Windsperger, 2011).

Más allá de estas contribuciones económicas directas, las franquicias también desempeñan un papel crucial en el desarrollo de la infraestructura y las capacidades empresariales. El modelo de franquicia implica un proceso de aprendizaje continuo, donde los franquiciados se benefician de la formación, el soporte y la orientación proporcionados por el franquiciador. Esto contribuye a desarrollar habilidades empresariales y de gestión en la economía local, fomentando un círculo virtuoso de crecimiento y desarrollo empresarial (Bradach, 1998). A pesar de estos beneficios significativos, también es importante reconocer que el sector de las franquicias enfrenta desafíos. Entre ellos, se incluyen las tensiones en las relaciones franquiciador-franquiciado, la gestión de la calidad y la consistencia en toda la red, y la adaptación a los cambios rápidos del mercado y de la tecnología (Dant, Grünhagen, y Windsperger, 2011). Aún así, el modelo de franquicia ha demostrado ser resiliente y capaz de adaptarse a estas circunstancias cambiantes.

Además, la economía mexicana se beneficia de la presencia de franquicias internacionales que traen consigo sus estándares y prácticas globales. Las franquicias extranjeras ayudan a diversificar la economía y aportan un flujo constante de inversión extranjera directa (Villarreal Larrinaga, y García Canal, 2007). También llevan consigo conocimientos y tecnología avanzada, que se difunden localmente y contribuyen a la competitividad del sector empresarial mexicano.

Las franquicias también han demostrado su resiliencia en tiempos de crisis económica. Según la Asociación Mexicana de Franquicias (2022), las franquicias demostraron una mayor tasa de supervivencia durante la recesión económica provocada por la pandemia de COVID-19 en comparación con las empresas independientes. Esto se atribuye a varios factores, como el reconocimiento de marca, el acceso a la financiación y el soporte del franquiciador.

La importancia de las franquicias en México es evidente, con una creciente diversidad de sectores y marcas que adoptan este modelo. Desde la comida rápida hasta la moda, pasando por la educación y la salud, las franquicias están transformando el paisaje empresarial mexicano. Este crecimiento ha sido impulsado por varias ventajas clave de las franquicias. Por ejemplo, las franquicias pueden ofrecer a los empresarios la oportunidad de operar bajo una marca establecida y reconocida, reduciendo así el riesgo empresarial (Spinelli y Rosenberg, 2012). También pueden proporcionar acceso a sistemas probados de operación y a una red de apoyo proporcionada por el franquiciador.

Es importante también mencionar que, las franquicias han demostrado ser un canal eficaz para el empoderamiento económico de las mujeres en México. Según la Asociación Mexicana de Franquicias (2022), un número creciente de franquicias en México son propiedad de mujeres. Estas franquicias propiedad de mujeres no solo generan empleo y contribuyen a la economía, sino que también ayudan a promover la igualdad de género en el sector empresarial. Por lo tanto, las franquicias son un elemento crucial en la economía mexicana, contribuyendo no solo en términos económicos sino también en términos de desarrollo de capacidades, innovación, empoderamiento y resiliencia frente a las crisis. No obstante, los desafíos que enfrentan, el futuro de las franquicias en México parece prometedor, y su papel en la economía del país seguramente continuará creciendo en los años venideros.

A pesar de su significativo impacto en la economía mexicana, es esencial un análisis más profundo de las franquicias en México para entender plenamente su alcance y potencial. Los estudios existentes tienden a centrarse en las franquicias en general, y hay una falta de investigación detallada sobre las franquicias específicamente en México. Por tanto, este apartado del libro pretende contribuir a la literatura existente mediante la exploración de los aspectos prácticos, legales y económicos de las franquicias en el contexto mexicano.

3. PASOS PARA FRANQUICIAR UN NEGOCIO

Dentro del ámbito de constitución legal empresarial, la franquicia en México no es precisamente una clasificación empresarial, sino más bien es un método o sistema de expansión y crecimiento que, ayuda a establecer una red de producción y comercialización mediante la distribución de productos y servicios. Al franquiciar el negocio, la empresa desarrolla un crecimiento estratégico ampliando sus unidades de negocio, la cuota de mercado, el alcance geográfico, posiblemente la internacionalización y, por ende, sus ingresos.

De acuerdo a la Ley Mexicana de la Propiedad Industrial, "existirá franquicia cuando con la licencia de uso de marca se trasmitan conocimientos técnicos o se proporcione asistencia técnica para que la persona a quien se le conceda pueda producir o vender bienes o prestar servicios de manera uniforme y con los métodos operativos, comerciales y administrativos establecidos por el titular de la marca tendientes a mantener la calidad, prestigio, e imagen con los productos o los servicios a los que ésta distingue" (Art. 245 p.56).

Al observar el censo empresarial tanto en datos del Instituto Nacional de Estadística y Geografía (INEGI, 2023), como en el directorio del Siestema de información Empresarial Mexicano (SIEM, 2023), podemos observar que las empresas no se clasifican por su cualidad de franquicia, lo cual resulta dificil para su identificación. Entonces, para su identificación habría que recurrir a asociaciones o redes especializadas. A pesar de ello, los negocios que ingresan a un sistema de franquicia tienen que cumplir una serie de requerimientos y esquemas legales a través de contratos, clausulas y responsabilidades extracontractuales, que se plasman mediante políticas empresariales y manuales. Pero lo interesante aquí es cuando la franquicia quiere expandirse a mercados internacionales. En ese punto, las franquicias mexicanas deben dar cumplimiento a las leyes de los países en donde se establecerán. Desafortunadamente, en México hay poca información sobre el tema, y es complicado acceder a la información sobre cuáles son las franquicias mexicanas internacionalizadas, y cuáles son los requerimientos legales para poder entrar a mercado global. Por lo regular, su internacionalización se centra en el valor de marca con la constitución legal tradicional de cualquier empresa y no bajo su cualidad de franquicia. Lo que puede generar conflictos y trabas en su desarrollo.

Partiendo de la definición de la escuela de Cambridge (2023) según su diccionario, franquiciar es un derecho a vender los productos de una empresa en un área particular utilizando el nombre de la empresa. Es decir, para hacer franquicia el franquiciador o franquiciante otorga licencia para que un tercero llamado franquiciado o franquiciatario haga uso comercial de su marca tratando de mantener la misma experiencia para el consumidor o clientes. Para franquiciar un negocio, es necesario evaluar el modelo de negocio para identificar si el modelo es franquiciable.

De acuerdo con la literatura existente hay ciertas variables que se deben considerar al momento de elegir una franquicia. Al respecto, Zachary et al. (2011), mencionan las siguientes: Edad de la franquicia; Tamaño de la franquicia; Desempeño; Fortaleza financiera y estabilidad financiera; Crecimiento y rentabilidad; Inversión inicial; Aspectos del contrato y opciones de financiamiento, y, por supuesto, la orientación al mercado. Aunado a esto, otros autores recomiendan revisar el país de origen de la franquicia, el número de las unidades de engocio que tiene la marca y el valor de marca (Ayup y Calderón, 2014; Guilloux et al., 2004; Ramírez et al., 2007).

En México, regularmente se solicita que por lo menos tenga de dos a tres años de operación y contar con al menos dos sucursales para demostrar que se puede operar a distancia. Además, es indispensable que el negocio este formalmente constituido y que, la marca este registrada ante el Instituto Mexicano de la Propiedad Industrial (IMPI). También se requiere que el modelo de negocio cuente con un plan de negocio, con manuales de operación, manuales administrativos, procesos y procedimientos. Es decir, tener estandarizados los procesos.

Para franquiciar el negocio en México el emprendedor o empresario (franquiciante) debe considerar algunos puntos esenciales:

- Modelo de negocio escalable y replicable
- Un nombre de marca registrado (derecho de uso de marca)
- El modelo de negocio y valor de la propuesta comercial tiene demanda
- Brinda *know how* o saber hacer al franquiciado
- Procesos estandarizados
- Desarrollar las políticas para conceder la licencia para uso de marca
- Acuerdo contractual
- Prácticas de divulgación y publicidad
- Proceso de selección de los franquiciados
- Brinda soporte técnico (capacitación) a un tercero para comercializar la marca
- Tener un agente o gerente de operación de la franquicia

De acuerdo con la Ley Federal de Protección a la Propiedad Industrial (2020), por lo menos con treinta días previos a celebrarse el contrato entre el franquiciante y el franquiciatario. El primero deberá brindar al segundo, la información relativa sobre el estado actual que guarda la empresa. En cuanto al contrato de franquicia, según el art. 246 de la Ley antes mencionada, éste deberá contener los puntos siguientes:

1. La zona geográfica en la que el franquiciatario ejercerá las actividades objeto del contrato.
2. La ubicación, dimensión mínima y características de las inversiones en infraestructura, respecto del estableci-

miento en el cual el franquiciatario ejercerá las actividades derivadas de la materia del contrato.

3. Las políticas de inventarios, mercadotecnia y publicidad, así como las disposiciones relativas al suministro de mercancías y contratación con proveedores, en el caso de que sean aplicables.
4. Las políticas, procedimientos y plazos relativos a los reembolsos, financiamientos y demás contraprestaciones a cargo de las partes en los términos convenidos en el contrato.
5. Los criterios y métodos aplicables a la determinación de los márgenes de utilidad o comisiones de los franquiciatarios.
6. Las características de la capacitación técnica y operativa del personal del franquiciatario, así como el método o la forma en que el franquiciante otorgará asistencia técnica.
7. Los criterios, métodos y procedimientos de supervisión, información, evaluación y calificación del desempeño, así como la calidad de los servicios a cargo del franquiciante y del franquiciatario.
8. Los términos y condiciones para subfranquiciar, en caso de que las partes así lo convengan.
9. Las causales para la terminación del contrato de franquicia.
10. Los supuestos bajo los cuales podrán revisarse y, en su caso, modificarse de común acuerdo los términos o condiciones relativos al contrato de franquicia. (Art. 246 p.57).

Asimismo, en la Ley Mexicana de la Propiedad Industrial (2020)[4], Nueva Ley DOF 01-07-2020, tanto el franquiciante

---

4 Publicada por el Congreso General de los Estados Unidos Mexicanos el 5 de noviembre del 2021 y vigente al 2023.

como el franquiciatario encontrarán en el apartado de las licencias y transmisión de derechos las obligaciones y responsabilidades adquiridas al obtener u otorgar una franquicia en México.

Como podemos inferir, convertir un negocio en una franquicia es un proceso complejo y minucioso. Requiere preparación y planificación adecuadas, y es esencial seguir una serie de pasos bien definidos para asegurar el éxito (Kaufmann y Dant, 1999). Aquí presentamos una guía paso a paso para llevar a cabo este proceso.

1. Evaluación Inicial

El primer paso es realizar una evaluación inicial de la empresa. Es importante determinar si el negocio tiene el potencial para ser exitoso como franquicia. Se deben considerar factores como la rentabilidad del negocio, la escalabilidad, la demanda del mercado y la capacidad para reproducir el modelo de negocio en diferentes lugares (Shane, 2005).

2. Desarrollo de Documentos Legales

El siguiente paso es el desarrollo de los documentos legales necesarios para la franquicia. Estos pueden incluir el contrato de franquicia, el acuerdo de operaciones y el documento de divulgación de franquicia. Estos documentos definen la relación entre el franquiciador y el franquiciado, y son necesarios para cumplir con las leyes y regulaciones de la franquicia (Lafontaine y Oxley, 2004).

3. Creación del Manual de Operaciones

El manual de operaciones es una herramienta esencial en el proceso de franquiciado. Proporciona un detallado paso a paso sobre cómo operar el negocio. Este manual debe cubrir todos los aspectos del negocio, desde la gestión del personal hasta el *marketing* y las ventas (Frazer, Merrilees y Wright, 2007).

4. Desarrollo del Plan de Expansión

Una vez que se han desarrollado los documentos legales y el manual de operaciones, es hora de desarrollar un plan de expansión. Este plan debe detallar cómo se planea expandir la franquicia, incluyendo la ubicación de las futuras franquicias, los mercados objetivo y las estrategias de *marketing* para atraer a los franquiciados (Bradach, 1998).

5. Búsqueda de Franquiciados

Es necesario encontrar franquiciados dispuestos a comprar la franquicia. Este proceso puede incluir la publicidad de la franquicia, la realización de entrevistas con posibles franquiciados y la negociación de los términos de los contratos de franquicia (Bates, 1998).

6. Capacitación de Franquiciados

La capacitación de los franquiciados es un paso crítico en el proceso de franquiciar un negocio. Los franquiciados deben recibir una formación exhaustiva en todos los aspectos del negocio, desde la operación diaria hasta la gestión de personal, la administración financiera y las estrategias de marketing (Dant, Grünhagen y Windsperger, 2011). Esta capacitación debe ser práctica y estar basada en el manual de operaciones de la franquicia.

7. Apoyo Continuo

Finalmente, el proceso de franquiciar no termina con la venta de la franquicia. El franquiciador debe ofrecer un apoyo continuo a los franquiciados para asegurar su éxito. Este apoyo puede incluir asesoramiento en la gestión del negocio, ayuda con el *marketing* y la publicidad, asi como la actualización constante del manual de operaciones (Dant, Grünhagen y Windsperger, 2011).

8. Evaluación y Retroalimentación

El seguimiento del desempeño de las franquicias es esencial para garantizar su éxito. Esto implica realizar evaluaciones periódicas del rendimiento de las franquicias y proporcionar retroalimentación constructiva a los franquiciados (Combs, Ketchen y Short, 2011). Las métricas de rendimiento podrían incluir las ventas, la satisfacción del cliente, el cumplimiento de las normas y reglamentos de la franquicia y la implementación efectiva de las estrategias de *marketing*.

9. Innovación y Mejora Continua

En un mercado competitivo, es esencial que las franquicias continúen innovando y mejorando. Esto podría implicar la introducción de nuevos productos o servicios, la mejora de las operaciones o la actualización del plan de mercadotecnia. La innovación y la mejora continua son esenciales para mantener la competitividad de la franquicia y atraer a nuevos clientes (Weaven y Frazer, 2007).

10. Gestión de la Relación con los Franquiciados

La gestión efectiva de la relación con los franquiciados es esencial para el éxito de la franquicia. Los franquiciadores deben tratar a los franquiciados como socios, ofrecer un apoyo constante y mantener una comunicación abierta y transparente. La gestión efectiva de la relación puede ayudar a prevenir conflictos y garantizar la satisfacción y el compromiso de los franquiciados. Dicha relación implica tres actores clave: Franquiciadores, Franquiciados y clientes (Paswan, D'Souza, y Rajamma, 2014).

La conversión de un negocio en una franquicia puede ser un proceso desafiante, pero también ofrece una serie de ventajas significativas. Siguiendo estos pasos, los propietarios de negocios pueden aumentar su alcance, mejorar sus ingresos y maximizar su potencial de crecimiento.

4. REQUISITOS LEGALES PARA FRANQUICIAR

El establecimiento de una franquicia implica una serie de requisitos legales que tanto el franquiciador como el franquiciado deben cumplir para garantizar una operación exitosa y conforme a la ley. En México, la Ley de Propiedad Industrial y la Ley Federal de Protección al Consumidor son las principales normativas que rigen el funcionamiento de las franquicias (Cárdenas-Gracia, 2010).

1. Registro de la Marca

Lo primero que debe hacer un empresario que desea franquiciar su negocio es registrar la marca bajo la cual se va a operar la franquicia. El registro de la marca se realiza ante el Instituto Mexicano de la Propiedad Industrial (IMPI). Este registro proporciona al titular el derecho exclusivo de usar la marca y de impedir a terceros el uso de la misma o de una similar en el mercado (Cárdenas-Gracia, 2010).

2. Elaboración del Contrato de Franquicia

El contrato de franquicia es el documento legal que establece los términos y condiciones de la relación de franquicia. Debe ser elaborado con la asistencia de un abogado con experiencia en franquicias y contener información detallada sobre los derechos y responsabilidades de ambas partes, los términos financieros de la relación, las políticas y procedimientos operativos, y las disposiciones de resolución de disputas (Rivera-Santos, Rufín, y Kolk, 2012).

3. Elaboración del Circular Oferta de Franquicia (COF)

La COF es un documento que el franquiciador debe entregar al posible franquiciado al menos 30 días antes de la firma del contrato de franquicia. Este documento contiene información detallada sobre el franquiciador, la franquicia, los costos de inversión y operación, y los resultados financieros proyectados (Cárdenas-Gracia, 2010).

4. Registro ante la Procuraduría Federal del Consumidor (PROFECO)

En México, todas las franquicias deben registrarse ante la PROFECO. Este registro tiene como finalidad proteger los derechos de los consumidores y garantizar que las franquicias operen de acuerdo con las leyes y regulaciones aplicables (Cárdenas-Gracia, 2010).

5. Protección de Propiedad Intelectual

Además del registro de la marca, puede ser importante proteger otros elementos de propiedad intelectual que sean fundamentales para el negocio. Esto puede incluir patentes para cualquier invención única, derechos de autor para materiales de marketing o manuales de operaciones, y secretos comerciales, como recetas o técnicas especiales (Hadfield, Howells, y Trebilcock, 2017).

6. Cumplimiento de las Normativas Locales

Las normativas específicas pueden variar dependiendo de la ubicación de la franquicia. Esto puede incluir leyes relacionadas con la zonificación, los permisos de construcción, las licencias de negocio, las regulaciones sanitarias y las leyes laborales. Por tanto, es importante investigar y entender las regulaciones locales que pueden afectar a la operación del negocio (Hadfield, Howells, y Trebilcock, 2017).

7. Acuerdos de Confidencialidad y No Competencia

Para proteger la información privada de la empresa y prevenir la competencia desleal, es común que los franquiciadores requieran a los franquiciados la firma de acuerdos de confidencialidad y no competencia. Estos acuerdos limitan la capacidad del franquiciado para compartir información confidencial y para operar un negocio competitivo durante y después del término del contrato de franquicia (Lafontaine y Leibsohn, 2004).

8. Obligaciones Fiscales

Tanto el franquiciador, como el franquiciado deben cumplir con las obligaciones fiscales de la franquicia. Esto incluye la presentación de impuestos federales y locales, la contabilidad adecuada de las transacciones y los ingresos, asi como el cumplimiento de cualquier otra obligación tributaria pertinente (Lafontaine y Leibsohn, 2004).

En conclusión, establecer una franquicia implica una variedad de consideraciones y requisitos legales. Tanto el franquiciador como el franquiciado deben estar preparados para cumplir con estos requisitos y buscar asesoría legal cuando sea necesario para asegurar una operación exitosa y conforme a la ley.

Estos son algunos de los requisitos legales principales que se deben cumplir para establecer una franquicia en México. Cabe señalar que cada situación puede variar y puede haber otros requisitos o consideraciones legales dependiendo de la naturaleza específica del negocio.

5. CÓMO ADQUIRIR UNA FRANQUICIA

Adquirir una franquicia implica una serie de pasos que van desde la investigación inicial hasta la firma del contrato de franquicia. Para que el emprendedor o empresario (franquiciatario) seleccione una franquicia debe considerar los siguientes puntos: Elegir sector clave donde se desea invertir; Análisar los datos básicos de la empresa franquiciadora; Conocer sobre el sector de actividad; Investigar los datos del franquiciador y la explotación de la marca; Tomar en cuenta el valor de marca; Tener en cuenya el número de unidades de la franquicia; Comprender el modelo de negocio y valor de la propuesta comercial; definir la forma de obtener *el know how* del franquiciador; Contrastar el presupuesto del capital que se tiene versus el capital requerido; Evaluar la facilidad de transferencia de conocimiento; Revisar el acuerdo contractual y datos sobre el contrato de franquicia; Conocer las políticas respecto a la divulgación y publicidad; Revisar si hay que pagar regalías (de *marketing*, de venta, de entrada); Hacer un análisis del riego; Calcular la utilidad de operación; Revisar indicadores de desempeño (KPI´s). A continuación, se presenta un resumen de los pasos recomendados para adquirir una franquicia:

1. Investigación de Oportunidades de Franquicias. El primer paso para adquirir una franquicia es realizar una investigación exhaustiva de las oportunidades disponibles. Esto puede implicar la consulta de directorios de franquicias, asistir a exposiciones de franquicias, y hablar con franquiciados actuales para obtener una perspectiva interna (Seid y Thomas, 2006).

2. Evaluación de la Adecuación Personal. Cada franquicia tiene su propia cultura y modelo de negocio, por lo que es esencial evaluar si una franquicia particular es compatible con las habilidades, intereses y metas personales del potencial franquiciado (Seid y Thomas, 2006).

3. Revisión de la Información de la Franquicia. Una vez seleccionada una franquicia de interés, el siguiente paso es revisar detenidamente la información proporcionada por el franquiciador. Esto incluye el Documento de Divulgación de Franquicias (FDD), que contiene información detallada sobre la franquicia, incluyendo las obligaciones financieras, los antecedentes legales y el rendimiento financiero de la franquicia (Michael, 2014).

4. Consulta con Asesores Profesionales. Es altamente recomendable que el potencial franquiciado consulte con asesores profesionales, incluyendo abogados, contadores y consultores de franquicias. Estos asesores pueden proporcionar orientación y asesoramiento en la revisión del FDD, la evaluación de la oportunidad de franquicia y la negociación del contrato de franquicia (Michael, 2014).

5. Visita a la Sede de la Franquicia. Muchos franquiciadores ofrecen a los potenciales franquiciados la oportunidad de visitar su sede para conocer más sobre el negocio, conocer al equipo de liderazgo y obtener respuestas a cualquier pregunta que puedan tener (Seid y Thomas, 2006).

6. Verificación de la Franquicia. Este paso implica hablar con franquiciados actuales y anteriores para obtener una perspectiva directa de la experiencia de ser un franquiciado. Estas conversaciones pueden proporcionar información valiosa sobre el apoyo y la formación proporcionados por el franquiciador, así como sobre el rendimiento y los desafíos del negocio (Seid y Thomas, 2006).

7. Negociación y Firma del Contrato de Franquicia. Una vez que el potencial franquiciado está satisfecho con la oportunidad de franquicia y ha completado su debida diligencia, el siguiente paso es negociar y firmar el contrato de franquicia. Es importante que este contrato sea revisado cuidadosamente con la ayuda de un abogado experimentado en franquicias (Michael, 2014).

8. Prueba de Operación. Antes de firmar cualquier contrato de franquicia, es posible que se te ofrezca la oportunidad de participar en un "día de descubrimiento" o una "prueba de operación". Esto te permite trabajar en una ubicación de la franquicia para que puedas entender cómo es el día a día de la operación del negocio. Durante este tiempo, podrás observar cómo se maneja el inventario, la interacción con los clientes, y la forma en que se manejan los desafíos diarios (Spinelli, S., y Rosenberg, R., 2012).

9. Obtención de Financiamiento. Es probable que necesites financiamiento para cubrir los costos de adquisición de la franquicia, como el canon de franquicia, los costos de construcción o remodelación del local, el inventario inicial y el capital de trabajo necesario para mantener la operación hasta que la franquicia se vuelva rentable. Existen diferentes opciones de financiamiento que puedes explorar, desde préstamos bancarios hasta inversionistas angelicales. Algunos franquiciadores pueden ofrecer opciones de financiamiento internas o tener relaciones con instituciones financieras que estén dispuestas a financiar a nuevos franquiciados (Spinelli, S., y Rosenberg, R., 2012).

10. Formación y Soporte Inicial. Una vez que hayas firmado el contrato de franquicia y asegurado el financiamiento, se te proporcionará un programa de formación. Este programa puede incluir formación en las operaciones diarias, políticas y procedimientos, atención al cliente, y marketing y publicidad. Además, es probable que el franquiciador te asista en la elección de la ubicación y el diseño del local. Aprovecha estos recursos al máximo, ya que te ayudarán a lanzar y operar tu negocio con éxito (Spinelli, S., & Rosenberg, R., 2012).

11. Apertura del Negocio. Con la formación y el apoyo inicial completos, llega el momento de abrir tu negocio al público. Dependiendo de la franquicia, podrías tener un "día de apertura suave", donde se invita a familiares y amigos a la tienda antes de la apertura oficial al público. El día de apertura es a menudo un gran evento, con marketing y promociones especiales para atraer a los clientes (Spinelli, S., y Rosenberg, R., 2012).

Es importante recordar que, aunque adquirir una franquicia puede ser un camino emocionante hacia el emprendimiento, también es un compromiso significativo de tiempo y dinero. Debes realizar tu debida diligencia y asegurarte de que estás tomando una decisión informada.

Además de tomar en cuenta lo previamente mencionado, se recomienda considerar que en México las franquicias pueden operar con regalías. Por un lado, está la regalía de *marketing*, que es el monto que el franquiciatario o franquiciado paga al franquiciante o franquiciador. Es un monto determinado para el manejo de la publicidad institucional; Por otro lado, está la regalía de venta, que consiste en la aportación para el uso del *know how*. Dichas regalías se cobran o pagan mensualmente. Existen diferentes formas de establecerlo: a) Sobre porcentaje de ventas; b) Sobre la utilidad de la operación. Asimismo, el franquiciador o franquiciante suele cobrar una cuota inicial denominada canon de entrada de la franquicia. Con esta inversión inicial, se cubre el derecho de uso de la licencia la cual puede cubrir contratos de cinco años o diez años. Cabe mencionar que hay franquicias sin canon de entrada, pero esto dependerá de la estructura del modelo de negocio a franquiciar.

Figura única. Procedimiento para la adjudicación de la franquicia mexicana

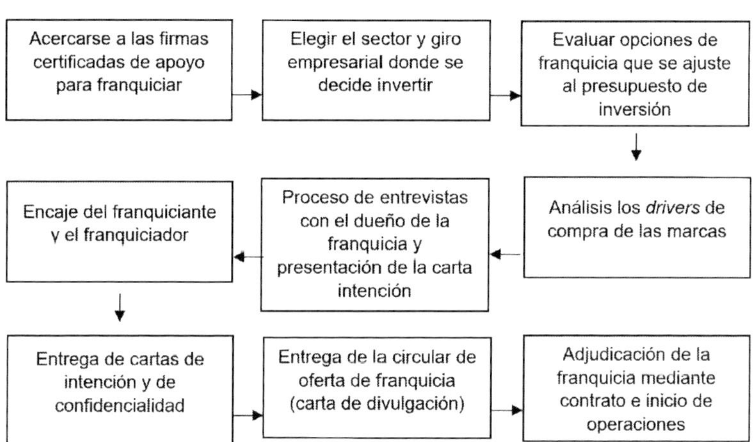

Fuente: Elaboración propia a partir de la revisión de la literatura

Antes de la adjudicación de una franquicia se recomienda revisar los indicadores de desempeño de la misma, esto con el propósito de disminuir el riesgo de la inversión. En ese sentido, hay que fijarse en la utilidad de operación, el monto de las ventas, la cuota de mercado, la capacidad de captar nuevos clientes, el monto del capital inicial incluyendo el capital operativo, el retorno de la inversión, la rentabilidad sobre activos, el costo de operación, cuál es su valor presente neto y cuál es la tasa interna de retorno. Del mismo modo, hay que considerar el pago de derecho de entrada a la franquicia, los *royalties* (cuota por regalías), el pago por concepto de publicidad, y otros impuestos o montos fijados en el contrato.

6. FRANQUICIAS EXITOSAS MEXICANAS

México cuenta con una amplia diversidad de franquicias exitosas que han trascendido más allá de las fronteras nacionales. Estas empresas son una muestra del espíritu emprendedor y la capacidad de innovación que caracteriza a la economía mexicana. Veamos algunos ejemplos:

1. OXXO

Sin duda, OXXO es una de las franquicias más exitosas y reconocibles en México. Fundada en 1977 en Monterrey, Nuevo León, esta tienda de conveniencia pertenece a FEMSA, uno de los conglomerados más grandes de América Latina (Grupo FEMSA, 2020). Con presencia en 17 países y con más de 18,000 tiendas en México, Oxxo es una de las franquicias mexicanas con mayor expansión en el continente. Su éxito se debe a un modelo de negocio basado en la disponibilidad de productos de consumo diario y servicios diversos, con horarios extendidos y ubicaciones estratégicas.

2. Farmacias Guadalajara

Esta cadena de farmacias fue fundada en 1942 en la ciudad de Guadalajara, Jalisco. Desde entonces, se ha consolidado como una de las franquicias más exitosas en el sector de la salud, con más de 2,100 tiendas en todo México (Farmacias Guadalajara, 2020). Su modelo de negocio es innovador al integrar el concepto de farmacia, tienda de conveniencia y venta de productos de belleza y cuidado personal en un solo lugar, con horarios extendidos y servicio de calidad.

3. KidZania

KidZania es un ejemplo de una franquicia mexicana con un concepto innovador que ha tenido éxito internacional. Fundada en 1999 por Xavier López Ancona, KidZania es un parque temático para niños donde pueden explorar diferentes carreras y aprender sobre la economía y la sociedad a través del juego. Actualmente, KidZania tiene 27 ubicaciones en 21 países alrededor del mundo, incluyendo lugares como Dubái, Londres, y Tokio.

4. Café Punta del Cielo

Café Punta del Cielo es una franquicia mexicana que se ha destacado por su compromiso con la calidad y el café de origen. Fundada en 2004, esta franquicia cuenta con más de 300 tiendas en México y presencia en países como España y Estados Unidos. Su modelo de negocio se basa en la selección cuidadosa de los granos de café, la innovación constante en su oferta de productos y una experiencia de cliente excepcional.

5. Farmacias del Ahorro

Farmacias del Ahorro es una de las franquicias más grandes y exitosas de México en el sector farmacéutico. Fundada en 1991, ha expandido su presencia en todo el país y es reconocida por su amplio catálogo de productos y su servicio 24/7.

6. El Fogoncito

El Fogoncito es una franquicia de restaurantes especializada en tacos al pastor. Desde su apertura en 1968, El Fogoncito ha crecido hasta tener presencia en diferentes partes del mundo, siendo reconocida por su sabor auténticamente mexicano (El Fogoncito, 2023).

7. Arréglalo

Arréglalo es una franquicia de servicios de arreglo de ropa y moda. Desde su creación en 1997, la empresa ha experimentado un crecimiento constante y actualmente cuenta con más de 100 tiendas en México. Su modelo de negocio se centra en ofrecer un servicio de alta calidad a un precio accesible.

8. Helados Santa Clara

Santa Clara es una franquicia de heladerías que ha ganado renombre por sus productos lácteos de alta calidad y su enfoque en la tradición mexicana. Con más de 35 años en el mercado, Santa Clara ha expandido su presencia a nivel nacional, ofreciendo también una gama de productos en tiendas de autoservicio.

Estas franquicias mexicanas son solo algunos ejemplos de las oportunidades de negocio que existen en el país. Sin embargo, antes de adquirir una franquicia, es esencial investigar a fondo la empresa, entender el mercado y asegurarse de tener la capacidad financiera y operativa para gestionar la empresa.

7. CONCLUSIONES

El camino hacia la franquicia es un camino lleno de oportunidades y retos para los emprendedores mexicanos. Como hemos visto, las franquicias son una fuerza motriz de la economía mexicana y desempeñan un papel significativo en la generación de empleo y la promoción del emprendimiento. Las franquicias representan un modelo de negocio que, si se maneja correctamente, puede llevar a la expansión y el crecimiento significativos de una empresa.

Las franquicias mexicanas como Farmacias del Ahorro, KidZania, El Fogoncito, Arréglalo, Santa Clara, y Farmacias Guadalajara, representan ejemplos claros de la capacidad emprendedora en México y de cómo se pueden alcanzar mercados internacionales a partir de conceptos locales. Estas empresas han logrado superar los desafíos y las barreras de entrada a nuevos mercados para convertirse en líderes de la industria en sus respectivos sectores.

A lo largo de este capítulo, hemos discutido las ventajas y desventajas de las franquicias. Al igual que cualquier modelo de negocio, las franquicias vienen con su propio conjunto de beneficios y desafíos. Entre las ventajas, destaca la capacidad de expandirse rápidamente, aprovechar el reconocimiento de marca existente y beneficiarse de la asistencia y el apoyo del franquiciador. Sin embargo, estos beneficios vienen con desafíos, como la necesidad de adherirse a las directrices del franquiciador, las restricciones en la operación y la posibilidad de conflictos con el franquiciador.

Es fundamental que los posibles franquiciadores y franquiciados estén completamente informados sobre los detalles del proceso de franquicia y entiendan completamente los requisitos y expectativas antes de embarcarse en esta empresa. La educación y la preparación pueden marcar la diferencia entre el éxito y el fracaso en el mundo de las franquicias.

Los pasos para franquiciar un negocio, aunque pueden parecer complejos al principio, con una adecuada planificación y asesoramiento pueden llevarse a cabo de manera efectiva. Identificar el potencial de franquiciabilidad de un negocio, documentar los procesos operativos, definir la estructura legal y financiera y desarrollar los manuales de la franquicia son pasos esenciales en este proceso. El compromiso con la calidad y la coherencia en todos los aspectos de la franquicia es fundamental para atraer y mantener a los franquiciados. Por otro lado, la adquisición de una franquicia también es un camino lleno de decisiones importantes. Comprender los términos y condiciones del contrato de franquicia, evaluar el potencial de rentabilidad y estudiar el soporte ofrecido por el franquiciador son pasos cruciales antes de tomar una decisión final.

En el caso de las legislaciones en México, la Ley de Propiedad Industrial y la normatividad emitida por la Secretaría de Economía, se encargan de regular el marco jurídico de las franquicias, proporcionando seguridad tanto a franquiciadores como a franquiciados.

En conclusión, las franquicias representan una gran oportunidad para los emprendedores en México, permitiendo la expansión de negocios probados y el crecimiento económico. Sin embargo, como cualquier decisión de negocio, el proceso de franquiciar o adquirir una franquicia debe ser cuidadosamente considerado y planificado. Finalmente, es esencial destacar la importancia de la continua investigación y actualización en este sector. Los mercados, las tecnologías y las preferencias de los consumidores están en constante evolución, por lo que la capacidad para adaptarse a estos cambios puede ser un factor determinante en el éxito a largo plazo de una franquicia.

REFERENCIAS BIBLIOGRÁFICAS

AMF (2014; 2023), Asociación Mexicana de Franquicias, Dato recuperado desde: https://amfranquicias.mx

Asociación Mexicana de Franquicias (2022). Informe Anual 2022.

Ayup-González, J. y Calderon-Monge, E. (2014), Señales de valor de marca de las franquicias en México.Su efecto en el crecimiento del sistema franquiciador, *Estudios Gerenciales,* vol. 30, pp. 134-144.

Bates, T. (1998). A survival analysis of franchise system start-up firms. Journal of Business Venturing, 13(2), 153-169.

Bradach, J. L. (1998). Franchise organizations. *Harvard Business Press.*

Cambridge Dictionary (2023), *Concepto de Franquicia.* Recuperado desde: https://dictionary.cambridge.org/es/diccionario/ingles/franchise

Cárdenas Gracia, J. (2010). La expansión de las franquicias en México. Pecvnia, 10, 233-258.

Combs, J. G., Ketchen Jr, D. J., y Short, J. C. (2011). Franchising research: Major Milestones, New Directions, and Its Future Within Entrepreneurship. Entrepreneurship Theory and Practice, 35(3), 413-425.

Dant, R. P., y Kaufmann, P. J. (2003). Structural and strategic dynamics in franchising. Journal of Retailing, 79(2), 63-75.

Dant, R. P., Grünhagen, M., y Windsperger, J. (2011). Franchise contract governance and the franchisor's development life cycle. Entrepreneurship Theory and Practice, 35(5), 989-1006.

Dant, R. P., Grünhagen, M., y Windsperger, J. (2011). Franchising research frontiers for the twenty-first century. Journal of Retailing, 87(3), 253-268.

Dicke, T. (1992) *Franchising in America- The development of a business method,* The North Caroline University Press.

Frazer, L., Merrilees, B., y Wright, O. (2007). Power and control in the franchise network: an investigation of ex-franchisees and brand piracy. Journal of Marketing Management, 23(9-10), 1037-1054.

Guilloux, V., Gauzente, C., Kalika, M. y Dubost, N. (2004). How France's potential franchisees reach their decisions: A comparison with franchiser' perceptions. Journal of Small Business Management, 42(2), 218–224.

Hadfield, G. K., Howells, J., y Trebilcock, M. J. (2017). Information-Based Principles for Rethinking Consumer Protection Policy. Journal of Institutional and Theoretical Economics JITE, 173(1), 167-202.

Instituto Mexicano de la Propiedad Industrial. (2021). Registro de la marca. Recuperado el 20 de abril de 2023, de https://www.gob.mx/impi/acciones-y-programas/marcas-y-otros-signos-distintivos

Kaufmann, P. J., y Dant, R. P. (1999). Franchising and the domain of entrepreneurship research. Journal of Business Venturing, 14(1), 5-16.

Lafontaine, F., y Leibsohn, D. (2004). The role of franchising on industry evolution: assessing the emergence of franchising and its impact on structural change. Journal of Law, Economics, and Organization, 20(2), 494-522.

Lafontaine, F., y Oxley, J. (2004). International franchising practices in Mexico: Do franchisors customize their contracts? Journal of Economics & Management Strategy, 13(1), 95-123.

Ley de la Propiedad Industrial. (2018). Artículos 142-147. México.

Ley Mexicana de la Propiedad Industrial (2020). Nueva Ley DOF 01-07-2020, Capítulo VII De las licencias y Transmisión de Derechos. Recuperado desde https://www.diputados.gob.mx/LeyesBiblio/pdf/LFPPI_010720.pdf

Michael, S. C. (2014). Can franchising be an economic development strategy? An analysis of the economic impact of franchising in the United States. Small Business Economics, 42(3), 611-625.

Mosquera, F. (2010), La franquicia una estrategia de crecimiento empresarial, *Revista MBA EAFIT*, núm. 1, pp. 70-85.

Paswan, A.K, D'Souza, D. y K. Rajamma, R. (2014). Value co-creation through knowledge exchange in franchising, Journal of Services Marketing, Vol. 28 No. 2, pp. 116-125. https://doi.org/10.1108/JSM-09-2013-0254

Rivera-Santos, M., Rufín, C., y Kolk, A. (2012). Bridging the institutional divide: Partnerships in franchising. Global Strategy Journal, 2(1), 26-47.

Rodríguez, A., Caballer, V. y Guadalajara, N. (2011). Assessing the intangibles trans- ferred in Franchise Business. *Services Business,* 5, 29–46.

Secretaría de Economía (2021). Franquicias. Recuperado el 20 de abril de 2023, de https://www.gob.mx/se/acciones-y-programas/franquicias-80636

Shane, S. (2005). From ice cream to the Internet: Using franchising to drive the growth and profits of your company. FT Press.

SIEM (2023). Sistema de información Empresarial Mexicano, Recuperado desde: https://siem.economia.gob.mx/ui/Fundamento

Spinelli, S., y Rosenberg, R. M. (2012). Franchising: Pathway to wealth creation. FT Press.

Villarreal Larrinaga, O., y García Canal, E. (2007). Influence of Market Orientation and Selling and Buying Marketplaces on Franchisors' Choice of Foreign Market Entry Mode. Journal of Marketing Channels, 14(4), 5-32.

Weaven, S., y Frazer, L. (2007). Mature franchise systems use multiple unit franchising to leverage learning. Asia Pacific Journal of Marketing and Logistics.

Zachary, M., McKenny, A., Short, J., Davis, K. y Wu, D. (2011). Franchise branding: An organizational identity perspective. Journal of Academy of Marketing Science, 39.

CAPÍTULO 15.

La franquicia en los países iberoamericanos: el caso de Paraguay

CHAP KAU KWAN CHUNG
Universidad Americana (Paraguay)

1. INTRODUCCIÓN

Partiendo de la idea de generar empresas exitosas dentro de un sector específico del mercado, tanto a nivel nacional como internacional, es necesario y crucial mantener latentes factores como la innovación, planificación, organización, dirección y control de los recursos disponibles. La acción de crear, diseñar y poner en marcha un negocio no es una actividad sencilla pero tampoco complejo si se cuenta con las técnicas y herramientas necesarias, relevantes y pertinentes.

Actualmente, la *Franquicia* es considerada como un modelo de negocio o desarrollo empresarial probado, exitoso, rentable (Díez de Castro y Galán, 1998) y con cierto grado de madurez en el mundo empresarial (Baena Graciá, 2010), es decir, una oportunidad de negocio donde existe tecnología, capacitación, manuales de procedimientos, estandarización de procesos (La Nación, 2021), estructura sólida, sistema de control eficiente y lo más importante, requiere de baja inversión (Gómez Rojas, 2023). En efecto, dicho modelo parte de la colaboración entre el Franquiciado (inversor) y el Franquiciador (dueño de marca), quienes trabajan en conjunto para apuntar a ciertos objetivos en común como son la creación de empresas, empleos, riquezas (Tormo, 2013), expansión económica y desarrollo económico de una nación.

El Paraguay es conocido como el paraíso de las inversiones en Latinoamérica, pues goza de estabilidad fiscal y económica, baja carga impositiva, régimen propicio para la maquila (Sosa de Giménez, 2018), crecimiento continuo y facilidad en el sistema de inversión (Muchos negocios rentables, s.f.) declarando de esta manera como un país que ofrece grandes oportunidades de negocios (La Nación, 2022a). Prueba de ello, la Fundación Getulio Vargas (Brasil) ubica al Paraguay como el país con el mejor clima de negocios en la región, siendo así unos de los lugares preferidos de inversión entre empresarios, emprendedores e inversionistas (Sosa de Giménez, 2018). Cabe señalar que los inversores internacionales mantienen su mirada en el mercado paraguayo para sus franquicias y, esto es debido a que el país posee una mezcla de culturas y formas de pensar, lo que permite que el mercado empresarial se desenvuelva de manera casi perfecta (Muchos negocios rentables, s.f.).

Por lo tanto, el sistema de Franquicia es una alternativa sólida y eficiente para alcanzar altas probabilidades de éxito empresarial, siempre y cuando, se tenga un experto *guía* desde la formación de la empresa hasta su puesta en marcha, e incluso actividades referentes a la post marcha.

2. ORIGEN DEL SISTEMA DE FRANQUICIAS EN PARAGUAY

El origen de las Franquicias en Paraguay no data una fecha exacta para sus inicios y, esto es debido a que muchas informaciones no son de carácter público. De manera que la contrapartida solo proviene del sector privado y de los medios locales.

Según la consultora Franchise Master Group, la primera empresa nacional en implementar el sistema de franquicia fue *Pago Express* (local que posibilita al cliente/consumidor hacer todos los pagos en un solo lugar) (Pago Express, s.f.) y la segunda conocida como la *Heladería Amandau* (ambos asesorados por FRANCORP). Esta consultora argumenta que el 90% de sus clientes desarrollan sus franquicias en el país y 10% exportan. Ejemplo: Heladería Amandau (a Brasil), Tienda Pilar (a Centroamérica) y Pago Express (a Centroamérica y Ecuador). Asimismo, otra consultora del rubro conocida como G&H Paraguay S.A. manifiesta que el modelo de negocio no era íntegramente comprendido por los emprendedores hacia el año 2009 y, las supuestas franquicias eran únicamente préstamos contractuales de marca. Entre sus asesorados se encuentran Calle 11, Il Mangiare, Estudio Viva y Bellini Pasta (ABC, 2013).

Hasta cierto punto, las estimaciones de consultoras y gremios de franquicias señalan que no más de 35 empresas se clonan en el territorio nacional, dato proporcionado por el Diario ABC en el año 2013 (ABC, 2013).

3. DATOS DE LAS FRANQUICIAS DE PARAGUAY

Cámaras y Asociaciones

La Cámara Paraguaya de Franquicia (CPF), creada en 2012 y socia de la Unión Industrial Paraguay (UIP) en 2014, tiene como función principal promover el crecimiento económico del país mediante el sistema de franquicias. Es más, asistir y proteger a los futuros franquiciados, generar fondos a través del Banco Interamericano de Desarrollo (BID), difundir actividades del sistema de franquicias al público general por medio de sitios web, feria o expo franquicias, etc. también forman parte de sus labores como institución (CPF, 2023a). Actualmente, la CPF cuenta con 14 socios: 71,4% de origen nacional; 28,6% internacional; 35,7% del sector gastronómico; 14,3% comercial y el resto 50% distribuidos en el sector textil, financiero, seguridad, belleza, salud, consultoría e inmobiliaria (tabla 1).

Tabla 1. *Socios de la Cámara Paraguaya de Franquicia según origen y sector*

#	Empresa	Origen	Sector
1	Amandau	Nacional	Gastronómico
2	Alberdin	Nacional	Gastronómico
3	Glace Helados	Nacional	Gastronómico
4	Santa Fé Empanadas	Nacional	Gastronómico
5	El Fabricante	Nacional	Textil
6	Credi Ágil	Nacional	Financiero
7	Rastreo Paraguay S.A.	Nacional	Seguridad
8	Dermo Beauty Center	Nacional	Belleza
9	Mercadito Express 24 hs	Nacional	Comercio
10	Agrofield	Nacional	Comercio
11	FMG Franchise Master Group	Internacional	Consultoría
12	McDonald's	Internacional	Gastronómico
13	Odontolatina	Internacional	Salud
14	Re/Max Paraguay	Internacional	Inmobiliario

Fuente: Adaptado de CPF (2023b); Kwan Chung etl. (2021)

Por otro lado, se cuenta con la Asociación Paraguaya de Emprendedurismo y Franquicias (APEF), creada en 2012 y que forma parte de la Federación Iberoamericana de Franquicias (FIAF), cuya estrategia principal es realizar campañas para la captación de nuevos asociados. Según estadísticas consultadas, la APEF cuenta con 14 marcas nacionales asociadas al gremio desde 2017 (Embajada Argentina en Paraguay, 2017).

Ferias

La Feria Internacional de Franquicias del Paraguay (FIFPY), fundada en el 2011, es considerada como la precursora en promocionar el sistema de franquicias en el país. Su objetivo principal enfatiza en exponer las marcas nacionales e internacionales bajo el concepto de franquicias a los empresarios, emprendedores y personas interesadas del sector (Embajada Argentina en Paraguay, 2017). Todos los eventos son organizados de manera presencial o física, excepto en el año 2020 donde fue llevada en la modalidad online por causa de la pandemia del COVID-19.

Regulación y Leyes

Actualmente, muy pocos países cuentan con una Ley de Franquicias que pueda regular el presente modelo de negocio. En Paraguay, los contratos de franquicias son sometidos como contratos privados y amparados por la legislación vigente (Ley de Marcas y Patentes, Legislación Laboral y Comercial, Código Civil y de Comercio, entre otros) según Claudio Bullón (Directivo de Franchise Master Group – FMG) (Última Hora, 2020).

Según informaciones de los medios locales, la CPF presentará un proyecto de ley que incentive las inversiones del sistema de franquicias, generando más oportunidades para inversores potenciales. Entre los beneficios se encuentran la exoneración arancelaria fiscal y la obtención de créditos flexibles (Última Hora, 2021).

Sectores para la inversión

Conviene recordar que el sistema de franquicias es aplicable para cualquier actividad comercial que se encuentren en los sectores de comercio, servicio e industria, pero los rubros más apetecidos bajo dicha modalidad son la *Gastronomía* e *Indumentaria.* Sin embargo, existen otros ámbitos como la Estética, Monitoreo y Seguridad, Rastreo Satelital, Créditos y Supermercados que también agradan a los inversores. No obstante, Sosa de Giménez (2018) destaca las principales oportunidades de negocios en el país:

- Agropecuario: enfocada a la venta de insumos a productores locales.
- Consultoría: apuntada a diferentes sectores de actividad.
- Inmobiliarias: dirigida especialmente a las ventas, compras y administración de inmuebles.
- Sector cárnico y ganadero: orientada a la trazabilidad del ganado y su sacrificio.
- Proyectos sobre la preservación del medio ambiente y desarrollo tecnológico. Es preciso tener presente algunos datos estadísticos que mueve a la economía paraguaya y, que se debería tener en cuenta para una inversión (Muchos negocios rentables, s.f.):
- Sector industrial: protagoniza el 53% de las PYMES en Paraguay y hace referencia a los productos alimenticios, confecciones de ropas, fabricación de muebles y productos de metal.
- Sector de servicios: cuenta con 55% de las unidades económicas y es el que mayor impacto genera en la economía paraguaya. Ejemplos: Gastronomía, Transporte, Salud, Telecomunicaciones y Educación.

Merece la pena subrayar que quizás no todos los sectores tengan el mismo nivel de crecimiento bajo la modalidad de franquicias, sin embargo, son rubros que los inversores/empresarios/emprendedores deberían de tenerlo en cuenta como punto de partida a la hora de invertir en el Paraguay.

Empleo directo/indirecto

En cuanto a los datos estadísticos sobre el empleo en el Paraguay, Enrique López Arce (especialista en empleo) afirma que el país cuenta con una de las más altas tasas de desempleo (8,5%) de la región, ocupando prácticamente el segundo puesto en el 2022. Según informaciones dada por el especialista, los 7.400.000 habitantes que residen en el territorio paraguayo, 3.800.000 (51,3%) se encuentran en la edad de trabajar, 388.000 (5,3%) son personas desempleadas, 188.000 (2,5%) en estado de subempleo, 200.000 (2,7%) son trabajadores no remunerados, 1.090.000 (14,7%) son cuentapropistas, 1.410.000 (19%) trabajan en el sector privado y 500.000 (6,8%) ganan por debajo del salario mínimo mensual (USD 349)[1] (La Nación, 2022b).

Además, se cuenta actualmente con 300 locales (en formato de franquicias y locales propios) que componen la red de la cámara en el país junto a unos 6.000 y 12.000 trabajadores que se encuentran involucradas, directa e indirectamente, al sistema de franquicias, según César Cáceres (Presidente de la CPF) (Última Hora, 2020; La Nación, 2021).

Inversión necesaria para las Franquicias

Según el Presidente de la CPF, el monto base de inversión de las franquicias ronda hacia los USD 15.000 con un tiempo de retorno de inversión o Payback que va entre 12 y 16 meses (Última Hora, 2020). Algunas de las mejores marcas para invertir en el Paraguay son (tabla 2):

1 Salario mínimo vigente 2022: GS 2.550.307 – Tipo de cambio: USD 7300

Tabla 2. *Monto de inversión de franquicias en Paraguay*

Empresas	Rubro	Monto de inversión y otros*
Alberdin	Gastronomía	USD 2.740
Dermo Beauty Center	Belleza	Canon de Entrada: USD 2.740 Regalías Mensuales: 7% sobre facturación Equipamientos: USD 9.589 Retorno de la inversión: 12 meses Tiempo de Contrato: 5 años Fee Informático: USD 34 Capital Operativo sugerido: USD 2.055 OBS: posee varios tipos de productos para franquiciar.
Grido Heladería	Heladería	Canon de Entrada: USD 20.000 + IVA aprox. Canon de Publicidad y Marketing: 3% Duración del Contrato: 4 años

Referencia: *Tipo de cambio en dólares americanos: Compra 7.300
Fuente: Muchos negocios rentables (s.f.)

Franquicias nacionales e internacionales en Paraguay

Las estadísticas más fiables y sólidas son las provenientes por la International Franchise Association (IFA) de los Estados Unidos. De acuerdo con el Franchise Direct, siete de las diez firmas internacionales tienen presencia en Paraguay. Entre ellas se encuentran el KFC, McDonald's, Pizza Hut, Domino's, Burger King, Ace y Century 21 (Infonegocios, 2022) (tabla 3).

Tabla 3. *Firmas internacionales con sus cantidades de sucursales en el Paraguay*

Firmas internacionales	Cantidad de establecimientos
KFC	5 locales (2 Asunción, 1 Ciudad del Este, 1 San Lorenzo y 1 Pedro Juan Caballero) (KFC, s.f.)
McDonald's Paraguay	18 locales (9 Asunción, 1 Ciudad del Este, 1 Coronel Oviedo, 1 Encarnación, 1 Lambaré, 1 Mariano Roque Alonso, 2 San Lorenzo, 1 Pedro Juan Caballero y 1 Fernando de la Mora, (McDonald's Paraguay, s.f.).
Pizza Hut	18 locales (14 Asunción y Gran Asunción, 2 Ciudad del Este, 1 Pedro Juan Caballero y 1 Encarnación) (South Food S.A., s.f.).
Burger King® Paraguay	24 locales (15 Asunción, 1 Ciudad del Este, 1 Lambaré, 1 Fernando de la Mora, 1 Villa Elisa, 2 San Lorenzo, 1 Ñemby y 2 San Lorenzo) (Burger King®, s.f.).
Ace	1 local (1 Asunción) (Ace Hardware Paraguay, s.f.)
Century21 Paraguay	23 locales (20 Asunción, 1 Caaguazú, 1 Ciudad del Este y 1 Encarnación) (Century21 Paraguay, s.f.).
Domino´s Pizza® Paraguay	4 locales (4 Asunción) (Grupovierci.com s.f.).
Grido Helados	25 locales (12 Asunción, 1 Encarnación, 1 Capiatá, 2 Fernando de la Mora, 1 Itauguá, 1 Lambaré, 1 Limpio, 2 Luque, 1 Ñemby, 2 San Lorenzo y 1 Villa Elisa) (Grido Helados, s.f.).

Fuente: Elaboración propia (2023)

A continuación, se citan las cantidades de establecimientos provenientes de algunas de las empresas nacionales bajo el sistema de franquicias en el territorio nacional (tabla 4).

Tabla 4. *Firmas nacionales con sus cantidades de sucursales en el Paraguay*

Firmas nacionales	Cantidad de establecimientos
Amandau	200 locales (30 Asunción, 14 San Lorenzo, 10 Fernando de la Mora, 10 Lambaré, 5 Mariano Roque Alonso, 2 Limpio, 9 Luque, 5 Ñemby, 4 Villa Elisa, 2 Areguá, 6 Capiatá, 1 Guarambaré, 3 Itá, 4 Itauguá, 1 Ypacaraí, 3 Ypané, 1 J. Augusto Saldivar, 1 Nueva Italia, 2 San Antonio, 1 Villeta, 1 San Ignacio, 1 Ayolas, 1 San Juan Misiones, 1 Santa Rosa, 1 Colonia Independecia, 2 Villarrica, 1 Concepción, 1 Horqueta, 1 Curuguaty, 1 Katuete, 1 La Paloma, 1 Nueva Esperanza, 1 Salto del Guairá, 1 Villa Ygatimí, 1 Yasy Cañy, 2 Pilar, 1 San Juan Nepomuceno, 17 Ciudad del Este, 3 Hernandarias, 1 Juan E. O'leary, 1 Mallorquín, 2 Minga Guazú, 2 Pdte. Franco, 1 San Alberto, 1 Santa Rita, 1 Acahay, 1 Carapeguá, 1 La Colmena, 1 Paraguarí, 1 Quiindy, 2 Yaguarón, 1 Ybycuí, 1 Pirayú, 1 San Bernardino, 1 Altos, 2 Caacupé, 1 Emboscada, 1 Arroyos y Esteros, 1 Eusebio Ayala, 1 Itacurubí, 1 Piribebuy, 1 Tobatí, 2 Caaguazú, 2 Campo 9, 3 Coronol Oviedo, 5 Encarnación, 1 Bella Vista, 1 Capitán Miranda, 1 Hohenau, 1 María Auxiliadora, 1 Choré, 1 Guayaibi, 1 San Estanislao, 3 Pedro Juan Caballero y 1 Villa Hayes (Amandau, s.f.)
Pago Express	1.139 locales (461 Central, 124 Capital, 24 Itapúa, 183 Alto Paraná, 93 Caaguazú, 14 Concepción, 8 Canindeyú, 48 Misiones, 16 Cordillera, 2 Boquerón, 90 San Predro, 8 Pte. Hayes, 6 Amambay, 16 Caazapá, 35 Guairá, 11 Paraguarí (SET, s.f.).
Alberdin	10 locales (4 Asunción, 1 Fernando de la Mora, 2 San Lorenzo, 1 Mariano Roque Alonso y 2 Ciudad del Este) (Alberdin, 2017).
grofield	9 locales (4 Asunción, 1 Ciudad del Este, 1 San Lorenzo, 1 Limpio, 1 Loma Pyta, 1 Encarnación) (Agrofield, s.f.).
Dermo Beauty Center	19 locales (9 Asunción, 1 Ciudad del Este, 2 Lambaré, 1 Luque, 4 San Lorenzo, 1 Mariano Roque Alonso y 1 Villa Elisa) (Dermo Beauty Center, s.f.)
Bellini Pasta	9 locales (6 Asunción y 3 San Lorenzo) (Bellini Pasta, s.f.)

Fuente: Elaboración propia (2023)

4. TENDENCIA DE LA FRANQUICIA EN PARAGUAY

La CPF manifiesta que ha sido un gran desafío para todos los socios del gremio en permanecer, activos y competitivos, dentro del sector industrial a que pertenecen a pesar del efecto ocasionado por la pandemia del COVID-19 en la economía nacional (La Nación, 2021). Sin embargo, se ha podido apreciar un incremento en las franquicias durante la crisis sanitaria para algunos sectores, es decir, la franquicia es un sistema que crece en tiempo de crisis (ABC, 2019). Sin duda alguna, las oportunidades de negocios aparecen cuando existen demandas en el mercado y, su materialización reside en las tomas de decisiones de los altos directivos de las organizaciones.

No cabe duda que el mercado de franquicias en el Paraguay evoluciona y se encuentra en una etapa de fuerte crecimiento, pero aun así faltaría mucho que recorrer y trabajar en el modelo de negocio. El ritmo de expansión de las franquicias en el país oscila entre los 15% a 20% anual, específicamente en el rubro de gastronomía e indumentaria (Última Hora, 2020). Ejemplo: el caso de Re/Max Paraguay, rubro inmobiliario, registró un crecimiento del 30% en 2021 y 20% en 2022 (hasta octubre) según su presidente actual el Sr. César Cáceres (La Nación, 2021; Gómez Rojas, 2023).

En cierta medida, el nivel de crecimiento anual no ha sido tan equitativo para todos los rubros que se encuentran operando bajo el sistema de franquicias, debido a varios factores externos que han afectado de manera directa o indirecta a las organizaciones. Entre dichas variables encontramos: la suba de combustibles a causa de la guerra entre Rusia y Ucrania, que a nivel mundial trajo consigo un incremento en los costos de producción/distribución para las organizaciones; la crisis sanitaria generada por la pandemia del COVID-19 desde el inicio del 2020, aunque la mayor parte de los sectores tuvieron que re ingeniarse creando innovaciones en los procesos y productos con el fin de poder sustituir dentro del mercado, su existencia sólo ha beneficiado a ciertos sectores del sistema; el periodo electoral del 2023 que genera incertidumbres y expectativas en término empresarial.

Hay que destacar que las marcas mencionadas de origen nacional y/o internacional no son las únicas que se encuentran en el país. El inconveniente se muestra que no existen fuentes de informaciones sostenibles, relevantes y pertinentes en un único lugar y, que los datos tengan que ser recaudados por diferentes vías y/o medios, tanto del sector privado como público. Por consiguiente, la idea de obtener noticias, informes estadísticos y/o referencias más precisas sobre el sistema de franquicias podría convertirse en la primera chispa de desarrollo de dicho modelo.

CASO DE ÉXITO

Caso de éxito nacional: Heladería Amandau

Una empresa familiar fundada en diciembre de 1973 por los hermanos Eusebio y Modesto Leoz en el barrio Villa Morra de la ciudad de Asunción, Paraguay. El nombre Amandau significa *granizo* en el idioma Guaraní, que fue lo ocurrido en el día de la inauguración, desatando una fuerte tormenta con granizos en la ciudad. La heladería cuenta con 50 años de trayectoria en el mercado nacional y actualmente posee 200 locales bajo el sistema de franquicias.

Amandau se posiciona en el Top of Mind de la categoría de heladerías por 11 años consecutivos en la preferencia de sus consumidores y, en los premios de la edición 2022 se llevó el 36% de las menciones (Revista PLUS, 2022a).

La heladería se destaca por la excelente calidad de sus productos: KG (por kilos pudiendo la selección de varios sabores),

Hogareños (línea classic y línea gourmet), Individuales (copas mix y paletas) y Diet (helados dietéticos) y, a esto se les suman algunos sabores de preferencia del consumidor como Alfajor, Amandau, Aventura Black, Banana Split, Chocolate Belga, Chocolate, Chocolate Suizo, Crema Americana, Dulce de leche, etc. El éxito de Amandau no solo está enfocado en sus productos, sino también, en la alta capacitación de los colaboradores, la tecnología especializada en los procesos de pasteurización y su estrategia de marketing "*Regalar un cucurucho de helado por persona*" en el Día Nacional del Helado Gratis (13 de septiembre) en todas las sucursales hasta el cierre del local o agotar el stock (Revista PLUS, 2022b).

REFERENCIAS BIBLIOGRÁFICAS

ABC (10 de marzo de 2013). 35 empresas franquician en Paraguay. *Diario ABC,*

Sección Empresas y Negocios. https://www.abc.com.py/edicion-impresa/suplementos/empresas-y-negocios/35-empresas-franquician-en-paraguay-545675.html

ABC (17 de abril de 2019). Invitan en invertir en Franquiucicaas. *Diario ABC,*

Sección Nacionales. https://www.abc.com.py/nacionales/invitan-a-invertir-en-franquicias-1801807.html

Ace Hardware Paraguay (s.f.). *Contacto.* http://www.aceparaguay.com.py/

Agrofield (s.f.). *Sucursales.* https://www.agrofield.com.py/sucursales

Alberdin (2017). *Facebook.* https://www.facebook.com/Alberdin/posts/1373655375999215/

Amandau (s.f.). *Nuestros locales.* https://amandau.com.py/nuestros-locales/

Baena Graciá, V. (2010). Teorías y líneas de investigación en el sistema de franquicia: una revisión desde los años 60 hasta 2009. *Cuadernos de Gestión,* 10(2), 43-66. https://doi.org/10.5295/cdg.100155vb

Bellini Pasta (s.f.). *Sucursales.* https://www.bellini.com.py/sucursales.html

Burger King® Paraguay (s.f.). *Encuentra tu restaurante.*

https://www.burgerking.com.py/

Century21 Paraguay (s.f.). Directorio. https://century21.com.py/directorio

CPF (2023a). Antecedentes de la CPF. *Cámara Paraguaya de Franquicia*
http://www.cpf.org.py/quienes_somos.html

CPF (2023b). Empresas asociadas a la CPF. *Cámara Paraguaya de Franquicia.*
http://www.cpf.org.py/asociadas.html

Dermo Beauty Center (s.f.). Nuestras Sucursales.
https://www.dermobeauty.com.py/sitio/locales

Díez de Castro, E., & Galán, J. (1998). *Práctica de la franquicia.* Madrid: Mc GrawHill.

Embajada de Argentina en Paraguay (2017). *Franquicias en Paraguay.*
https://exportaciones.cancilleria.gob.ar/Estadistica/imagen_producto/6074

Gómez Rojas, M. (2023). *Franquicias: Fórmula de éxito en Paraguay, con un horizonte alentador para la captación de inversiones.* https://marketdata.com.py/noticias/franquicias-formula-de-exito-en-paraguay-con-un-horizonte-alentador-para-la-captacion-de-inversiones-98493/

Grido Helados (s.f.). *Sucursales.* https://sucursales.net/grido-helados-paraguay/

Grupovierci.com (s.f.). *Domino's Pizza.*
https://www.grupovierci.com/dominos-pizzar-paraguay/8/

Infonegocios (7 de febrero de 2022). 7 de las 10 franquicias más importantes del mundo están en Paraguay: ¿por qué decidieron instalarse aquí? *Infonegocios, Sección Plus.* https://infonegocios.com.py/plus/7-de-las-10-franquicias-mas-importantes-del-mundo-estan-en-paraguay-por-que-decidieron-instalarse-aqui

KFC (s.f.). *KFC.* https://kfc.com.py/

Kwan Chung, C. K., Vargas Duarte, M. M., Domínguez Rojas, G. N., Urquiza Castro, C. G., Martínez Recalde, L. M., y Ciccone, D. (2021). Franquicias como oportunidad de negocio en Paraguay: situación actual y tendencias futuras. *Revista de Análisis y Difusión de Perspectivas Educativas y Empresariales,* 1(2), 8–17. http://www.difusioncientifica.org/ojs/index.php/revista-radee/article/view/14

La Nación (19 de diciembre de 2021). Cámara Paraguaya de Franquicia se destacó por su expansión a pesar de la pandemia. *Diario La Nación.*
https://www.lanacion.com.py/negocios/2021/12/19/camara-paraguaya-de-franquicia-se-destaco-por-su-expansion-a-pesar-de-la-pandemia/

La Nación (8 de julio de 2022a). ERA Paraguay presentó sus franquicias en la expo.

Diario La Nación. https://www.lanacion.com.py/negocios_edicion_impresa/2022/07/08/era-paraguay-presento-sus-franquicias-en-la-expo/

La Nación (24 de diciembre 2022b). Empleo en el 2022: Paraguay inició el año con la tasa de desempleo más alta de la región. *Diario La Nación*

https://www.lanacion.com.py/politica/2022/12/24/empleo-en-el-2022-paraguay-inicio-el-ano-con-la-tasa-de-desempleo-mas-alta-de-la-region/

McDonald's Paraguay (s.f.). *Quienes somos*.

https://www.mcdonalds.com.py/institucional

Muchos negocios rentables (s.f.). *9 franquicias en Paraguay | Conoce las mejores opciones para invertir*. https://muchosnegociosrentables.com/franquicias-en-paraguay/

Pago Express (s.f.). *Nosotros*. https://www.pagoexpress.com.py/v5/nosotros/

Revista PLUS (2022a). *Top of Mind 2022: somos lo que recordamos*.

https://www.revistaplus.com.py/2022/08/02/top-of-mind-2022-somos-lo-que-recordamos-2/

Revista PLUS (2022b). *Día Nacional del Helado Gratis: sonrisas para todos, récords internacionales y una gran fiesta de la mano de Amandau*.

https://www.revistaplus.com.py/2022/09/09/dia-nacional-del-helado-gratis-sonrisas-para-todos-records-internacionales-y-una-gran-fiesta-de-la-mano-de-amandau/

SET (s.f.). *Listado de sucursales – Pago Express*.

https://www.set.gov.py/rest/contents/download/collaboration/sites/PARAGUAY-SET/documents/lugares-de-pago/Listado+de+Sucursales+Pago+Express.pdf

Sosa de Giménez, G. (2018). *Oportunidades de negocios en Paraguay: lo que necesitas saber*. https://gestoriaenparaguay.com.py/wp/oportunidades-de-negocios-en-paraguay/

South Food S.A. (s.f.). *Cobertura de sucursales*.

https://www.pizzahut.com.py/sucursales.php

Última Hora (19 de enero de 2020). El negocio de la franquicia crece hasta un 20% de manera sostenida. *Diario Última Hora, Sección Economía*. https://www.ultimahora.com/el-negocio-la-franquicia-crece-un-20-manera-sostenida-n2865531.html

Última Hora (26 de diciembre de 2021). Franquicia: Proyectan exoneraciones para los inversores. *Diario Última Hora, Sección Economía.* https://www.ultimahora.com/franquicia-proyectan-exoneraciones-los-inversores-n2978529.html

Tormo, E. (2013). *Crecer en Franquicias. Barcelona,* España: Gestión 2000.

CAPÍTULO 16.

La franquicia en los países iberoamericanos: el caso de Portugal

RAFAEL CASTRO
Universidad de Aveiro (Portugal)
ANTÓNIO C. MOREIRA
Universidad de Aveiro (Portugal)
JORGE H. MOTA
Universidad de Aveiro (Portugal)

1. INTRODUCCIÓN

En las últimas décadas, el comercio internacional ha experimentado profundos cambios. Los avances tecnológicos, la intensificación de los procesos innovadores y la llegada de una nueva era digital han alterado irreversiblemente el *statu quo* estratégico y operativo del mundo empresarial. Como consecuencia de este cambio de paradigma, se ha producido una creciente homogeneización de los patrones de consumo y los estilos de vida, lo que ha dado lugar a una presencia cada vez mayor de empresas internacionales en los mercados locales. Al igual que otros modelos de negocio, la franquicia se ha adaptado, logrando capitalizar la metamorfosis de los mercados globales en los últimos años. De este modo, la elección de modelos de franquicia ha demostrado ser una estrategia muy resistente y rentable para los empresarios que la adoptan. Ofrece ventajas en términos de imagen de la marca y, en consecuencia, de atractivo para el consumidor. En la actualidad, adoptar una franquicia supone una ventaja competitiva excepcional para sus franquiciados.

La franquicia se distingue por ser un modelo de negocio en el que el franquiciador cede al franquiciado el derecho sobre su marca, su *know-how*, su propiedad intelectual y la autorización para operar bajo su insignia, recibiendo, a cambio, una compensación económica a menudo denominada *royalties* (Alon et al., 2021). Este modelo cobró importancia a finales de los años sesenta, impulsado en gran medida por empresas estadounidenses como McDonald's en el sector de la restauración y Hertz en el sector del alquiler de coches (Noyelle y Dutka, 1988). Sin embargo, fue a finales de los años ochenta y principios de los noventa cuando el sector experimentó importantes transformaciones, marcadas en gran medida por la entrada de pequeñas y medianas empresas (PYMEs). Muchas de ellas conocieron el modelo de franquicia como una estrategia eficaz de posicionamiento en el mercado local e internacional, que les proporcionaba un mayor control operativo y, al mismo tiempo, reducía ciertos riesgos financieros asociados a la puesta en marcha de un nuevo negocio (Alon et al., 2012, 2021).

Este capítulo pretende analizar la relevancia de la franquicia en el contexto portugués. Comenzamos con un marco teórico sobre el tema. A partir de los censos de franquicias realizados por la Associação Portuguesa de Franchising (APF), procedemos a detallar el panorama actual en Portugal, destacando la importancia de este modelo de negocio en el contexto empresarial del país.

2. FRANQUICIADOR Y FRANQUICIADO

La franquicia se presenta como un modelo de negocio adecuado y rentable en esta nueva era de creciente homogeneidad transfronteriza. Para los intervinientes, establece una relación beneficiosa entre franquiciador y franquiciado (Ghantous y Christodoulides, 2020). Desde el punto de vista del franquiciador, proporciona un crecimiento significativo al licenciar su marca, modelo de negocio y propiedad intelectual, evitando la necesidad de grandes inversiones para expandir sus operaciones, tanto en términos de escala como de posicionamiento geográfico (Das, 2021). Al actuar como un mecanismo ágil de posicionamiento comercial, la franquicia permite a los franquiciados autónomos beneficiarse de un modelo preestablecido y de una marca ya reconocida por el público y valorada por los inversores externos (Combs et al., 2004).

En términos teóricos, las corrientes que han ganado protagonismo en la literatura sobre franquicias son la Teoría de la Escasez de Recursos y la Teoría de la Agencia (Combs et al., 2004). Según la Teoría de la Escasez de Recursos, los empresarios optan por la franquicia como mecanismo para acceder a recursos escasos en su organización – financieros o de gestión –, apuntando a una rápida expansión de su negocio (Oxenfeldt y Kelly, 1968). Desde otra perspectiva, la Teoría de la Agencia se ha utilizado para explicar la relación entre el franquiciador (el principal) y el franquiciado (el agente). Según este enfoque teórico, los dos problemas más frecuentes en esta relación son la selección adversa y el riesgo moral (Manna et al., 2011). Sin embargo, la teoría indica que en un modelo de negocio como la franquicia se minimizan estos problemas, ya que la remuneración del franquiciado (agente) depende de sus resultados y, por tanto, está alineada con los intereses del franquiciador (principal) (Manna et al., 2011).

Las empresas más pequeñas y con más experiencia enfrentan mayores retos en términos de recursos y conocimientos dentro de su organización, lo que dificulta el desarrollo de las capacidades organizativas y de gestión esenciales para un crecimiento económico eficaz (Katz y Joel, 1992). Teniendo en cuenta el valor de marca que aporta una franquicia y su red, estas empresas pueden así adquirir las capacidades competitivas necesarias para un posicionamiento sólido y estratégico en relación con el mercado y la competencia (Caves y Murphy, 1976; Combs et al., 2004). Por tanto, la franquicia puede proporcionar una ventaja competitiva añadida, ofreciendo un modelo de crecimiento sostenible y económicamente viable a quienes la adoptan (Hsu et al., 2010).

Las redes de franquicia suelen conceptualizarse para establecer relaciones interdependientes entre sí con el fin de alcanzar los objetivos organizativos definidos por el franquiciador (Bui et al., 2022). Además, los franquiciados conocen en profundidad los hábitos de consumo locales, lo que les permite definir estrategias de expansión dentro de la red del franquiciador. Estos conocimientos pueden movilizarse a distintos niveles de la organización con el fin de satisfacer a los consumidores y desarrollar productos que respondan eficazmente a sus necesidades locales (Ater y Rigbi, 2015).

3. VENTAJAS Y DESVENTAJAS DE UN MODELO DE FRANQUICIA

A la hora de considerar la adopción de un modelo de franquicia, hay que tener en cuenta las ventajas y los retos que conlleva, como ocurre con cualquier modelo de negocio. Sin embargo, a la hora de examinar la opción más viable y factible, es evidente reconocer el valor añadido que una marca bien establecida puede ofrecer en términos de entrada en el mercado y reconocimiento público, lo que puede traducirse en una reducción del riesgo en caso de fracaso (Kavaliauskė y Vaiginienė, 2011; Salar y Salar, 2014). La posibilidad de adquirir un modelo previamente establecido, rentable y reconocido también supone un paso adelante para el franquiciado, otorgándole una ventaja competitiva frente a sus competidores. Además, una de las grandes ventajas de la franquicia es su eficacia y fidelización entre los consumidores (Kavaliauskė y Vaiginienė, 2011). Por otro lado, la franquicia implica una inversión inicial considerable y obligaciones contractuales continuas, lo que puede disuadir a muchos de adoptar este modelo (Sherman, 2004). Sin embargo, como señalan Salar y Salar (2014), el acceso a la inversión se hace más accesible cuando se trata de adoptar un modelo de franquicia, en gran medida debido a la confianza que proporciona una marca establecida. Además, los autores subrayan que la dependencia del franquiciador no es, en sí misma, un elemento negativo, dado que cuando se establece una relación de interdependencia entre franquiciador y franquiciado, el riesgo inherente no recae únicamente sobre una de las partes. Según el análisis de Salar y Salar (2014), como se presenta en la Tabla 1, se pueden identificar las siguientes ventajas y desventajas a la hora de adoptar una franquicia.

Tabla 1. Ventajas y desventajas de la franquicia

Ventajas	
• Reconocimiento de la marca.	• Adquisición de un modelo de negocio rentable.
• Menor riesgo de fracaso.	• Facilidad de financiación y apoyo.
• Adquisición de un modelo de negocio rentable ya establecido.	• Mayor reconocimiento de la marca desde el punto de vista del consumidor.
• Oportunidad de diversificación.	• Rápido crecimiento y expansión de la marca.
Desventajas	
• Inversión inicial elevada.	• Normas rígidas de gestión..
• Dependencia del franquiciador.	• Exigencias y *royalties* elevados.
• Disminución del valor de la marca en el mercado.	• Crecimiento continuado de los competidores en los mismos mercados.

Fuente: elaboración propia a partir de Salar y Salar (2014)

4. CONTRATO DE FRANQUICIA

La marca se considera la pieza central de una franquicia. Sin embargo, al adquirir una franquicia, el franquiciado no se limita únicamente a adquirir la marca, sino todo un arquetipo previamente perfilado, que reúne recursos técnicos, conocimientos técnicos y una red de contactos asociados a la franquicia (Sherman, 2004). Sin embargo, un elemento clave en el éxito a largo plazo de un modelo de franquicia es la relación que se establece entre franquiciador y franquiciado (Kavaliauskė y Vaiginienė, 2011). Como señalan Bui et al. (2022), la franquicia promueve la comunicación y la coordinación entre ambas partes, facilitando una interacción más ágil y productiva – la relación entre ambas partes puede interpretarse como una asociación unida por un objetivo empresarial común (Kim y Choi, 2022). Según Feng y Chiu (2023), esta relación fuerte y estable entre franquiciador y franquiciado fortalece la autogestión y promueve la cooperación entre ambas partes. Sin embargo, a nivel legislativo en Europa, actualmente no existe una normativa específica que oriente las cláusulas legales de un contrato de franquicia (Monteiro, 2016), dado que, según Sherman (2004), el contrato de franquicia está conformado en gran medida por la relación existente entre franquiciador y franquiciado. También referido por Milheirão y Alfaiate (2019), el contrato de franquicia es un servicio continuo que da lugar a una interrelación diferenciada entre las dos partes, en la que el éxito de una está intrínsecamente relacionado con el desempeño de la otra. Como hay muchos tipos diferentes de franquicia, que pueden adoptar diferentes patrones tanto a nivel jurídico como económico, la Tabla 2 destaca los más relevantes en el contexto portugués.

Tabla 2. Modalidades de Franquicia

• *Franquicia de producción*
En la franquicia de producción, el franquiciado es responsable de producir los bienes siguiendo instrucciones específicas del franquiciador.
• *Franquicia de Servicio*
En la franquicia de servicios, el franquiciado presta un servicio a los clientes siguiendo las directrices dadas por el franquiciador.
• *Franquicia de Distribución*
En la franquicia de distribución, el franquiciado se limita a comercializar los productos de la marca del franquiciador en su unidad.

Fuente: elaboración propia a partir de Milheirão y Alfaiate (2019)

5. CONTEXTO PORTUGUÉS

Al igual que en el contexto europeo, el modelo de franquicia en Portugal ha experimentado un notable desarrollo y una creciente adopción en los últimos años. A partir de la década de 90, el aumento de nuevas franquicias en Portugal se debió a una reformulación legislativa destinada a restringir la inversión extranjera directa. Estas medidas, a su vez, limitaron parcialmente la introducción de potenciales marcas internacionales en la economía portuguesa. Sin embargo, según las últimas cifras del Instituto Nacional de Estatística (INE), la contribución de la franquicia al Producto Interior Bruto (PIB) de Portugal se sitúa en el 3,96%, un aumento significativo respecto a la cifra del 2,84% registrada en 2017.

Según el censo realizado por la AFP (2020) para los años 2018/2019, hay un predominio de franquicias de origen nacional en Portugal – representando el 66% de la muestra (APF, 2020). España es el segundo país más representativo a la hora de exportar conceptos de franquicia a Portugal, totalizando un 17,9%. Estas cifras ponen de manifiesto la estrecha relación que ambas naciones comparten, influenciada significativamente por su proximidad geográfica. Actualmente, las transacciones comerciales establecidas entre estos países representan cerca del 23% del PIB portugués, reiterando la centralidad de España como mayor aliado económico y comercial de Portugal (INE, 2023). Estados Unidos es el tercer mayor exportador de conceptos comerciales en franquicia a Portugal, con un 4,6%, seguido de Francia, con un 3,8% (APF, 2020).

Figura 1. Países de origen de los conceptos de franquicia en Portugal

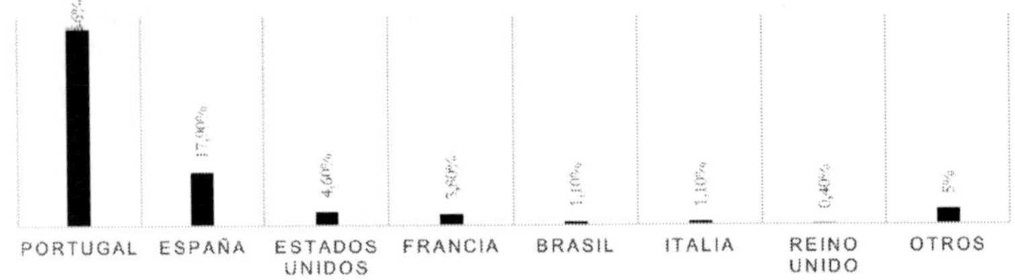

Fuente: elaboración propia a partir de Censo de Franquicias realizado por la Associação Portuguesa de Franchising (2020)

En lo que respecta a Portugal – como exportador de conceptos de franquicia – el mercado europeo se destaca como el principal destino de las exportaciones, representando el 45,2% del total (Figura 2), siendo España el país más representativo en este contexto (APF, 2020). Posteriormente, el mercado asiático ocupa el segundo lugar, con una cuota del 20,9%. A su vez, también se destaca el mercado africano, en particular Angola, país que mantiene importantes vínculos comerciales y económicos con Portugal (APF, 2020).

Figura 2. Portugal como exportador de conceptos de franquicia

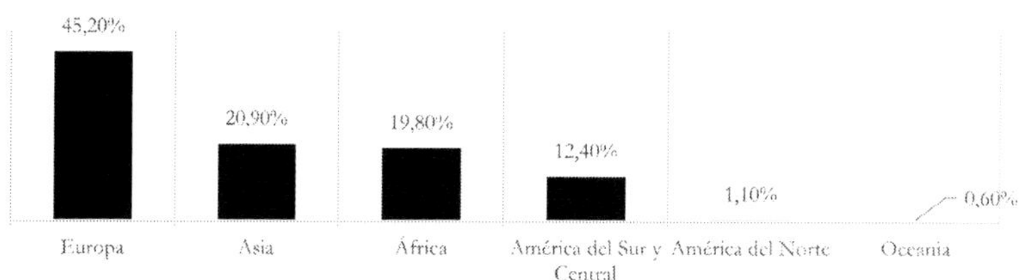

Fuente: elaboración propia a partir de Censo de Franquicias realizado por la Associação Portuguesa de Franchising (2020)

Como se mencionó anteriormente, la inversión inicial es de suma importancia cuando se trata de realizar un modelo de franquicia – especialmente cuando se trata de su adopción por las PYMEs. Según datos del INE, en Portugal existen 1.357.657 PYMEs, que constituyen un porcentaje sustancial del tejido empresarial nacional. Estas empresas desempeñan un papel clave en el estímulo del desarrollo a nivel regional y local, actuando como catalizadores del progreso económico, social e innovador (Casillas y Acedo, 2005; Chit et al., 2022). Sin embargo, a pesar de consolidarse como la mayoría de las empresas que operan en Portugal, debido a su tamaño, a menudo se ven limitadas en términos de inversión, diversificación de mercados y proyectos de internacionalización, como consecuencia de sus reducidas capacidades en términos de recursos, lo que dificulta su incursión en proyectos o inversiones a gran escala (Kim y Cho, 2020). En este contexto empresarial, y a la luz de los datos presentados por la APF (Figura 3), existe una tendencia por parte de los empresarios a optar por inversiones de menor cuantía, propensión que se ve reforzada por el predominio de escalones de inversión más modestos, ya que sólo el 2,2% de los inversores opta por importes superiores a 250.000 euros.

Figura 3. Categorías de inversión

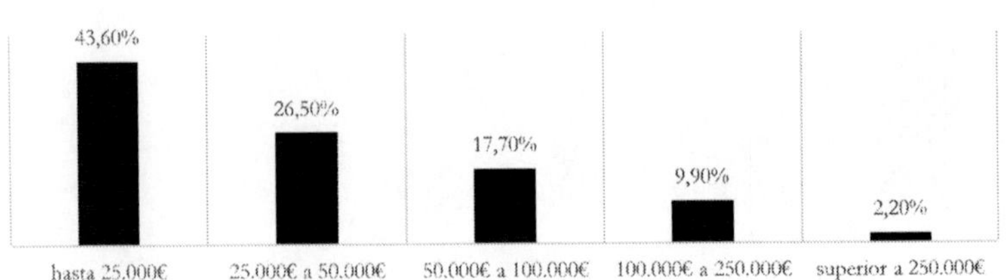

Fuente: elaboración propia a partir de Censo de Franquicias realizado por la Associação Portuguesa de Franchising (2020)

Los factores humanos desempeñan un papel influyente en la fase inicial de implantación de la franquicia, en particular en el proceso de elección de un franquiciado por parte del franquiciador (Kavaliauskė y Vaiginienė, 2011). Sin embargo, no solo se tienen en cuenta los aspectos racionales, sino también la confianza y la personalidad del franquiciado potencial (Kavaliauskė y Vaiginienė, 2011; Sherman, 2004). Por lo tanto, el franquiciador es responsable de evaluar y seleccionar a un socio que sea adecuado y que tenga las habilidades necesarias para el desarrollo específico de su modelo de negocio (Kavaliauskė y Vaiginienė, 2011). En Portugal, el 37% de los franquiciadores valora el espíritu emprendedor del potencial franquiciado, así como su capacidad financiera (18%) y su perfil comercial (16,5%) (APF, 2020). Factores menos importantes a la hora de elegir un perfil son la experiencia en gestión (5,7%) y la red de contactos (7,9%).

Figura 4. Factores relevantes a la hora de elegir un franquiciado

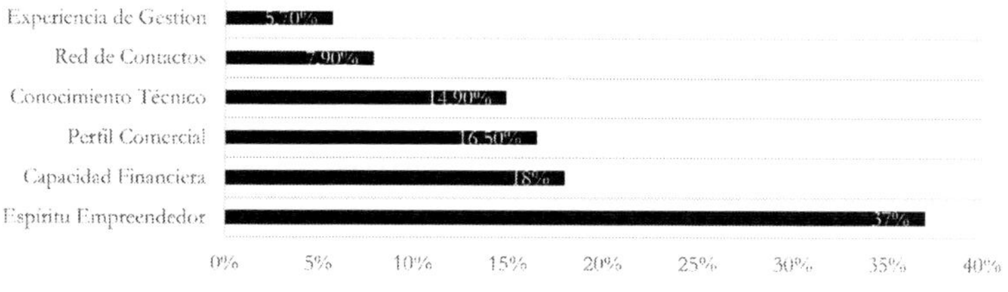

Fuente: elaboración propia a partir de Censo de Franquicias realizado por la Associação Portuguesa de Franchising (2019)

El sector de servicios ha sido en el que más se han reconocido las franquicias, ya que son en gran medida las cadenas internacionales las que tienen una presencia destacada en áreas como la hostelería, la restauración y los servicios. Portugal no es una excepción en esta tendencia, con el 57% de las franquicias centradas en la restauración, el 29% en los servicios y el 13,3% en el comercio (APF, 2020).

Figura 5. Mayores sectores de franquicia en Portugal

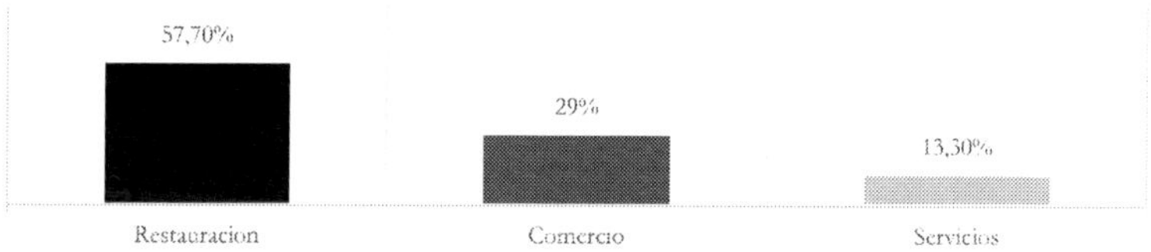

Fuente: elaboración propia a partir de Censo de Franquicias realizado por la Associação Portuguesa de Franchising (2019)

En cuanto a los distritos (regiones) que más se destacan para la expansión, sobresalen Oporto, con un 56,7% de los franquiciadores que identifican este distrito como relevante para la inversión. Le siguen Faro, con un 56,2%, y Lisboa, con un 53,8% de franquiciadores interesados (APF, 2020).

Figura 3. Distritos con mayor zona de expansión

Fuente: elaboración propia a partir de Censo de Franquicias realizado por la Associação Portuguesa de Franchising (2019)

6. CASOS DE ÉXITO EN EL MERCADO PORTUGUÉS

Desde finales de la década de 80, el panorama de la franquicia en Portugal ha experimentado una notable evolución, marcada por una importante presencia de marcas tanto internacionales como nacionales. La historia de éxito pionera en este campo en Portugal fue protagonizada por la empresa Crispim Abreu & Cª, a través de su marca de ropa infantil, Cenoura [Zanahoria] (Monteiro, 2016). Desde entonces, ha habido una creciente afluencia de cadenas internacionales, con especial énfasis en los sectores de la restauración, el comercio minorista y los servicios

Fundada en 1987, la Associação Portuguesa de Franchising ha destacado, año tras año, los casos de éxito en Portugal, posicionándose como la principal organización de divulgación e información del sector en Portugal. Cada año, esta asociación reconoce y premia a las franquicias más destacadas que operan en el país, valorando criterios como el apoyo a la red, la expansión, la internacionalización y la estrategia en medios sociales. A continuación, se muestra una lista de algunas de las franquicias de éxito premiadas por la APF en los últimos años.

Minipreço – Grupo DIA

El Grupo DIA, fundado en Madrid en 1979, cuenta con una red de más de 6.000 tiendas en países como España, Portugal, Brasil y Argentina. Especializado en el segmento de minimercados y supermercados, emplea a más de 38.500 personas y salió a bolsa en 2011. La inversión inicial para unirse a esta franquicia se fija en unos 90.000 euros (APF, 2023a). En 2017, fue galardonada por la APF como una de las redes de franquicias más destacadas que operan en Portugal, con 340 unidades franquiciadas.

Sector	Minimercado y Supermercado
País de Origen	España
Unidades en Franquicia en Portugal	340
Fundación	1979
Inversión Inicial	Desde 90.000€

RE/MAX

Fundada en 1973 en Estados Unidos, RE/MAX se ha posicionado como la mayor red internacional de franquicias inmobiliarias, con presencia en más de 85 países. Esta red cuenta con más de 7.000 agencias y más de 130.000 agentes asociados. En Portugal, desde el año 2000, la franquicia cuenta con más de 300 agencias franquiciadas en funcionamiento y más de 10.000 profesionales trabajando con ella. La inversión inicial para adherirse está fijada en 45.000 euros, con un porcentaje asociado del 6% (APF, 2023b). En 2022, fue galardonada por la Asociación Portuguesa de Franquicias con el premio Super Master Franchisor y el Sello de Excelencia.

Sector	Inmobiliario
País de Origen	Estados Unidos
Unidades en Franquicia en Portugal	315
Fundación	1973
Royalties	6%
Inversión Inicial	45.000€

Maxfinance

Fundada en 2008, Maxfinance se ha posicionado como una de las referencias en el sector de la intermediación crediticia en Portugal. Con aproximadamente 350 unidades franquiciadas en Portugal, la inversión inicial para adherirse a la red es de 12.500 euros, acompañada de una tasa de *royalties* del 8% (APF, 2023c). En 2022, la empresa fue galardonada por la APF, recibiendo el 3er lugar en el premio Super Master Franchisor y también fue distinguida con el Sello de Excelencia.

Sector	Consultoría y Servicios Financieros
País de Origen	Portugal
Unidades en Franquicia en Portugal	350
Fundación	2008
Royalties	8%
Inversión Inicial	12.500€

Meu Super

Creada en 2003, la marca de supermercados Meu Super, gestionada por Sonae MC, fue diseñada específicamente para operar bajo el modelo de franquicia, con el objetivo de revitalizar y modernizar el sector minorista de alimentación en Portugal. Con cerca de 310 unidades franquiciadas en el país, éstas se sitúan principalmente en zonas residenciales (APF, 2023d).

La marca ha sido reconocida en los premios de excelencia otorgados por la Associação Portuguesa de Franchising.

Sector	Minimercado y supermercado
País de Origen	Portugal
Unidades en Franquicia en Portugal	310
Fundación	2003

7. CONCLUSIÓN

En las últimas décadas, el actual paradigma de la globalización ha reforzado la expansión de los modelos de franquicia, que ahora se consideran de gran importancia estratégica. Esta elección no sólo demuestra los altos niveles de éxito que contienen, sino también que se trata de una opción sostenible, especialmente dentro de las PYMEs.

En el contexto portugués, la franquicia ha sido un modelo eficaz, siendo un notable determinante del crecimiento del PIB nacional, lo que pone de relieve su peso en el tejido económico del país. El predominio de las inversiones a menor escala por parte de los emprendedores refleja, sobre todo, las limitaciones financieras que a menudo sufren las PYMEs. Sin embargo, la franquicia se presenta como una solución viable y menos arriesgada, que permite a estas empresas beneficiarse de marcas establecidas y reforzar así su posición en el mercado.

Como ya se ha mencionado, la interacción entre franquiciador y franquiciado es de vital importancia para el éxito de una franquicia. El proceso de selección del franquiciado va mucho más allá de los meros criterios objetivos, centrándose también en aspectos como la confianza y la personalidad, lo que realza la profundidad y la importancia de esta relación bidireccional. En Portugal, se valora el espíritu emprendedor, la capacidad financiera y el perfil comercial a la hora de seleccionar a los franquiciados. Sin embargo, los retos son inevitables. Las considerables inversiones iniciales y las obligaciones contractuales pueden actuar como desincentivos. Sin embargo, es indiscutible que, bien gestionada y aplicada, la franquicia puede ofrecer importantes ventajas en términos de crecimiento y posicionamiento en el mercado.

En definitiva, la franquicia se constituye como una apuesta sólida para las empresas que buscan un crecimiento sostenible combinado con una fuerte estrategia de posicionamiento, tanto en un contexto nacional como internacional. La notable evolución y trayectoria ascendente de la franquicia en Portugal es testimonio de su eficacia y relevancia en el panorama empresarial actual. Las empresas que buscan adoptar o expandirse a través de este modelo deben hacerlo con prudencia y con una clara comprensión de la relación existente entre franquiciador y franquiciado, maximizando sus ventajas y sorteando los desafíos asociados.

REFERENCIAS BIBLIOGRÁFICAS

Alon, I., Apriliyanti, I. D., y Henríquez Parodi, M. C. (2021). A systematic review of international franchising. *Multinational Business Review, 29*(1), 43–69. https://doi.org/10.1108/MBR-01-2020-0019

Alon, I., Ni, L., y Wang, Y. (2012). Examining the determinants of hotel chain expansion through international franchising. *International Journal of Hospitality Management, 31*(2), 379–386. https://doi.org/10.1016/j.ijhm.2011.06.009

Associação Portuguesa de Franchising (2020, Outubro 23). *Censos do Franchising*: https://associacaofranchising.pt/censos-do-franchising-2018-2019-franchising-gerou-volume-de-negocios-de-mais-de-8-mil-milhoes-de-euros/

Associação Portuguesa de Franchising (2023a, Outubro 25). *Associado Minipreço*: https://associacaofranchising.pt/project/minipreco/

Associação Portuguesa de Franchising (2023b, Outubro 25). *Remax Portugal–Mediação Imobiliária*: https://associacaofranchising.pt/project/remax-portugal/

Associação Portuguesa de Franchising (2023c, Outubro 25). *Maxfinance: Soluções para poupar!:* https://associacaofranchising.pt/project/maxfinance/

Associação Portuguesa de Franchising (2023d, Outubro 25). *Meu super–Supermercado de proximidade*: https://associacaofranchising.pt/project/meu-super/

Ater, I., y Rigbi, O. (2015). Price control and advertising in franchising chains. *Strategic Management Journal, 36*(1), 148–158. https://doi.org/10.1002/smj.2212

Bui, T. T. H., Jambulingam, M., y Amin, M. (2022). A literature review of franchisee performance: Insights for further research. *Cogent Business & Management, 9*(1). https://doi.org/10.1080/23311975.2022.2044573

Casillas, J. C., y Acedo, F. J. (2005). Internationalisation of Spanish family SMEs: an analysis of family involvement. *International Journal of Globalisation and Small Business, 1*(2), 134–151. https://doi.org/10.1504/IJGSB.2005.008010

Caves, R. E., y Murphy, W. F. (1976). Franchising: Firms, Markets, and Intangible Assets. *Southern Economic Journal, 42*(4), 572. https://doi.org/10.2307/1056250

Chit, M. M., Croucher, R., y Rizov, M. (2022). Surviving the COVID-19 pandemic: The antecedents of success among European SMEs. *European Management Review*. https://doi.org/10.1111/emre.12525

Combs, J. G., Michael, S. C., y Castrogiovanni, G. J. (2004). Franchising: A Review and Avenues to Greater Theoretical Diversity. *Journal of Management, 30*(6), 907–931. https://doi.org/10.1016/j.jm.2004.06.006

Das, M. (2021). Unveiling benefits through franchising in Indian power distribution: addressing the resources scarcity. *Journal of Economic and Administrative Sciences*. https://doi.org/10.1108/JEAS-05-2021-0098

Feng, L.-F., y Chiu, J.-Z. (2023). Examination of Franchisee Relationship Management in the Retail Pharmacy Industry. *Advances in Management and Applied Economics*, 29–44. https://doi.org/10.47260/amae/1343

Ghantous, N., y Christodoulides, G. (2020). Franchising brand benefits: An integrative perspective. *Industrial Marketing Management, 91*, 442–454. https://doi.org/10.1016/j.indmarman.2020.10.009

Gillis, W. E., Combs, J. G., y Ketchen, D. J. (2014). Using Resource–Based Theory to Help Explain Plural Form Franchising. *Entrepreneurship Theory and Practice, 38*(3), 449–472. https://doi.org/10.1111/etap.12008

Hsu, L., Jang, S., y Canter. (2010). Factors affecting franchise decisions in the restaurant industry. *Journal of Hospitality and Tourism Research, 34*, 440–454.

INE. (2023). *Estatísticas do Comércio Internacional.* Instituto Nacional de Estatística.

Katz, B. G., y Joel, O. (1992). On the existence of franchise contracts and some of their implications. *International Journal of Industrial Organization, 10*(4), 567–593. https://doi.org/10.1016/0167-7187(92)90060-C

Kavaliauskė, M., y Vaiginienė, E. (2011). Franchise business development model: Theoretical considerations. *Verslas: Teorija Ir Praktika, 12*(4), 323–331. https://doi.org/10.3846/btp.2011.33

Kim, H. S., y Cho, K.-S. (2020). Financing resources of SMEs and firm performance: Evidence from Korea. *Asian Journal of Business and Accounting, 13*(2), 1–26. https://doi.org/10.22452/ajba.vol13no2.1

Kim, S. B., y Choi, K. (2022). Bridging the operational efficiency differences between franchisors and franchisees: A metafrontier approach. *Processes, 10*(10), 2021. https://doi.org/10.3390/pr10102021

Manna, D. R., Smith, A. D., y Synowka, D. P. (2011). Exploring agency theory implications with franchising. *Journal of Business & Economics Research (JBER)*, 4(4). https://doi.org/10.19030/jber.v4i4.2652

Milheirão, M., y Alfaiate, D. (2019, Maio 23). *O que é o Franchising? Uma perspetiva legal.* Associação Portuguesa de Franchising: https://associacaofranchising.pt/o-que-e-o-franchising-uma-perspetiva-legal/

Monteiro, R. (2016). *Desenvolvimento de um modelo conceptual da relação entre franqueado e franqueador em portugal* [Dissertação de Mestrado]. Instituto Politécnico do Porto.

Noyelle, T. J., y Dutka, A. B. (1988). *International Trade in Business Services.* American Enterprise Institute.

Oxenfeldt, A., y Kelly, A. (1968). Will successful franchise systems ultimately become wholly owned chains? *Journal of Retailing, 44*, 68–83.

Salar, M., y Salar, O. (2014). Determining pros and cons of franchising by using SWOT analysis. *Procedia–Social and Behavioral Sciences, 122*, 515–519. https://doi.org/10.1016/j.sbspro.2014.01.1385

Sherman, A. J. (2004). *Franchising & Licensing: Two Powerful Ways to Grow Your Business in Any Economy.* AMACOM.

Teegen, H. (2000). Examining strategic and economic development implications of globalising through franchising. *International Business Review, 9*(4), 497–521. https://doi.org/10.1016/S0969-5931(00)00015-9

CAPÍTULO 17.

La franquicia en los países iberoamericanos: el caso de Puerto Rico

ALEXANDER ROSADO-SERRANO
Universidad Interamericana de Puerto Rico (Puerto Rico)

1. INTRODUCCIÓN

La franquicia, como formato de negocios es uno de los más sólidos y reconocidos en la isla de Puerto Rico. El modelo de franquicias se puede encontrar en diferentes industrias de las cuales predomina principalmente de las marcas norteamericanas en la comida rápida y restaurantes de servicio completo como ejemplo más visible. No obstante, existe representación en los segmentos de hidrocarburos con estaciones de servicio, hoteles, bienes raíces, servicios domésticos entre otros. Su impacto económico es amplio y su presencia es en prácticamente todas las ciudades de la isla. Puerto Rico es un territorio no incorporado de Estados Unidos a el cual le aplican todas las leyes federales que aplican al modelo de franquicia a nivel nacional (comercio interestatal, laborales, etc.) y tiene una corte de distrito federal. Bajo la ley federal aplican los estatutos de la Ley Común, y a nivel del gobierno local de la isla le aplican leyes basadas en la Ley Civil correspondientes a la isla. Siendo un territorio que mide 100 x 35 millas (aproximadamente 9.104 kilómetros cuadrados), tiene 78 municipios y una población estimada de 3.057.311 personas al 2023 (Cia.gov, 2024). Todos los ciudadanos nacidos en la isla son puertorriqueños con ciudadanía norteamericana. El 99% se considera latino y se habla español e inglés, predominantemente el español. Similar a otros países, confronta una baja tasa de natalidad que representa un 12,84% de la población, los adultos mayores de 65 años que representa un 24,18% de la población al 2023.

La capital de la isla es la ciudad de San Juan y en conjunto con los pueblos aledaños es llamada el área metropolitana (Bayamón, Caguas, Guaynabo, Cataño, Carolina) que se encuentra en la zona norte de la isla. La región metropolitana es la más densa en población seguida por los municipios de Mayagüez al oeste y Ponce al sur de la isla. De este a oeste por la zona central de la isla se encuentra la Cordillera Central y la mayoría de los municipios se encuentran en una topografía montañosa. No obstante, esto no limita la presencia del modelo de franquicia en diferentes configuraciones de estructuras y formatos.

A pesar de su importancia económica para Puerto Rico, no existen datos confiables de su impacto económico luego del 2012. Históricamente el gobierno de la isla ha ignorado este segmento económico y debido a la consolidación de agencias públicas, ha sido imposible recopilar información reciente a pesar de haber contactado las agencias públicas de Desarrollo Económico y el Instituto de Estadísticas. A nivel privado, existen asociaciones que han desarrollado reportes de sus miembros, particularmente en el área de alimentación/ restaurantes. No obstante, estos reportes no están accesibles al público en general y no tuvimos acceso a los mismos para el desarrollo de este capítulo. Es importante reseñar que a nivel de Estados Unidos se reporta de forma agregada la actividad comercial de Puerto Rico desde el negociado del Censo y el International Franchise Association (IFA). Sin embargo, la información de Censo habla de volumen general y no por el formato de franquicias.

En este capítulo estaremos presentado una mirada sobre la configuración general del sistema de franquicias utilizando datos generados por una publicación llamada The Book of Lists a la fecha del 2012 como detalle de los principales operadores del modelo de franquicia en la isla, particularmente en el segmento de restaurantes. Este libro presentaba de forma detallada todos los datos de las industrias y participantes principales. Ya la editorial no esta en operación. Con el propósito de contextualizar la realidad de la industria al 2023 utilizaremos los resultados de una encuesta que respondieron tres participantes de la industria de la isla; dos franquiciadores y un franquiciado.

2. LA FRANQUICIA EN PUERTO RICO

La franquicia en como formato de negocios en Puerto Rico tiene su origen en los años sesenta cuando llegó la marca Burger King en el 1963, siendo la isla su primer destino internacional fuera de Estados Unidos (Rosado-Serrano, 2023). Coincidiendo con un crecimiento económico en la isla y un periodo de industrialización (1970-1990) en el cual se desarrollaron múltiples farmacéuticas, se experimentó un crecimiento urbano, trayendo consigo la construcción de centros comerciales, urbanizaciones y vías de transporte de mayor afluencia. Cabe señalar que en Puerto Rico no existe un sistema de transportación masiva y publica como el metro, tren, etc. Es necesario tener un vehículo de motor para hacer todas las gestiones de trabajo y ocio. Por esta razón, este crecimiento en infraestructura facilitó el desarrollo de la industria de restaurantes de comida rápida ya que la mayoría de las personas tienen que desplazarse de sus hogares. Actualmente está sigue siendo la realidad en la isla y la industria de la comida preparada sigue siendo el líder en apertura de nuevos negocios ya sean individuales o franquicias en todas las regiones de la isla.

Durante ese primer periodo de industrialización puntualizado por el desarrollo de la industria farmacéutica, la presencia del modelo de franquicia fue de las marcas norteamericanas, pero para el 1988 surge la primera franquicia netamente puertorriqueña, Antoninos Pizza (Antoninos Pizza, 2024). Ya luego del 2010 es que se puede identificar como el periodo de crecimiento de las franquicias nativas que al 2023 según el consultor Ricardo Rivera Badía de All Around Franchise Consultants constituyen un grupo de 48 marcas. En este grupo predominan las relacionadas con alimentos, sin embargo, hay de moda, supermercados, reparaciones, bienes raíces, salud, deportes, y estética. Las marcas extranjeras y domesticas se configuran alrededor de puntos geográficos de alto tráfico de vehículos. En la foto 1 veremos una configuración típica contigua a un gran almacén.

Foto 1 generada de Google Maps del centro comercial Plaza del Mar en Hatillo Puerto Rico, Home Depot y Sams Club. (Google Maps, 2024)

En la imagen que representa un segmento de la carretera #2 que es una de las vías principales alrededor de la isla. En este extracto de menos de una milla de distancia lineal, se puede encontrar varias franquicias. Por ejemplo, dentro del gran almacén Walmart Supercenter se encuentra una franquicia de Subway y otra de una lavanderia. En los predios de este local se encuentran las franquicias: Baskin Robbins, Church Chicken , Apple Bee's y Wendys a primera línea del predio. En segunda línea Starbucks y actualmente hay en el mismo predio el desarrollo de dos franquicias adicionales. A menos de 1 kilometro se puede encontrar la franquicia de Popeyes y Arbys. A través de la isla, predominan la configuración de franquicias de alimentos en grupos de 6 a 8 en las principales intersecciones de avenidas y calles. Esto sin tener en consideración los centros comerciales de los cuales se pueden encontrar una gran cantidad a través de la isla.

Otra configuración bien común de encontrar en la isla es las franquicias córner. Las mismas se pueden encontrar en grandes almacenes como Walmart, Macys (que hay dos en la isla) y dentro de las estaciones de servicio de combustible. También, el fenómeno de tiendas móviles ha predominado el desarrollo de marcas domesticas a la isla. Se pueden encontrar terrenos en los cuales se colocan contenedores de carga marítima modificados como tiendas y unidades móviles. En la foto 2 veremos un ejemplo de un parque con contenedores de carga y unidades móviles. En este parque se encuentra la marca de franquicias Sabor Frappé.

Foto 2 Parque de unidades y móviles y contenedores llamado Lote Del Atlántico, en Arecibo, Puerto Rico. Foto por autor en mayo 2022 y publicada en Rosado-Serrano & Navarro-García (2022)

3. DATOS DE LA FRANQUICIA

La industria de la franquicia en Puerto Rico es predominada por el segmento de restauración o restaurantes en los que se pueden identificar cadenas norteamericanas como Subway, Burger King, MCD entre otras. De igual forma, se encuentran marcas domesticas en Puerto Rico que operan bajo el régimen de franquicias y/o tienen al menos un local franquiciado. Cabe señalar que actualmente no existe un reporte por el segmento de la franquicia en la isla como es generado por International Franchise Association (IFA) a nivel de Estados Unidos y por AEF en España. No obstante, los datos provistos a continuación son una combinación de varias entrevistas con franquiciados de la isla y compilación por parte del autor. AL cierre del 2023, existen en la isla más de 1.300 localidades de restaurantes, lo que representa 1 por cada 2.600 habitantes. En la Tabla 1 se presentan las principales unidades en el área de restauración en la isla. En este listado todas las marcas tienen al menos una unidad franquiciada. Por ejemplo, El Mesón Sandwiches es una empresa familiar que solo tiene dos restaurantes en el régimen de franquicia en el Aeropuerto Internacional Luis Muñoz Marín. Esta marca tiene también 6 restaurantes propios en la ciudad de Orlando, Florida en Estados Unidos. Por otro lado, Metropol que es una marca local, tiene una sola unidad franquiciada también en el aeropuerto internacional. Según las regulaciones, todo negocio en el aeropuerto tiene que ser franquiciado al operador de este.

Tabla 1. Datos de la franquicia de restaurantes en Puerto Rico al 2023

Restaurante de comida rapida (QSR)	Unidades	Pizza, Dine-In y Delivery	Unidades	Cena casual y familiar	Unidades
Subway	157	Pizza Hut	57	Chili's	23
Burger King	149	Domino's Pizza	40	Denny's	16
Church's	111	Marco's	30	Tijuana's*	13
McDonalds	100	Papa John's	27	Sizzler	12
Taco Maker	84	Antonino's Pizza*	20	Applebee's	9
Wendy's	79	Little Caesars	19	Ihop	8
KFC	55	Reggio's	2	Olive Garden	8
Martins BBQ*	20			Metropol*	8
Meson Sandwiches*	38			Longhorn	8
Taco Bell	20			Ponderosa*	4
Panda Express	20			Macaroni & Grill	4
Starbucks	19			La Muralla China	4
Pollo Tropical	17			PF Changs	3
Fire House Subs	14			Cheesecake Factory	1
Krispy Kreme	8				
Arby's	6				
Chick fil A	5				

Fuente: elaboración propia. (* representa a marcas puertorriqueñas)

En la Tabla 2, podemos ver las 48 marcas locales de franquicia según All Around Franchise Consultants. No se incluyen a El Mesón Sandwiches y el Metropol ya que solo operan en franquicia en el aeropuerto internacional.

Tabla 2. Datos de las marcas de franquicias netamente puertorriqueñas

Restaurantes, Postres, Comida rápida, delivery, Pizza, etc				Otros
Acai Express	Café Si o Si	KOA Acai	Pizzela	Clubman
Antoninos Pizza	Chocobar Cortes	La Chancleta de Maiz	Plananutres	Leonoardo's Fifth Avenue
Arepas to Go	Chocolato	La Parrilla Argentina	Sabor Frappé	French Tulip
Bambu Burger	Downtown Creamery	Martin Bar BQ	Sabor Limón	Freshmart
Burrillos	Dr. Bizarro	Mojito Grill & Sport Bar	Taco Maker	Pineapple Cel-phone Repair
Burger Town	El Churry	Mr. Sandwich	Tijuana Bar & Grill	Reality Realty
Butaque	El Grifo	Nacho Libre Cantina Mexi-cana	Tinta Coffee House	Salón & Co.
Casa Mofongo	Friends Cafe	Paletados	Tosta'o	World Fitness Centers
Vaca Brava	Vagón	Waffle Era	Wings & Fries	Zen Spa
Yabuuchi Sushi	Yummy Dump-lings			

Actualmente no tenemos un reporte actualizado sobre el impacto económico de la franquicia en Puerto Rico. Para el año 2012 existía una organización llamada Caribbean Business que preparaba reportes agregados de todas las industrias y segmentos económicos en la isla. En la Tabla 3 presentamos un extracto del último reporte amplio preparado por esta organización.

Tabla 3. Datos de la franquicia de restaurantes y operadores para el año 2012

Nombre empresa / operador	**2012 Ingreso bruto ($ USD)**	**Empleados a tiempo completo**	**Nombre restaurantes**	**Locales PR 2012**	**Empleados a tiempo completo franquiciado**	**Año comienzo**
Caribbean Restaurants LLC	220,418,300	3350	Burger King, Firehouse Subs	179 8	3286 64	1963 2011
Encanto Restaurants Inc	221,000,000	2558	KFC Pizza Hut Taco Bell	93 55 32	1308 816 434	1966 1976 1985
South American Restaurants Corp	201,000,000	3450	Church Chicken Pollo Tropical	101 21	2000 450	1978 1994
Arcos Dorados Puerto Rico, INC	196,650,000	3000	Mc Donalds	114	3000	1967
Wendco of Puerto Rico	137,256,218	2064	Wendys	75	2064	1979
International Restaurants Services, INC.	123,500,000	2275	Chilis Grill & Bar Romano's Macarroni Grill On the Border PF Chang's China	18 7 2 1	1360 665 176 75	1994 2000 2009 2011
Subway Island development	96,700,000	1150	Subway	206	1150	1985
BMJ Foods Inc & Subsidiary	58,827,544	986	Ponderosa Steakhouse Bonanza Stakehouse	28 9	733 253	1984 1985
The Taco Maker, Inc	47,700,000	602	The Taco maker	1074	602	1978
Enigma Investments	40,000,000	560	Domino's	41	560	1986

Nombre empresa / operador	2012 Ingreso bruto ($ USD)	Empleados a tiempo completo	Nombre restaurantes	Locales PR 2012	Empleados a tiempo completo franquiciado	Año comienzo
MultiSystems Restaurants Inc.	31,505,863	430	Sizzler	12	430	1991
Wometco de Puerto Rico	26,000,000	425	Baskin-Robbins Dunkin Donuts B-R/DD combo stores	30 2 15	234 15 176	1976 1975 2001
Marpor Corp	24,500,000	480	Denny's	12	480	1988
Restaurant Operators	18,162,116	192	Longhorn Steakhouse	5	192	1998
Interfood corp	10,339,316	189	Chicago Uno Grill	5	189	1993
Aprendo Strada Inc	10,000,000	162	Quiznos	25	162	1997
Fast Food Management	9,900,000	125	The Hot Potato Reggio Pizza	16 3	101 24	1980 1996
Apple Caribe Inc.	7,906,528	210	Applebee's	3	210	2007
Ital Americas Foods Corp	5,750,000	72	Sbarro	7	72	1979

Fuente: elaboración propia basado en los datos de Caribbean Business 2012 The Book of Lists

De la Tabla 3, cabe señalar que la marca Chicago Uno Grill ya no opera en la isla. De igual forma la marca Quiznos que para el 2012 contaba con 25 unidades al 2023 solo cuenta con 2 unidades en operación. También Baskin Robbins ha pasado a ser parte del grupo South American Restaurants y su subsidiaria Island Creamery con la quiebra del grupo Wometco.

Como parte de elaborar un perfil de la industria en Puerto Rico, se hizo una encuesta enviada a los principales ejecutivos de empresas que estuvieran en régimen de franquicia en la isla, incluyendo a los operadores de marcas norteamericanas y domésticas. El resultado fue la participación de tres empresas, dos que se identifican como franquiciadores de marcas puertorriqueñas y uno que es un master franchisee de una marca extranjera. En la Tabla 4 se presentan los resultados de esta encuesta.

Tabla 4. Resultados de encuesta ofrecida a ejecutivos de franquicias en Puerto Rico en 2023

Preguntas	Firma 1	Firma 2	Firma 3
¿En cual industria o sector de la franquicia usted opera?	Industria de Alimentos	Alimentos	Bienes Raíces
¿Bajo cual se categoria se identifica su empresa?	Franquiciador marca Puertorriqueña	Franquiciador marca Puertorriqueña	Franquiciado marca Norteamericana
Si usted es un franquiciado de una marca norteamericana y/o internacional puede indicar si es usted un agente maestro (total control del desarrollo en Puerto Rico) o franquiciado individual?	Soy Franquiciador	N/A	Master franchisee
¿Cuántas unidades tiene su sistema?	36 tiendas a nivel de Puerto Rico	3	7
¿Son todas sus unidades franquiciadas? si no cual es el porciento de unidades franquiciadas	(11%) 4 localidades son corporativas y (89%) 31 localidades son franquicias	No / 33%	Todas son franquiciados
¿Con el propósito de estimar la cantidad de empleos indirectos a su sistema de franquicia, pudiera indicar aproximadamente cuantos suplidores tiene su empresa? Puede responder tambien con un estimado	4 Suplidores	Contamos con 5 suplidores.	Alrededor de 7
¿Pudiera indicar aproximadamente su volumen de ventas?	12 millones	$2,400,000.00	$ 70 m
Si es una franquicia puertorriqueña, ¿tiene unidades en el extranjero?	No	No	N/A

Preguntas	Firma 1	Firma 2	Firma 3
En su modelo de franquicia, ¿se utiliza formatos como tiendas móviles, contenedores de carga marítimos, tiendas dentro de tiendas (córner) o tiendas temporeras?	Si, el modelo de franquicia tiene varios formatos operando actualmente. Vagones, contenedores marítimos, tiendas con Servi carro y booth en mall.	Contenedores de Carga Marítima	N/A
Si es franquiciador, ¿ofrece usted un documento de divulgación de franquicias (FDD) y en que jurisprudencia lo basa? o si es franquiciado, le fue presentado un documento de divulgación	Si ofrezco el FDD bajo jurisprudencia de Estados Unidos y Puerto Rico	Ofrecemos formalmente nuestra franquicia a través de la entrega del FDD como lo establece la reglamentación federal de franquicias.	Si usamos FDD

Tabla 4 elaborada por autor tras encuesta a operadores de franquicia.

Podemos concluir que la industria de la franquicia en Puerto Rico, a pesar de tener una gran importancia económica y estar en una evolución al desarrollo de marcas domésticas, presenta un problema grande de divulgación. En los pasados 10 años se ha experimentado el nacimiento de marcas domesticas en la isla y muchas de estas apuestan a utilizar modelos sostenibles como la reutilización de contenedores de carga marítima y de unidades móviles para su desarrollo. Evidentemente la isla de Puerto Rico presenta un mercado de grandes oportunidades para el desarrollo y expansión del modelo de franquicia, principalmente en los segmentos de alimentación, y luego de hospedería y de moda.

REFERENCIAS BIBLIOGRÁFICAS

Antoninos Pizza (2024). Antoninos USA. Recuperado 18 de febrero de 2024 de: https://www.antoninosusa.com

Caribbean Business (2012). The Book of Lists. *Casiano Communications*

CIA.GOV (2024). The world factbook: Puerto Rico. Recuperado 18 de febrero de 2024 de: https://www.cia.gov/the-world-factbook/countries/puerto-rico

Google Maps (2024). Centro Comercial Plaza del Mar, Hatillo Puerto Rico. Recuperado 18 de febrero de 2024 de: https://www.google.com/maps/@18.4862975,-66.7904384,804m/data=!3m1!1e3?entry=ttu

Rosado-Serrano, A. (2023). Adaptación de las formas de expansión de la franquicia en entornos dinámicos. [Doctoral Dissertation, Universidad de Sevilla].

Rosado-Serrano, A., y Navarro-García, A. (2022). Modos alternos de entrada en franquicias y tiendas propias: tiendas córner, pop-up, móviles y phygital. *Consumer-First Marketing: <<Cuidar al Cliente>> Como Leitmotiv Empresarial.* 209-224. Cátedra Fundación Ramón Areces de Distribución Comercial.

CAPÍTULO 18.

La franquicia en los países iberoamericanos: el caso de República Dominicana

SIMÓN PLANAS
Front Consulting (República Dominicana)

1. INTRODUCCIÓN A LOS NEGOCIOS EN LA REPÚBLICA DOMINICANA

La República Dominicana está situada estratégicamente en el centro del Caribe. Emerge como un actor clave en la escena económica de Iberoamérica. Este país, con una población de aproximadamente 10,5 millones de habitantes, ha experimentado un desarrollo económico significativo en las últimas décadas, consolidándose como una de las economías más dinámicas de la región.

Ha mantenido tasas de crecimiento económico robustas, con un promedio anual del 5% del PIB en la última década. Este dinamismo se ha visto impulsado por sectores clave como el turismo, que en el año 2023 alcanzó los 10,3 millones de turistas al año, con unas 90.000 camas hoteleras, una ocupación promedio del 75% y un número similar de habitaciones alquiladas a través de plataformas como Airbnb. Otros sectores importantes fueron la manufactura, las telecomunicaciones o la minería.

Con su clima tropical, playas paradisíacas y una infraestructura turística bien desarrollada, el turismo desempeña un papel central en la economía dominicana, así como las remesas enviadas por los más de 3 millones de dominicanos que viven fuera del país y que están por el orden de los 10.000 millones de dólares anuales, que igualmente dinamizan la economía nacional.

La llegada de visitantes internacionales ha experimentado un crecimiento constante, contribuyendo de manera significativa al Producto Interno Bruto (PIB). La República Dominicana ha atraído una considerable Inversión Extranjera Directa, especialmente en sectores como la energía, la minería y el turismo. Los esfuerzos del gobierno para mejorar el clima de negocios y la estabilidad macroeconómica han sido factores claves para los inversionistas extranjeros.

El país ha trabajado en la diversificación de su base exportadora, reduciendo la dependencia de un solo sector. La exportación de bienes y servicios, incluyendo productos médicos, textiles y productos agrícolas, ha contribuido a la estabilidad y resiliencia económica.

A pesar del crecimiento económico, persisten desafíos en términos de desigualdad y pobreza. El gobierno está enfocado en implementar políticas que promuevan una distribución más equitativa de los beneficios económicos.

En resumen, la República Dominicana se erige como un ejemplo de éxito económico en Iberoamérica y de los países con mayor recuperación del mundo post pandemia, aprovechando sus recursos naturales y promoviendo un clima favorable para la inversión.

El país ha trabajado en la diversificación de su base exportadora, reduciendo la dependencia de un solo sector. La exportación de bienes y servicios, incluyendo productos médicos, textiles y productos agrícolas ha contribuido a la estabilidad y resiliencia económica. A pesar del crecimiento económico, persisten desafíos en términos de desigualdad y pobreza. El gobierno está enfocado en implementar políticas que promuevan una distribución más equitativa de los beneficios económicos.

2. LA FRANQUICIA EN LA REPÚBLICA DOMINICANA

La República Dominicana se erige como un ejemplo de éxito económico en Iberoamérica y de los países con mayor recuperación del mundo post pandemia, aprovechando sus recursos naturales y promoviendo un clima favorable para la inversión.

El mundo se está franquiciando. Se estima, aunque no son cifras precisas, porque el sector franquicias a nivel mundial es muy dinámico y muchas marcas abren y otras cierran. Incluso en el país han estado marcas internacionales muy conocidas como Tropi Burguer, Dunkin Donuts, Quiznos, Carl's Jr., Johnny Rockers, Sbarro, PinkBerry, IHop, Fuddruchers, Denny´s Cinnabon, Hooters, Church´s Chicken, Dairy Queen, Pollo Tropical, Subway, Pizza de Verdad, Ruby Tezas o Chef Pepper, entre otras, que se han establecido en el país y por razones diversas ya no están. Sin embargo, hace 10 años existían unas 9000 empresas franquiciantes a nivel mundial y hoy son más de 90.000, con más 8 millones de unidades franquiciadas, que generan más de 15 trillones de dólares al año.

En la República Dominicana no escapamos a esta realidad. Las primeras franquicias que se establecieron en el país lo hicieron a los inicios de los años 90. Se trata de un mercado de franquicias en plena expansión. Como en casi todos los países iberoamericanos, las primeras marcas en llegar fueron las grandes franquicias internacionales. Luego empezaron a surgir las marcas locales y no es hasta la década del 2010 donde empieza a surgir el boom de marcas locales dominicanas.

Ahora mismo hemos llegado a un grado de madurez del sector franquicias, donde se equiparan aproximadamente las marcas internacionales y locales en unas 150 cada grupo, para un total de unas 300 franquicias establecidas actualmente en el en el país, con más de 10.250 unidades propias o franquiciadas pero que operan bajo el formato de franquicias, generando unos 115.000 empleos directos, más del 60% de los insumos que consumen las franquicias son locales y un 40% importados.

Aproximadamente el 47% de las marcas se encuentran establecidas en el Gran Santo Domingo, el 23% en la región del Cibao, un 17% en la región Este de la isla y el resto en otras zonas del país.

Por rubro se estima que un 25% son franquicias de servicios, otro 25% del sector de alimentos y bebidas, 22% comercio, un 15% cuidado personal, 9% entretenimiento y el resto corresponden a franquicias de otros rubros.

Un dato curioso y autóctono, es que se realizó un estudio estadístico, y la mujer dominicana, tiene el mayor índice de visita al mes, del mundo, a un salón de belleza, es por ello la gran cantidad de franquicias dominicanas de cuidado personal, alguna de ellas incluso ya internacionalizadas.

Las franquicias locales dominicanas son jóvenes, pero eso no significa que no ofrezcan las mismas garantías de una franquicia que tenga muchos años franquiciando y que quizás se haya internacionalizado. La experiencia o antigüedad en el mercado, en países como el nuestro, se suple por la cercanía con el franquiciante y su acompañamiento personalizado, cuyo principal interés es que a sus franquiciados les vaya bien y sean exitosos, ya que esa será la garantía de su crecimiento y consolidación.

Más del 85% de los emprendimientos primarios en el mundo no sobrepasan los 3 primeros años, mientras que más del 85% de las unidades franquiciadas en el mundo sobrepasan los 5 primeros años y permanecen en el tiempo. Una unidad franquiciada puede ser un emprendimiento para el inversionista, pero es un emprendimiento asistido mucho menos riesgoso que un emprendimiento primario

Las franquicias no son una garantía de éxito, pero sí son un modelo de un negocio comprobadamente exitoso. Tan importante es el concepto en sí, como la ubicación donde se coloque, como el desempeño del franquiciado en el manejo de su negocio.

Más del 90% de la población mundial anhela tener un negocio propio, tan solo un 14% se atreve a intentarlo al menos una vez en su vida y apenas un 5% alcanza el éxito, esta es estadística dura a nivel mundial.

Las franquicias lo que hacen es, que el 5% de los empresarios que tienen un negocio exitoso, invitan al 90% que quiere tener un negocio propio a sumarse a su éxito.

Se trata de empresarios forjando empresarios, por eso decimos que es un formato de negocio incluyente.

Antes los empresarios exitosos gastaban mucho dinero escondiendo la clave de su éxito, hoy se gana mucho dinero compartiendo la clave del éxito.

En República Dominicana no existe Ley de Franquicias y los contratos se rigen básicamente por el acuerdo entre las partes, siempre que no viole el ordenamiento jurídico nacional.

Ha habido algunos intentos de crear Cámaras o Asociaciones de franquicias y de hecho hay dos constituidas, pero inoperantes.

Front Consulting RD es la única empresa de consultoría y comercialización de franquicias establecida de manera permanente en la isla desde hace más de 20 años y asesora y comercializa más del 90% de las marcas locales. Igualmente Front Consulting RD es quien ha organizado las únicas tres Expo Franquicias en RD y tiene un programa de reciproca exclusividad con el Banco Popular Dominicano, que es el banco privado más grande del país, donde a través del Programa de Franquicias Impulsa Popular brinda apoyo con facilidades financieras a quienes quieren convertir su negocio a franquicia siempre y cuando lo ejecuten con Front Consulting RD, a quienes ya son franquicias para capital de trabajo y a quienes quieren adquirir una franquicia, previa certificación de Front Consulting de que dicho concepto cumple con los requisitos para considerarse una franquicia.